本书由北方民族大学教材出版计

伊斯兰金融学
ISLAMIC FINANCE

张正斌　编著

经济管理出版社
ECONOMY & MANAGEMENT PUBLISHING HOUSE

图书在版编目（CIP）数据

伊斯兰金融学/张正斌编著. —北京：经济管理出版社，2017.4
ISBN 978-7-5096-3787-6

Ⅰ.①伊…　Ⅱ.①张…　Ⅲ.①伊斯兰国家—金融学　Ⅳ.①F833.701

中国版本图书馆 CIP 数据核字（2015）第 107218 号

组稿编辑：杨　雪
责任编辑：杨　雪
责任印制：黄章平
责任校对：车立佳

出版发行：经济管理出版社
　　　　　（北京市海淀区北蜂窝 8 号中雅大厦 A 座 11 层　100038）
网　　　址：www. E-mp. com. cn
电　　　话：(010) 51915602
印　　　刷：三河市延风印装有限公司
经　　　销：新华书店
开　　　本：720mm×1000mm/16
印　　　张：15.5
字　　　数：278 千字
版　　　次：2017 年 4 月第 1 版　　2017 年 4 月第 1 次印刷
书　　　号：ISBN 978-7-5096-3787-6
定　　　价：49.00 元

序　言

在世界上，有 57 个国家是伊斯兰国家，约占国家总数的 1/5，这些国家的人口占世界总人口的比例也接近 1/5。伊斯兰国家有相同的宗教信仰、风俗习惯，绝大部分国家的语言相同。在金融体系的运行上，这些国家也有着与现在世界上其他地方流行的传统金融完全不同的金融体系——伊斯兰金融。伊斯兰金融与银行目前已经扩展到世界上 75 个国家和地区，这些国家和地区不仅包括传统的伊斯兰国家，而且扩展到欧洲和北美洲以及澳大利亚等国家、中国香港等地区。2008 年金融危机之后，伊斯兰金融以其特有的产品结构和风险管理理念，在金融危机的冲击中仍然保持了很好的表现，因此更加引起人们的关注。如今，伊斯兰金融服务业继续保持两位数的增长率，纳入这一范围的金融资产总额已经超过了万亿美元。

在我国，伊斯兰金融大多数情况下仅限于学术界的研究和讨论，但这些研究和讨论在传统金融研究占主导的话语体系下显得有点"另类"。五年前，业内几乎搜索不到伊斯兰金融的学术文章。在实务界，宁夏银行曾经试点开设伊斯兰金融窗口，开办伊斯兰金融业务，但三年试点结束后，未被许可再进行试点。伊斯兰金融在我国理论研究和实务层面不被完全认可的一个重要原因是绝大多数人对其并不完全了解，只是简单地将其贴上宗教的标签而已。在国外，有关伊斯兰金融的成功和其面临的挑战的文献已相当广泛，但在国内，没有一部专门研究伊斯兰金融的著作来对伊斯兰金融进行全面客观的介绍，这也是笔者写作本书的一个重要原因。

此外，随着国家向西开放战略的确立和实施，以及新丝绸之路经济带建设的提出和推进，我国与中亚、中东以及北非国家的经贸往来日益密切。这些国家由于拥有丰富的石油资源而储备了大量的石油美元，需要寻找新的海外投资途径，这为我国西部开发提供了契机。然而，这些国家或地区的资金运作体系大多是以伊斯兰金融体系为基础的，其投资也要符合伊斯兰金融的禁止利息和避免不确定性等基本原则。在我国，人们对伊斯兰金融体系认识还不足，缺乏研究，未能为这些资金的进入提供合适的途径和渠道，也没有为中国与阿拉伯和北非国家进一步扩大经贸往来提供合适的金融服务。这是笔者写作本书的另一个原因。

前三章是本书的第一部分。从伊斯兰金融的起源开始，一直追溯到公元前3400年前的美索不达米亚平原，并对其演变的内在机理进行了讨论。伊斯兰金融的独特性主要体现在其基本原则上，第二章对伊斯兰金融的禁止利息和规避风险的基本原则进行了讨论，对这些原则形成的原因进行分析，并将伊斯兰金融与传统金融进行比较，以期给读者一个更加完整的认识。第三章则对伊斯兰金融的基本融资模式进行分析，这些模式体现出伊斯兰金融与传统金融在融资合约结构上的根本性区别，并从合约结构分析的角度对伊斯兰金融融资合约的激励相容机制进行比较分析。第二部分包括第四章至第六章，分析了伊斯兰银行、保险业的演变及伊斯兰银行和保险产品，展示了这些产品的特殊结构及从伊斯兰视角对传统银行和保险产品的评价。最后两章是本书的第三部分，介绍了伊斯兰金融市场和伊斯兰金融中的中央银行和货币政策。伊斯兰金融市场是与传统金融中的货币市场、债券市场、股票市场、投资基金市场和衍生金融市场相对应的市场，第七章对伊斯兰金融市场中的各个子市场进行分析和研究，并对传统金融的伊斯兰金融替代的可能性进行了研究。第八章则是对中央银行在伊斯兰金融的无息环境中的职能和如何进行货币政策操作、实现宏观经济目标进行分析。笔者试图在本书中为读者提供一个全面了解和认识伊斯兰金融体系和金融产品的途径，在书中运用图示对传统金融产品的各种伊斯兰金融替代进行展示，着重于伊斯兰金融产品的特殊结构。

本书主要从经济学的角度，将伊斯兰金融看作金融学的一个特殊分支——非传统金融，将注意力集中在伊斯兰金融的特殊融资模式和产品结构上。在遵循伊斯兰金融的基本原则和符合我国法律法规的条件下，通过对伊斯兰金融合约结构和产品结构的研究，借鉴其合理的成分，为我国实施新丝绸之路经济带战略和加强与中东、北非国家经济贸易往来提供金融保障和支持。

目 录

第一章　伊斯兰金融的起源与发展

正如洛佩兹（1971）指出的，没有人知道作为商业活动润滑剂的信用何时首先被使用，也许是在史前，但作为其中一种类型的银行却存在于古代的美索不达米亚、希腊和罗马。Homer（1963）认为信用可能先于工业、银行业、货币制度甚至其他原始的货币形式而存在。他认为，当我们从广义上考虑信用，我们可以推知其早期形式的某些东西。原始的信用仅需要考虑在收获之前将种子贷给儿子、兄弟或邻居，或者是动物、工具或食物贷款。如果没有预期的偿还，这种转移被称为礼物；如果预期偿还，并以一个确定的利息支付，这就是贷款。

在史前最早记录合约与金融交易之前，人们使用牛、银或其他任何他们一致同意的东西作为货币，但对此我们并没有可以获得的历史性证据。

一、美索不达米亚的银行业

无论银行在何时何地以何种形式建立并经营，正如 Homoud（1985）认为的，银行的出现和发展是在有组织的农业、工业和贸易开始时，随着货币作为一种交易手段使用的需要而出现和发展起来的。目前可以找到的历史证据表明，最初的银行经营出现在大约公元前 3400 年前生活在美索不达米亚平原的苏美尔人和巴比伦人中间。

Orsingher（1976）指出，对巴比伦帝国的遗迹乌尔克和迦勒底神庙的具有历史意义的考古发掘已经表明，当今世界所知的最古老银行建筑出现在距今大约 3300 年以前。

由以上历史证据和考古发掘可知，在美索不达米亚地区，银行与祭祀神庙有很大程度的联系，因为神庙为谷物和其他商品的安全保存提供了一个安全的场所。神庙不仅拥有大量的财富，而且还积极参与金融活动。它们以银子和谷物形式提供贷款。有时，它们为穷人提供无息贷款，有时提供含息贷款。它们收取的利息常常低于法定利率上限，有时是该上限的一半，有时是上限的1/3。巴比伦的马杜克神庙（Temlpe of Maduk）常常借钱给奴隶，以便他们有能力赎回自由身。在斯彭（Sppon），太阳神通过男女祭司们的行为，成了"首席银行家"。(Hommer)。正如 Davies（2002）所言，"收入通常不仅用来转移给最初的存款人，而且也转移给第三方"。逐渐地，在美索不达米亚地区，私人房屋也被包括在这些银行的经营之中。这种银行运作，包括存款、转账和贷款，可以追溯到公元前 3000 年，但并没有导致专业性金融公司的成立，直到亚述和新巴比伦时期。

对在美索不达米亚地区发现的手写文字的翻译表明，一个农场主曾向一个神庙借了一定数量的银子来为芝麻的购买融通资金，并承诺以芝麻收获时的价格支付信用凭证持有人等价的银子。从已发现的这些手写文字中，我们至少可以观察到以下几个内容：

第一，神庙通常担任或扮演了银行的角色，这是由于：①人们通常对宗教神庙和主持的信任超过了其他机构和个人；②由于神庙和信仰的神圣性有助于使储存账户完整和精确；③由于其他人不敢偷神庙的东西而使神庙比其他地方更安全。

第二，消费者也是一个生产者，换言之，贷款的目的是生产性的而非消费性的。

第三，信用文件相当于借款人开出的一个作为信用证据的票据或交易账单。不仅如此，对持有人的可支付性还表明该凭据是可以转让的。

第四，在这些交易中并不包含利息，因为消费者仅被要求支付以收获时节芝麻现价表示的等价银子，这一数量可能等于、小于或大于借入时的数量。但即便高于原先借入时的数量，也并不意味着多出部分就是利息，因为利息是同种物品（或资金）支付的数量超过了借入的数量，比如银子对银子或芝麻对芝麻，而不是芝麻对银子或银子对芝麻。

在当时，国王和其他个人也大规模加入到借贷交易中，投资以货币或种子的形式进行，货币的收益率是 20%，并且几乎从不超过 33%。借款人及其家人一旦由于不能支付而违约就要冒沦为奴隶的风险。与现代伊斯兰金融中 Mudarabah 非常相似的有限合伙 Commenda（康芒达）也是巴比伦人的一项创新。由于神庙和大土地所有者经营的银行业务规模越来越大并且越来越重要，以至于著名的巴比伦国王汉谟拉比（公元前 1728~公元前 1686）认为有必要制定程序性的标准规则来处理几乎所有由此而引起的事务，如土地所有者条款，农业劳动力的雇佣，民事责任如贷款、利息、担保、保证、证据的提出与缺失，自然性的意外事件，损失、偷盗等（Hommer, 1963; Orsinger, 1967）。约于公元前 1772 年颁布的《汉谟拉比法典》（以下简称《法典》）被认为是世界上最早的一部比较系统的法典。

1901 年在埃兰古城苏萨（今天的伊朗）被发现，现存于法国巴黎卢浮博物馆。《法典》的范畴除包括诉讼手续、损害赔偿、租佃关系、财产继承和处罚奴隶外，还包括债权债务方面的内容。如《法典》规定债权人必须等到收获季节才可以催促农民还款；如果由于风暴或干旱而造成庄稼减产，当年的土地贷款应付利息将予以免除。城镇房屋和农场可以用于抵押贷款，土地不仅可以作为抵押物来获得含息贷款，也可用于租赁，一般为期三年。租金有时以农作物支付，有时以金属货币支付。

为了防止违约情况，《法典》要求所有贷款合约必须当着一个官员的面制定，并且要有证人；否则，贷款人将丧失要求偿还的所有权利。如果贷款人通过欺诈手段而收取高于法定利率的利息，也将导致债务免除。当借款人无法全额还款时，《法典》还有互让调解方面的规定。为了保护债权人，《法典》允许抵押和担保。农田的抵押有着详细的规定：债权人在收获季节不得收取高于到期酬金的数额，如果是应得的，则外加法定利息。任何财产都可以进行抵押，无论是不动产还是个人财产，包括妻、妾、子女、奴隶、土地、房屋、器具、信贷、房门。① 但是以劳役抵债的债务劳役期限不得超过三年，后来该时间期限得到了延长。许多合约显示，债务和利息（有时还有本金）通过使用抵押奴隶和子女的劳役而获得。无力偿还债务的借款人也许会自贬为奴隶，为债主劳动三年。贷款合约常常要求有妻子的签字，由此可见，当时妇女的物权受到《法典》的保护，丈夫不得单方面抵押或者处置共同财产。

从汉谟拉比时代起，也许更早，以交易票据的形式出现的贷款就已经为人们所熟知，且可以流通。有些需支付给原始债权人，而有些则可以支付给任何持有人；有些是见票即付，有些则有固定日期。存款也非常普遍：贵重物品存于他处管理，可以在指定日期提取，也可以见票支付。通过汇兑而使交易涉及的款项从一个账户转移到另一个账户而无须动用现金。另外，还有代收代付款项而无须事先存款。钱款的借贷基础可以是典当物、信贷工具、不动产或没有担保的一般信贷。这些金融交易有些是跨国交易，有些是地方性交易。古代楔形文字记载的文献资料清晰地描述了巴比伦人与亚述人、叙利亚人、赫梯人和埃兰人之间进行的这种交易，但没有与埃及人进行这种交易的记录。古代埃及高度专制，在国内基本上废除了金钱的使用，没有留下什么有关信贷的记录。

---

① 在美索不达米亚平原地区，由于木料短缺，门非常少见，因此门并不被当作房屋的一部分，而是作为单独销售的独立商品，因此门可以当作单独的抵押品。

美索不达米亚平原的信贷做法持续了数千年，期间一定发生过演变、发展和重大变化，尤其是经历了战争、破坏、不断侵略与征服的漫长历史。然而从总体上说，公元前 1800 年以及更早时期的金融惯例，似乎到了公元前 6 世纪还在使用。

公元前 600 年后，一种比较先进的银行操作形式在美索不达米亚平原地区的民间发展起来。比如：巴比伦的银行商号埃吉比兄弟（Egibi Sons）和穆拉苏（Murassu）开展着大型而复杂的业务；将巨额款项贷给政府和个人；按汇票要求将存款从一个商号划拨到另一个商号；支付存款利息；购买有土地抵押的贷款；以合伙人身份进入风险企业等。我们可以发现，到了公元前 600 年，新巴比伦金融体系相对于原始时期的先进程度，至少不亚于 20 世纪的金融体系与新巴比伦王国时期之间的差距（Hommer，1963）。然而，在公元前 539 年被波斯征服后，美索不达米亚失去了独立，巴比伦也不再是最大的资本城市，超过 40% 的利率变成了通行的利率（Homer，1963）。

二、伊斯兰帝国的银行业

公元 7 世纪初，伊斯兰教的出现给经济、政治和教法等领域带来了一场巨大的变化，Wilson（1983）描述了伊斯兰教对世界历史的影响：阿拉伯人（或穆斯林）于公元 7 世纪突然出现在历史上是绝无仅有的。一些以贸易和农业为生的定居或游牧的分散部落在三代人中集中起来，将自己变成一个统治从阿富汗到西班牙的整个南地中海地区的富裕强大的帝国。他们成功地将信仰和语言不同的人们联结成一个有着共同宗教、共同语言和共同制度的统一社会。Lieber（1968）也主张，自公元 7 世纪以来，穆斯林成功地发展了长途贸易，并在国际商务规模上超过以前。伊斯兰教许诺如果商人以诚实、公正和仁慈进行交易，就可以在天堂中提升地位，这或许是穆斯林学者在他们职业生涯的某个阶段以商人身份来谋生的原因（Weit，1955）。

Lieber（1968）指出，在穆斯林中，国际贸易受到对阿拉伯圣地朝拜的异乎寻常的刺激。朝觐时，来自世界各地的大量人群每年定期聚集。许多朝觐者履行他们的宗教义务的同时，沿途销售他们当地的产品，返回家乡时带着他们期望能够获得可观利润的外国商品。随着贸易的发展，带动了银行业务经营的发展，例如贷款、借款、资金转移、保证、保管等都曾在阿拉伯国家中广泛存在。

对于 De Roover（1954）的观点"没有银行业务就没有银行"，Udovitch（1979）认为，中世纪欧洲银行业的发展确实没有描述到中世纪的伊斯兰世界这一命题是正确的。在中世纪关于这一主题的零星的文学和文献记载中，我们发现了银行家，发现了包罗万象的银行业务活动，但并没有发现银行。我们并不能够区分任何最初以专业化来处理货币问题的自治或半自治机构，如果它们并不排斥这一业务的话。

从公元 8 世纪末的阿拔斯王朝时期开始，[①] 术语"杰赫巴德"（Jahbadh）就用来表示银行职员、硬币事务专家、熟练的货币检验员、收银员、政府的出纳、货币兑换者。公元 913 年，阿拔斯王朝建立了在各主要贸易城市都有分支机构的总杰赫巴德（Diwan al Jahabidhah），在完全不使用利息的情况下，从事几乎现在能够看到的所有银行业务。从公元 9 世纪到公元 11 世纪，总杰赫巴德的重要性迅速提高，并且由于其作为存款的管理者，通过支票将资金从一地汇往另一地的汇款人以及专门的支票交换人的功能而被认为是现代银行家的前身。

根据 Metualli 和 Shahata（1983）的研究，总杰赫巴德或首席杰赫巴德被要求每年每月提供一个包括所有收入和支出的叫作最终账户或平衡表的会计报表。历史文献表明，许多杰赫巴德也由基督教或犹太教人士担任，尽管他们是非穆斯林，并不影响其任职或从事相关业务。

根据 Chapra 和 Khan（2000）以及 Chapra 和 Ahmed（2002）的研究，在伊斯兰历史的早期阶段，穆斯林就能够建立起为资源流动、生产活动和居民消费需要提供资金融通的没有利息的金融体系。这一体系主要依赖于叫作 Mudaraba 的盈亏共担模式和叫作 Musharaka（穆沙拉卡）的积极合伙模式来运作。银行家们鉴别硬币的真伪，鉴定货币的成色，而这些活动在以金属为币材的古代社会是至关重要的。他们通常将货币放在大小不等、货币数量不同的铅封的袋子里，每次收支时转移袋子即可，既节省了每次清点货币的费用，也省去了货币鉴定的费用，使交易费用大大降低；同时，他们还创造了异地支付系统。在异地收付结算时，通常没有实际货币的支付，而是通过 Sakk（支票）进行结算。总杰赫巴德通常优先贷款给有税收收入做保证并且由其收税的政府。政府收取的税款偿还贷款本金并支付一个超过本金数额的资金，在历史上这被认为是利息（Pellat 和 Schacht，1965）。但是如果考虑到收取和管理税款所付出的努力的成本，高于本金的部分并不是利息，而是管理税款的费用。这是因为一方面，在伊斯兰教中，利息是被

---

① 阿拔斯王朝（750~1258 年），是哈里发帝国的一个王朝，也是阿拉伯帝国的第二个世袭王朝，于 750 年取代倭马亚王朝，定都巴格达，直到 1258 年被蒙古旭烈兀西征所灭，古代中国史籍（《新旧唐书》）称之为黑衣大食。

禁止的，而费用并不禁止；另一方面，利息必须依赖于本金和贷款的期限，而费用或佣金则被允许支付给劳务或服务的提供者。Udovitch（1979）确信，由于习惯上商人银行家对商人或其他人的存款至少保留一定比例，商人银行家自己也在其他银行中保有一定的存款，因此历史上并没有证据表明商人银行家向贷款人支付了利息或其他类型的溢价。

中世纪早期，在建立经济上的黄金时期中伊斯兰帝国发挥了重要作用，而在贸易和银行业务的领域中则是阿拉伯人、波斯人、伯伯尔人、犹太人基督教徒和亚美尼亚人。伊斯兰贸易从大西洋东岸的西班牙一直延伸到太平洋东岸的中国。

Lieber（1968）也观察到了这种现象：意大利和欧洲其他国家的商人从地中海对岸他们的交易对手那里学到了复杂商业方法使用的第一课，这些人绝大多数是穆斯林，尽管也有一些犹太人和基督徒。一个显而易见的结果是，大量发源于东方的阿拉伯语和波斯语词汇被引入到中世纪欧洲商业语汇中。例如：一个在商业领域常用的英语单词"Check"（支票），最初可能来自阿拉伯语单词"Sakk"；"Credit"来自"Qard"；"Risk"来自"Rizq"等。

13世纪以后，杰赫巴德明显地失去了官方银行家的地位。其实从12世纪开始，杰赫巴德的功能就已开始减弱，并最终失去了影响力。通过对其衰落过程的研究我们可以发现以下几个方面的原因：一是在政治层面，逐渐、连续不断地偏离了伊斯兰沙里亚准则；二是宫廷开支的奢侈和铺张浪费；三是日益膨胀且缺乏效率的官僚机构调整；四是政治崩溃，包括中央政府在边远省份失去权威，以及由于哈里发沦为丞相或军事首领的傀儡，出现了一些小的王朝和准独立性质的统治者。由于以上原因及其他的历史性环境，穆斯林世界在技术和经济上失去了动力，因此，许多伊斯兰制度，包括伊斯兰金融中介体系被西方的制度所取代。

三、穆斯林世界的银行业

从11世纪伊斯兰帝国衰落开始到20世纪中期，伊斯兰世界经历了长达千年的衰败，这一段时间也被称为"衰落的时代"。就像西方世界经历的从罗马帝国衰落到12世纪末的"黑暗时代"一样，这种衰落对伊斯兰世界的政治、经济、社会和文化都产生了深刻的影响。

据Vogel和Hayes（1998）研究，从19世纪中期起，几乎每一个伊斯兰国家都直接或间接在新近兴起的占优势地位的西方的强制之下接纳了基于西方模式的法律，特别是民商法方面，数世纪以来，古老的伊斯兰金融模式消失了。在欧洲的影响下，绝大多数国家采纳了源自西方的银行体系和商业模式，抛弃了伊斯兰商业实践。20 世纪中期以后，随着伊斯兰国家相继取得独立以及外国银行和国有化的本国银行的发展，海外银行殖民地化消失了，被一种"新殖民化"银行体系所取代。国有化外国银行、新建本土银行的事实是这些银行变成了国家银行，追求国家利益，但是它们的经营体系与外国以利息为基础来经营和处理交易是完全一样的，而这与穆斯林的信仰相违背。基于此建立一个既能提供所有银行服务又不违背或打破人们宗教信仰的伊斯兰银行的想法就被提了出来。

在继续讨论伊斯兰金融发展历史以及现代伊斯兰银行的发展之前，我们必须暂时停下来，先讨论一下伊斯兰金融在长期的发展过程中形成的基本原则及融资模式。第二章将讨论伊斯兰金融的基本原则，第三章将讨论伊斯兰金融的基本融资模式。

第二章　伊斯兰金融的基本原则

第一节　禁止利息的基本原则

伊斯兰教法在伊斯兰社会、政治、经济和文化等社会生活的各个方面都处于绝对支配的地位，伊斯兰社会法律的制定、经济活动的开展以及人们的日常行为规范，都必须符合伊斯兰教法的规定。伊斯兰教法或沙里亚原则既体现在伊斯兰各国的立法原则和精神中，也体现在人们的日常行为中。在金融领域，金融产品的设计、开发，商业银行产品的创新，业务的开展与经营等都要符合教律的要求，这是伊斯兰金融与传统金融在合法性方面的显著不同之处。

一、伊斯兰教法的形成及其层次

伊斯兰教法以其独特的结构和历史渊源在世界五大法系中独树一帜。从结构上看，伊斯兰教法分为两个部分：一是沙里亚；二是菲格亥。我国穆斯林称"沙里亚"为"沙勒阿提"，英译为 Sharia。

沙里亚是仅次于《古兰经》的圣训，它是穆罕默德对《古兰经》的基本思想原则、原理的重申与诠释，是对整个伊斯兰信仰、礼仪、道德、法律、个人与社会等问题的全面论述与训示。与《古兰经》相比，圣训中相关法律的内容更丰富、更具体，主要包括赋税、婚姻、家庭、财产、买卖、利息、继承、遗嘱、证据、赔偿、刑罚和诉讼等方面的内容。

菲格亥，英译为 Fiqh，在阿拉伯语中也有许多意思，但其基本意思有二：一是"懂得"、"理解"；二是"对说话人意思的理解"。如《古兰经》中："这些民众，怎么几乎一句话都不懂呢？"后来被解释为"教法根源"、"教法原理"，指研究伊斯兰教四项立法原则渊源的专门学科。四项立法原则亦称四大立法基础，即《古兰经》、圣训、类比（Qiyas）和公议（Ijma）。它是教法学家以沙里亚的明文与精神为指导精心构建的伊斯兰法系实体。因此，教法学家根据其特有的性质与范畴给它的经典定义是："菲格亥是教法学家依据沙里亚的细则与条文精神，创制法律规范的科学。"①

由此可见，伊斯兰教教法的精神是《古兰经》与圣训的经训明文，具体规定是根据经训明文的精神采用类比和公议的方法创制的，由此形成了伊斯兰社会整个法律体系的基本规范。这些基本规范在经济和金融领域中也是同样适用的。

二、利息的种类

在伊斯兰社会，利息一般有两种，即信用利息和剩余利息。信用利息主要存在于前伊斯兰社会中，除此之外，在圣训中还提到了第三种利息，通常产生于信用基础上不同商品的销售，也就是延期付款销售。交易中任何一方的价值超过了另一方的价值，超过部分即被认为是利息，这也是被禁止的。原因是如果商品延期销售的价值可以不同，那么作为一种特殊商品的货币，它的延期销售的价值也可以不同，而增加的部分恰好就是利息，这显然与禁息的基本原则相违背。

（一）剩余利息

在前伊斯兰社会时期，由于当时的经济活动的规模较小，经济结构也不复杂，因此在经济领域利息的形式主要和商品销售及货币借贷有关。由于对剩余利息产生的主要社会经济根源的高度认同性，使得在伊斯兰社会对于剩余利息的定义存在的分歧较小。在剩余利息的定义中，比较经典的是哈乃斐学派的定义：一项销售或在同种商品的交换中，（商品在体积和重量方面）超过法定标准的资本资产的增加。② 在上述定义中，有两点需要解释：一是资本资产的增加是指数量或总量上的而不是价值上的；二是法定标准是指商品以重量或体积作为交易单位来衡量，而不是以长度或数目为标准来衡量的。而对于不以重量或体积来衡量的商品的交易则没有利息。如特定种类的动物，如骆驼、地毯、家具、土地、树木和房屋等。由于这些商品在交易中没有统一的标准或重量，因此其价值不能被准确衡量，所以这些商品交易中形成的增加不是利息，例如五尺布与六尺布、一个

---

① 中国伊斯兰教协会全国经学院统编教材编审委员会。伊斯兰教法简明教程［M］.宗教文化出版社，2008（11）：4–5.

② 伊本·艾尔克伊姆称之为隐性利息，对同种商品交易中价值增加的禁止也是为了防止其成为承认利息的借口。这在由阿布·赛义德·艾尔克哈德里转述的穆罕默德的话中表现得很清楚："不要出售一个迪拉姆而获得两个，我恐怕你们会陷入利息中。"

鸡蛋与两个鸡蛋、一只绵羊与两只绵羊等。但交易中的任何一方的延期行为即延期支付或延期交割商品都是被禁止的。[①]

在伊斯兰教法禁止利息的过程中，有两类商品比较特殊，这两类商品是金、银或可以替代金银的其他流通货币。金和银在交换中产生的利息已经在《古兰经》中明确加以禁止，这是十分明确和肯定的。但是，由于古代的货币为金属货币，因此作为货币材料的金银及其他金属，无论是已经被铸造成铸币还是仍然没有被铸造成货币的金属条块，甚至只是金属原矿，它们之间的交易都应该是没有差别的，如果有差别也被认为是利息而加以禁止。正是因为这个原因，伊斯兰教法学家认为迪拉姆[②]铸币和原矿是相同的。但是，伊本·艾尔克伊姆认为，被使用的金银首饰的出售，比如耳环或其他的首饰，出售时超过同等重量的金和银则有效，这是因为首饰要考虑加工成本等实际因素。

（二）信用利息

信用利息是在商品生产和交易的范围日益扩大和经济生活日趋复杂的情况下产生的。根据哈乃斐学派学者的定义，信用利息是指一种商品同另外一种相同或不同的商品交易，由于延期支付而引起的体积或重量上的超额部分。比如两个月以后支付的 1.5 浦式耳小麦与现在的 1 浦式耳小麦，或者是三个月以后支付的 1 浦式耳小麦与 2 浦式耳大麦的交换。前者是同种商品，后者是不同商品，中间都有增加的部分，在延期支付的交易中，这都是被禁止的。

从上述定义及例子中可以看出，如果交易中包含了延期支付的内容，则交易的两种商品无论是相同还是不相同的，都不应有没有对应价值的增加部分，也就是说，任何人不能从这种交易中获利。正式地说，立即拥有比一段时间的延期支付拥有更好，立即支付优于延期支付、资产优于负债。

然而也有一些伊斯兰学者认为禁止利息应该只禁止信用利息，[③]其根据是穆罕默德曾说过："除了信用没有利息。"这句话最初出现在穆罕默德对圣训进行的解释中。当被问及小麦与大麦、金和银的延期支付交易时他这样回答。这一回答是根据当时的问题而做出的，在当时特定的语境中是完全没有歧义的。而后来圣训的转述者只注意到了回答，却忽略了当时的问题，这是部分学者认为只有信用利息而没有剩余利息的原因。因此，这种观点后来在圣训中被驳斥，并且明确禁

　　[①] 因为如果允许相同商品交易的延期，并且在数量上可以增加，而这种商品假如是货币，就会产生利息，而这与禁息的基本原则是相违背的。

　　[②] 迪拉姆为前伊斯兰社会中货币的名称。

　　[③] 伊本·阿巴斯·乌萨姆、伊本·扎伊德、祖巴伊尔、伊本·朱巴伊尔等。

止超额利息（也就是剩余利息）。

以上是伊斯兰教教法中对利息的主流的或通行的分类。当然利息在伊斯兰教法学界还有其他的分类，如沙斐仪学派将其分为剩余利息、拥有利息和信用利息三种，但一般认为拥有利息其实是信用利息的一个分支，除此之外还有显性利息和隐性利息，其实也是其他学派对剩余利息和信用利息的另一种说法。

三、四大教法学派对于禁止利息的法律原因的解释

四大教法学派的学者对于利息的禁止和利息分为剩余利息和信用利息基本上取得一致意见，分歧较少。但由于历史的原因，四大教法学派的学者们长期以来对于为什么要禁止这两种利息、禁息的范围、具体内容等争论不休，形成了各自不同的解释。

（一）哈乃斐学派

哈乃斐学派认为，禁止利息的条件是商品以体积和重量衡量以及种类的同一性，如果同时满足这两个条件，所有的利息，包括信用利息，都应该被禁止。持这种观点的学者指出，他们的根据是圣训中提到的六种商品，其中四种商品（小麦、大麦、枣和盐）都是以体积衡量的，另外两种（金和银）是以重量衡量的。这也就是教法所规定的六种特定种类的商品再加上重量和体积这两个标准。这样的规定在各大圣训中都有明确的记载：

金对金，以相同数量，即时交易，任何剩余都是利息；

银对银，以相同数量，即时交易，任何剩余都是利息；

小麦对小麦，以相同数量，即时交易，任何剩余都是利息；

大麦对大麦，以相同数量，即时交易，任何剩余都是利息；

枣对枣，以相同数量，即时交易，任何剩余都是利息；

盐对盐，以相同数量，即时交易，任何剩余都是利息。

由以上圣训中记载的六类商品交易中的利息形成可以看出这样几个问题：一是利息产生于同种商品之间的交易，也就是前面所说的剩余利息，不同商品之间的交易即使数量不同，也不存在利息；二是交易的商品在交易时以重量或体积作为衡量标准，也就是其价值可以准确计量的商品，而对于价值不能准确计量的商品，如房屋、土地、动物活体、树木等商品的交易，其价值的增加是允许的，不存在利息；三是交易过程中要有数量上的差异，即有数量上的增加，如果没有增加，也不存在利息。当然，并非任何数量上的差异都被禁止。如果这种差异是微

小的且可以忽略的，这种微小的增加则不是利息，因而也不被禁止。①

在哈乃斐学派看来，禁止剩余利息的根本原因是为了防止承认信用利息，不禁止剩余利息则会为承认信用利息打开方便之门。因为如果承认同种商品的交易可以有价值或者是数量上的增加，无论交易是即期的还是远期的，这就为货币的交易（无论是即期还是远期）存在价值增加进而产生利息敞开了大门，这是伊斯兰教法所不允许的。②

由于圣训中对禁止利息的记载和规定仍然不够详尽，要在复杂的现实经济生活中实际运用而不致产生歧义和引起不必要的纠纷，就要对禁止利息的细节问题做出解释和规定。因此，哈乃斐学派在以下几个方面做了解释和规定：

第一，利息存在于以重量或体积计量进行交易的同种商品中，也就是量的相等与种类的同一性，而不论这种商品是什么，这是根本的，也是基础的；同时，这些商品的价值可以准确衡量，对于价值不可衡量的不可比商品的交易，即使存在价值的增加，也不存在利息。

第二，这些商品的分类及其标准具有持久性，即使这些商品现在已经不再使用或者已经不再用体积或重量来衡量，这些规定仍然有效。这一观点得到了绝大多数哈乃斐学派和罕百里学派学者的支持。其根据是穆罕默德曾经说过："体积是麦地娜人的标准，重量是麦加人的标准。"③

第三，不能以交易商品质量的高低作为价值增加或减少的理由。也就是说，在同种商品交易中不能因为交易一方商品的质量较低而要求增加商品的数量或价值，也不能因为质量较高而减少商品的数量或降低商品的价值。这在圣训中也有记载，如"高质量与低质量商品是相同的"，这也在绝大多数伊斯兰国家的法律中得到了体现。

第四，对信用利息的禁止，主要是禁止款项的延期支付或商品的延期交割，而对商品的种类是否相同，并没有严格的要求。也就是说，无论是种类相同还是不相同的商品出售，只要存在延期的行为，都被禁止。这样做的目的十分清楚，如果只禁止种类相同商品的延期交易产生的利息，那么，利用不同商品之间的延

---

① 当然，这种差异并不是任意的，如黄金或白银在交易过程中数量上的差异为 1 格令，约 0.0648 克，则不存在利息，其他商品也有类似约定俗成的规定。

② 由于在远古时期，货币主要是金属货币，货币与货币的交易，在金属货币制度下是同种商品之间的交易，也就是通常所说的借贷。在后来出现的信用货币制度下，货币之间的交易除了本国货币之间的借贷之外，还有不同国家货币之间的兑换或外汇买卖，这一问题并不在上述讨论的范围之内，要在后面才会论及。

③ 这句话由阿布·达乌德和萨义德经阿布达拉赫·伊本·乌玛尔授权转述。

期交易同样可以产生利息，比如现在借出黄金而三个月以后用银偿还，其中的价值增加则是利息。对于禁止信用利息，哈乃斐学派认为，最根本的原因是，如果允许信用利息存在，则会对由于生活所迫而必需这些商品的人们造成伤害。因为利息削弱了人们的善良与仁慈之心，忽视了生活中互助与合作的好处。同时，如果允许货币的延期交易，就会使货币数量发生不合理的变化，造成货币流通失调。如果允许食物及其原料的延期交易，则会使人们更加贪婪和逐利，这也与伊斯兰教旨促进社会成员之间公正与公平的思想相违背。

第五，众所周知，相同商品交易中产生的数量上的差异是被禁止的。然而根据哈乃斐学派学者的观点，允许出售不同商品产生的差异，这其中的例子就是出售鸟肉，如麻雀、画眉等，因为肉并不是可以产生利息的商品。①

第六，根据哈乃斐学派的观点，商品是否相同，应该根据这些商品的最初差异来判断：要看制作这种商品的原料是否相同，如用枣制成的醋与用葡萄干制成的醋；或者用途的不同，如山羊毛和绵羊毛；或者品质的不同，如各种面包以及骆驼、牛、羊的肉、奶等，都被认为是完全不同的种类。因此，这些商品的交易在数量上的不同是完全被允许的。

（二）马立克学派

马立克学派对禁止利息的分析和解释也是从圣训中规定的六类商品开始的，他们将这六类商品分为两大类——货币和食物。根据马立克学派大多数学者的观点，认为禁止金和银在交易中的增加，其原因是因为金银是有价值的货币或者是币材。而对于食物及其原料，禁止信用利息和剩余利息的原因却不同。

对于食物及其原料，禁止信用利息的原因只是由于这些商品的可食用性，是否有营养和可以储存，或两者居其一。对于用于治疗目的的食物，不在禁止之列。②

对于剩余利息的禁止，马立克学派认为有两个方面的原因：营养和可储存性。因为营养是每个人所必需的，如果允许具有营养价值的食物的交易存在利息，就有可能使人们食用的食物受到限制，对人们造成损害。而对于可储存性，如果食物不可储存，则不存在产生利息的基础。③

---

① 也就是说，肉并不在圣训中所说的六类商品之中。但是，需要注意的是，鸡、鸭、鹅肉并不包括在内，因为这些肉以重量进行交易从而符合禁止利息的要求。

② 这类商品的例子是不同种类的蔬菜，如黄瓜、西瓜、柠檬、莴苣、胡萝卜、芋头，以及不同种类的新鲜水果，如苹果和香蕉。

③适合储存是指储存特定的时间而食物并不损坏。根据马立克学派学者的观点，可储存食物的储存时间并没有特别的限制。当然也不可能有，因为不同食物可以储存的时间的长短差异很大，他们主要是根据不同食物的习惯储存时间来确定，而并不是任意的。

　　马立克学派认为，他们的禁止利息的规则在逻辑上是可以观察的，因为在伊斯兰世界中，人们不会相互欺诈，财产受到保护，这就必然使人们关注生活的稳定性和生活必需品的获得，比如有营养价值的食物。

　　还有一点需要特别强调的是，伊玛姆·马立克本人认为小麦、大麦、黑麦是同一类，玉米、小米、大米是同一类，所有的豆类是同一类。因此这些属于同一类商品的交易中若有利息，是被禁止的，而不同种类商品的交易则被允许。对于肉类，马立克将其分为三类：四足动物肉、禽肉和鱼肉，这三种肉属于同一类。

（三）沙斐仪学派

　　沙斐仪学派认为，禁止金银利息的原因是由于它们具有内在的货币属性，或者说具有货币价值而被用来对商品进行支付，而且，金银无论是货币形态还是其他形态，都在禁止之列。对于其他形态的金银，比如金银首饰，它们的手工成本不影响其价值，因此也在禁止之列，这与哈乃斐学派的观点不同。而对于具有货币价值的商品，沙斐仪学派仅限于金和银，不包括其他的货币类型和具有货币价值的商品，即使这些商品被用来衡量其他商品的价值，也不包括在禁止利息的范围之内。

　　对于食物，沙斐仪学派将其分为三类：一是具有营养价值的食物，如小麦和大麦；二是休闲食品，如葡萄干；三是用作改善食物品味或治疗身体的食物，如盐、姜及其他具有治疗作用的食物。由此，沙斐仪学派将禁止利息的商品分为两大类：可食用的商品和具有货币价值的商品，而其他商品的交易则不存在利息。同时，沙斐仪学派认为，在这两大类商品中，同类商品的交易如果有效，必须满足三个条件：一是立即支付；二是对应价值完全相同；三是立即交割。

　　关于商品的相同与不同问题，沙斐仪学派认为，任何两种商品，由于其本质相同，而有一个特定的名称，都属于同一类，例如两种枣、无花果等。同样，具有相同来源的商品，比如不同小麦磨成的面粉，也被认为是相同的。只有本质是不同的商品才被认为是不同的。

（四）罕百里学派

　　罕百里学派对禁止利息的法律原因的表述有三种，最著名的表述与哈乃斐学派相同，即体积与重量及种类的同一性，这项前文已述及，此处不再赘述。第二种表述则与沙斐仪学派相同。在此书中，我们主要讨论与其他学派不同的第三种表述。罕百里学派认为，在圣训中提到的六类商品，除了金银以外的其他可食用商品，如果出售时以体积或重量衡量，就会禁止其中的利息从而成为禁息的原因，"这也是萨义德·伊本·穆萨义博的观点，其相关的证据是穆罕默德曾经说过：

除了用体积和重量衡量的食品和饮料之外，没有利息。

在商品种类的相同与不同方面，罕百里学派与沙斐仪学派的观点基本相同。他们认为共用一个特定的自然名称的所有类型的商品，被认为是同一类，例如不同种类的枣。禁止以利息来交易的只是同一种类的商品，且交易双方商品的数量完全不同。这种主张来自于穆罕默德曾经说过，"枣对枣，以相同的数量"，"如果种类不同，就按你们的意愿出售"。

如果商品共用一个名称，但它们的实质内容不同，也被认为是两种不同的类型。也就是说，来源于同一原料的商品被认为是种类相同的，即使它们使用的目的不同，这与哈乃斐学派的观点也不相同。

（五）简要评论

由以上四大教法学派禁止利息的观点可以看出，在伊斯兰教法学界，对于禁止利息这一基本原则和方向是没有任何分歧的，但是由于历史的、社会的原因及早期地域上的限制而形成的不同传统与习惯，导致各教法学派在禁息的具体问题上既有共识也有分歧。例如，禁息商品的种类，种类是否相同的标准，商品质量高低的影响，哪些商品应该禁止在交易中产生利息，禁息在教法上的依据等问题上具有非常明显的与其他各学派不同的观点，这就为禁止利息的原则在金融领域中的应用留下了争论的根源。但同时，正是由于在禁止利息的细节上的不同观点，也为人们灵活运用这些原则进行金融交易和从事各种金融创新活动预留了空间，从而形成了不同国家、不同地域上不同的伊斯兰金融体系和虽有争议但异彩纷呈的伊斯兰金融产品。

四、禁止利息原则在金融领域中的应用

（一）关于贷款

1. 贷款合约中的利息

在伊斯兰教法中，禁止利息的规定是直接针对商品而言的，并不直接或唯一地针对货币，即使其中有关于货币交易的规定，也是针对金属货币制度下，主要将其视为商品（货币材料）。在现代信用货币制度下，不能直接借用以上禁止利息的规定，因此教法学家们运用类比的方法，将同种特定商品交易产生利息的规定扩大到了货币的交易——贷款。因此，在一开始，伊斯兰教法并不认为贷款是必须禁止的合约。只有当贷款人收回贷款时收取利息或一个溢价时，贷款合约才会变成一个有利息的合约，同时，利息在贷款合约中存在，不仅是一个人坚持索要一个更大金额的支付，而是任何好处都被认为是利息。

虽然在贷款合约中利息的支付被禁止，但大多数伊斯兰学者认为，借款人自愿给贷款人一个额外的好处，一般是允许的。但为了防止这个额外好处的支付成为利息的支付，规定贷款人必须在收到借款人偿付的本金后才被允许接受这额外的好处，而且其支付与否不能成为贷款合约成立的先决条件。

由于贷款并不在最初限制支付利息的范围之内，而是伊斯兰教法学者运用类比的方法，将禁止商品出售产生的利息运用到贷款的交易中来，也就是说对贷款交易产生的利息的禁止是采用法律创制的方法后来规定的。因此，部分伊斯兰学者认为，在当代贷款主要是生产性借贷，而并非穆罕默德时期的消费性借贷，因此，只要不索要过高的利息，就应该认为是合法的。甚至更有学者认为，借款人对贷款人所承担的通货膨胀风险予以补偿也是合理的。然而这种主张在伊斯兰教法学界并不占主导地位，因此在贷款合约中规定有利息仍然被伊斯兰教法所禁止。

2. 具有利息条款的贷款合约的有效性

在伊斯兰金融贷款合约中有一个问题经常引起人们的争论：如果贷款合约中规定了利息条款，是整个贷款合约都无效，还是只是利息规定条款无效而其他条款有效？对于这个问题，各学派的观点并不相同。哈乃斐学派和罕百里学派认为，如果贷款合约规定了利息，贷款合约无效。马立克学派则认为，如果贷款合约规定了利息，整个贷款合约是否都要被取消，要看其中的利息规定是否是实质性的。如果是实质性的，则整个贷款合约无效；如果不是实质性的，则只有规定利息的条款无效，而其他部分仍然有效。

在伊斯兰教法学界对这一问题产生的分歧，纳尔比·萨立赫曾经作过经典的总结："总而言之，加入利息的贷款合约是无效的。首先，先知曾说过：'任何给贷款人规定了有利条件的贷款都是利息'；其次，当一项贷款以并不实际履行的条件为先决条件时，被认为只能取消整个协议，相反基于慈善目的的贷款以及这样的慈善目的由于取消无效的特定条件而得到提升，保持合约有效则是合理的。"①

3. 关于贷款合约中规避禁止利息的方法

在伊斯兰金融中，由于包含利息的交易被严格禁止，由此在长期传统的商业实践中，人们发展出了许多规避禁止利息的方法，其中比较常见的一种是双重销

---

① S. Mahnasani. The General Theory of the Law of Obligations and Contracts under Islamic Jurisprudence [A]. Abdulkader Thomas. Interest in Islamic Economics [M]. Routledge Taylor & Francis Group，2005：57–58.

售。例如，借贷双方同意以 20%的利率借贷 1000 万美元，他们可以将交易分为两个独立的销售从而达到规避利息的目的。首先，贷款人出售给借款人一些商品（这只是象征性的，并没有实际的商品），价值 1200 万美元，一年以后支付。从伊斯兰教法的观点看，这项交易是完全合法的。其次，借款人回售给贷款人相同的商品，价值 1000 万美元，立即支付。这样，两项交易合起来就是现在借款人得到 1000 万美元，而一年以后归还 1200 万美元，利息为 20%。

对于运用类似双重销售这样的方法规避禁止利息的做法，四大教法学派持不同的观点。部分沙斐仪学派和哈乃斐学派的学者持赞成态度。对于人们交易的真实动机是为了规避禁止利息还是真正从事商品交易并不重要，原因有二：一是他们认为人们从来都不能确切地理解教法的真正目的；二是他们认为法庭也不可能知道人们交易的真正目的，因为只有真主才知道人们的真实动机，[①] 因此只要在字面上符合禁息的规定就足够了。相反，罕百里学派和马立克学派则完全反对规避禁止利息的各种方法。他们认为，交易双方的动机和目的是决定交易是否合法的重要依据。

实际上，交易的动机和目的对各学派都是重要的，只不过哈乃斐学派和沙斐仪学派认为"以表面上可观察的言行为标志作为排除意图决定的证据"，而罕百里和马立克学派则认为"应探寻内在的真实的意图和动机"。在海湾国家，罕百里学派和马立克学派较为流行，然而在很长一段时间内，这些海湾国家在经济上较其他哈乃斐学派和沙斐仪学派占主导地位的国家处于劣势，所以规避禁止利息的各种方法就被发展和利用了起来，这并没有影响到海湾国家反对规避禁止利息。后来随着海湾地区石油资源的开发利用和海湾国家经济实力的增强，情况发生了变化，规避禁止利息的方法已从一些重要的领域中退出。当然，"意图和动机"问题仍是现代伊斯兰合同法的一个重要内容。

(二) 关于延期交易

传统金融工具中的衍生金融工具，如远期、期货、期权和互换，都会涉及延期交易（交割）。如期货和远期合约，合约是现在达成的，而商品的交割和款项的支付则要等到将来某个确定的时间进行，也就是交易与交割不是同步进行的，而是交易达成在先，商品交割在后，这其实就是延期交易。由于伊斯兰金融中禁止延期交易，因此基于这样的判断，人们以为在伊斯兰金融中不存在衍生金融交

---

① Anderson. Islamic Law Today The Background to Islamic Fundamentatism [J]. Arab Law Quarterly, 1987 (2)：339，344-345.

易，这其实是对伊斯兰教法中禁止延期交易的误解。

由上述对禁止信用利息的规定的论述中可以看出，禁止延期交易主要有三个方面的内容：一是同种商品之间的交易；二是要有价值的增加；三是特定的商品即圣训中提到的六类商品而不是全部商品。也就是说伊斯兰教法并不单纯禁止延期交易，而是反对在延期交易中产生没有对应物的价值增加，因为在这三种情况下，价值增加部分被认为是利息，有损公平与公正，因而被禁止。但是在衍生金融工具中的延期交割由于交割商品价格的波动在将来不一定会出现价值的增加，而且还有可能出现到期交割的价格低于即期价格的情形，这与伊斯兰教法反对信用利息进而禁止延期交易的精神完全不同。[1] 因此，具有延期支付或交割性质的衍生金融工具在伊斯兰金融中也同样得到了发展，这在第七章中会专门论及。

(三) 关于货币的时间价值

货币时间价值的概念是现代金融学中的一个重要的基础性概念，在许多领域有着广泛的应用。从其概念本义来说，是指货币在不同时间具有不同的价值，即相同数量的货币现在比将来更有价值。货币的时间价值一般用无风险利率表示，也就是在没有风险的情况下单纯由于时间的变化而引起的货币价值的变化，这也可以理解为在一定时间内货币使用权的最低价值。[2] 由于货币时间价值的作用，现在的 100 元可能与一年以后的 105 元等价（假设年利率为 5%），增加的 5 元被认为是利息。因此，有人认为货币时间价值在伊斯兰金融的框架中不应存在，因为利息在伊斯兰金融中被明确禁止。如果是这样，建立在货币时间价值基础上的现代金融学的基本分析方法、基本技术及所取得的理论成果都将无法应用到伊斯兰金融中，这将会妨碍伊斯兰金融的发展。

现在的伊斯兰学者一般认为，货币时间价值可以理解为投资一定时期所获得的收益，[3] 传统金融学中的无风险利率可以理解为投资收益率，也就是说在

---

[1] 这样解释又很容易使人们误以为衍生金融工具的交易在伊斯兰金融中是没有限制的，这又是一种新的误解。在伊斯兰金融中，从利息的角度对衍生金融工具的限制较少，但从合约的复杂性，即不能将两项销售放入一个合约中以及风险的角度对其做了严格的限定，这才是使大多数人认为衍生金融工具在伊斯兰金融中被禁止的真正原因。

[2] 在金融学中，利息是根据利率来计算的，而利率之中是包含了风险的，在一般情况下，利率等于无风险利率再加上风险溢价，在这个风险溢价中可以包含期限风险、信用风险、流动性风险、通货膨胀风险等，而无风险利率通常是不包括上述风险情况下的利率，也就是说，资金的供给者在借出资金时所要求的最低水平的利率，无论将资金借予何人，风险如何，因此也即是货币使用权的最低价值。

[3] 这可以从伊斯兰金融的融资模式中清楚地看出来。伊斯兰金融中的 Mudaraba、Murabaha、Mushala-ka、Ijila 和 Istisna 等或是与投资相联系，银行获得的回报为投资收益；或是与商品的买卖相联系，银行的收益为企业利润的一部分。

没有任何风险的情况下所获得的无风险收益率。投资所获得的收益在伊斯兰金融是允许的，从这个角度看，货币的时间价值也可以成为伊斯兰金融的一个基础性概念。①

(四) 指数化

指数化的现代倡导者为弗里德曼（Friedman，1974）②和吉尔施（Giersch，1974），他们呼吁广泛的指数化，认为指数化可以把工资、税收以及金融资产的回报同价格水平变化联系起来，作为宏观经济稳定的工具。

这些建议的历史先行者可以回溯到19世纪前半叶的劳威（Lowe，1822），后来被杰文斯（Jevens，1875）和费雪（Fisher，1922）所发展。按照费雪的观点，指数化的目的并不完全是为了降低通货膨胀的不稳定性，而是为了使通货膨胀的周期所带来的非确定因素不掺杂到商业决策中。但是，他发现较低的通货膨胀将会是完全指数化体系的一种意外结果，因为信用的循环不再受到刺激。尽管有这些古典理论的先驱，弗里德曼和吉尔施还是反对一种普遍接受的学说，即指数化可能会加速通货膨胀，因为指数化有效地使金融、税收以及工资合同签订过程中的通货膨胀预期制度化了。吉尔施指出：指数化不是一种条约行为，而是确保价格稳定的货币计划不会受到上升的失业率或者由于过度负债而引发的金融危机的危害（Giersch，1974）。弗里德曼的核心论点是：无论通货膨胀是上升还是下降，指数化应该是对称的。在限制性货币政策的稳定计划中，完全指数化会阻止实际工资上升，节制实际利率的增长，从而可以减少产出成本和雇佣成本，降低通货膨胀。

指数化在实际中的应用主要体现在两个方面：一是资产指数化；二是工资指数化。资产指数化主要是政府使其债券容易销售的一种技巧。一般情况下，金融资产的出售者通过设定风险将资产的回报与通货膨胀相联系，使投资者的收益不受通货膨胀的影响，从而对投资者更具吸引力，也增强了债务工具在金融市场上的竞争力。由于通货膨胀的原因，借款人在将来偿付的货币实际上可能比合约签

---

① 在很多的伊斯兰金融的文献中，我们仍然能够看到各种各样的关于禁止货币的时间价值的观点。一方面，这些观点在强调禁止货币时间价值时是在货币借贷的背景下进行的，在货币借贷时，如果货币由于时间的变化而发生价值的变化，这种变化或价值的增加，往往被认为是利息，因此在货币借贷背景下禁止货币的时间价值与禁止利息是一脉相承的。另一方面，伊斯兰学者承认货币的时间价值是因为他们将货币产生的收益归之于投资所获得的收益，这也与伊斯兰教规定的收益或利润合法而利息因非法而被禁止的精神相一致。因此，禁止货币的时间价值仅存在于资金借贷。

② Milton Friedman, Monetary Correction. In Essays on Inflaltion and Indexation [M]. Washington DC: American Enterprise Institute，1974.

订时约定的价值低从而有损贷款人的利益。指数化可以通过对通货膨胀的预期，将未来的收入与一般的物价指数挂钩，给贷款人进行一定的补偿，从而达到保护债权人利益的目标。工资指数化是将工人的货币工资与某种通货膨胀指数相联系，工人的工资通过指数进行自动调节，以此来达到保护工人的目的。

这些指数化的方法，在传统金融中被认为是一种合理的方法，但在伊斯兰学者中却引起了争论。部分学者也主张将债务或工资直接与货币的购买力或者以宏观经济商品价格指数衡量的账户单位相挂钩。但是这种观点遭到了各学派教法学家的反对，认为这与禁息的基本原则及伊斯兰教经典的精神相违背。因为在他们看来，通货膨胀是人为的不合理的宏观经济政策的结果，不应该指数化接受通货膨胀，而应采取合理的政策加以避免。

在传统金融中，指数化主要是作为一项宏观经济政策工具来使用，人们对指数化的争论主要在于指数化是否有必要、是否能够起到稳定宏观经济的作用。而伊斯兰金融中对指数化的争论则是指数化是否合法，是否违背伊斯兰教法，两者争论的核心有着本质的不同。

五、结论

禁止利息是伊斯兰金融主要的也是最基本的原则，这在《古兰经》和圣训中都有着明确的规定和记载。但由于《古兰经》和圣训中的规定不甚详尽，这就为四大教法学派对禁止利息的基本原则在实际经济生活中的具体应用和解释留下了空间，同时也埋下了争论的种子。四大教法学派由于其形成的源流和对伊斯兰经典的理解不同，相关学者在禁止利息的商品的种类、内容、标准、交易的支付方式等方面展开了长期激烈的争论，形成了各自不同的观点，丰富了伊斯兰金融理论的内容。这种争论虽然给人们带来了一定程度的误解，但也为人们将这一基本原则应用到实际金融领域进行各种金融创新活动留下了空间。

第二节 规避风险原则

一、现代金融中的风险

风险在经济生活中无处不在。"没有它，每个时期金融资本市场的活动就是单纯的票据交换，金融行业将不复存在，投资银行的职能也将退化为简单的记账。"①风险的存在构成了现代经济的基本特征，人们对风险的认识也经历了一个较长时期的变化，形成了一个经济理论的分支，即风险理论。

风险理论最基本的问题是奈特于 1921 年在其名著《风险、不确定性与利润》中提出的。在这本书中，奈特因两个观点而出名：一是他对风险与不确定性的区分；二是他找到了企业在不确定性条件下获得经营利润的来源。根据奈特的看法，对风险与不确定性的认识涉及人们对未来世界的认识。"我们生活的世界是一个变化的世界，一个充满不确定性的世界。我们在生活中只能知道未来的某些事情，②而人生的问题或者至少是行为的问题，就是因为我们所知如此之少而出现的。这一点在商业领域中与在其他活动领域中一样。这种情况的实质在于，行为是以看法为依据的，这种看法多少是有根据并有确切含义的，这就是说我们既不会对事物一无所知，也不具有完整和完全的知识，我们只有不完全知识。"③

根据人们所具有的知识的不完全性，奈特对人们未来事物感知、推理从而做出判断的依据进行了分类，将其分为三种不同的概率情况：先验概率、统计概率和估计。他认为在这三种概率情况中，前两种的概率可以通过经验先验地获得或通过统计验证的方法得到，而"估计和判断容易出错，有时候，我们可能对容易出错的程度进行一个粗略的测定，但一般情况下是测定不了的。"④与此同时，奈特反对只存在一种估计的观点，认为"欧文·费雪教授视概率为'总是一种估计'的观点是基于两种解释而有条件地有效的。"⑤"因此我们不能同意欧文·费雪教授的观点，即只存在一种估计，也就是对概率本身的主观感知。"⑥同时指出，在三种概率中，估计最为重要，"经济理论所忽视的，正是第三种类型的概率，或称不确定性，因此我们才提出要还它以适当的地位。"奈特将第三种概率称为不确定性之后，又对这种不确定性做了进一步的分析和区分，将其分为可度量的不确定性和不可度量的不确定性，他指出，"……一旦商业组织技术得到了相当的发展，可量度的不确定性就不会为企业带来任何不确定性了"。"但眼下我们更重要的任务是弄清那种不易进行量度因而也无法消除的、较高形式的不确定性的前因

① 彼得·纽曼，默里·米尔盖特，约翰·伊特韦尔编. 新帕尔格雷夫货币金融大辞典 [M] . 经济科学出版社，2000：358-359.
② 着重号为原作者所加，下同。
③ 弗兰克·奈特. 风险、不确定性与利润 [M]. 商务印书馆，2009：181-210.
④ 弗兰克·奈特. 风险、不确定性与利润 [M]. 商务印书馆，2009：181-210.
⑤ 弗兰克·奈特. 风险、不确定性与利润 [M]. 商务印书馆，2009：181-210.
⑥ 弗兰克·奈特. 风险、不确定性与利润 [M]. 商务印书馆，2009：181-210.

后果。正是这种通过阻止竞争趋势理论上的完美结果而产生的真正的不确定性，赋予了整个经济组织独特的'企业形式'，说明了企业家特有的收入。"①

在第八章中，奈特进一步对风险与不确定性做了明确区分。"为了保持上一章对可量度的不确定性和不可量度的不确定性所做的区别，我们用'风险'一词来指称前者，用'不确定性'一词来指称后者。""我们还可以用'客观概率'和'主观概率'来分别指称风险和不确定性，因为这些表述在一般用法上已经与我们所提出的用法极为相似。""风险和不确定性这两个范畴之间的实际区别是，在风险中，一组事实中的结果分布是已知的（或是通过事先的计算，或是出自对以往经验的统计），但对于不确定性来说，这一结果是未知的，其原因是涉及的情况极为特殊，所以根本不可能形成这样一组事实。"②

在对风险与不确定性做了区分的基础上，奈特接下来对企业利润的来源进行了分析。马克·鲁宾斯坦指出，"奈特将利润理解为企业收益中无法被分散化、被套利以及被承保的随机部分。"③奈特指出，如果概率分布不能被客观地计量，也就是说存在不确定性，那么不确定性就不能被分散化。"而且最重要的是人们的决策结果，如制定企业方针、在企业内选择授权对象，都无法通过概率进行量化预测。于是企业家精神成为企业利润的最终来源。""……利润是从产品销售所实现的价值中，扣除掉生产中能被估价的所有要素的价值之后的余额，或者说，是把所有的产出都归于能通过竞争机制估算价值的生产要素之后的结余。由于利润有别于企业所有者的全部收入，所以利润是一种无归属收入。"④这里的"无归属"是指不能归属于与生产有关的各项生产要素，也就是在投入的生产要素之外多出来的一个收入。这一观点也得到了张五常的认同。"是的，Profit 不是工资，不是租值，不是所有生产要素的成本，也不是投资应得的回报。减除这些所有的，但还有一点收入多了出来，怎么可能呢？答案是盈利，⑤是无端地多出来的收入。这就是说，盈利是意外的收入。"⑥这个观点与奈特的观点如出一辙，并且张五常根据费雪的名言"利息不是收入的局部，而是收入的全部"⑦认为，"利息不是成本的局部而是成本的全部……盈利是意外的高于利息成本的收入。""意外的盈利

① 弗兰克·奈特. 风险、不确定性与利润 [M]. 商务印书馆，2009：181-210.
②④ 弗兰克·奈特. 风险、不确定性与利润 [M]. 商务印书馆，2009：211-277.
③ 马克·鲁宾斯坦. 投资思想史 [M]. 机械工业出版社，2009：51.
⑤ 张五常认为国内将"Profit"翻译为"利润"不准确，他一直主张将其翻译为"盈利"，这也是此处Profit 为何为盈利的原因。
⑥ 张五常. 经济解释（第三卷）[M]. 花千树出版社，2006：90.
⑦ 欧文·费雪. 利息理论 [M]. 上海人民出版社，1963.

叫作风落盈利（Windfall Profit），意外的亏损叫作风落亏损。重要的是在经济学的范畴内没有非意外（风落）的盈利或亏损。"① 这与奈特利润源自不确定性是一致的。但是张五常对于利润的归属并没有进一步的论述，而奈特则将利润归属于企业家精神。"导致利润的唯一'风险'，是一种产生于履行终极责任和绝无仅有的不确定性，即一种本质上不能进行保险、不能资本化，也无法付给工资的绝无仅有的不确定性。利润是从事物内在的、绝对的不可预见性中产生的，即利润产生于一种绝对蛮横的事实，即人类活动的结果无法预期，甚至对这些结果进行概率计算也是不可能甚至是毫无意义的。"② 奈特关于风险与不确定性的观点，也得到了其他经济学家的认同。1997 年诺贝尔经济学奖得主罗伯特·默顿在其著名的《金融学》中谈到，"不确定性是风险的必要条件。任何一种存在风险的情况都是不确定的，但在没有风险的情况下，不确定性也存在。"③

二、伊斯兰金融中的不确定性及风险：定义与基本内涵

在伊斯兰金融中，人们常说，禁止利息是绝对的，禁止不确定性是相对的。也就是说，在伊斯兰金融中，利息绝对不能存在，但一定程度的不确定性却是允许的。这也形成了伊斯兰金融中的第二个基本原则——禁止不确定性。④ 对于不确定性，伊斯兰金融对其的定义和研究不像传统金融理论那样，既明确清楚又深入，某种程度上是不精确甚至是含混不清的。"伊斯兰语境中的不确定性是指风险、不确定性和危害，不确定性不像利息那样，并没有被准确定义。"伊斯兰学者通常从广义出发，从两个角度来定义不确定性：一是指不确定性；二是欺诈。这一定义的根据是《古兰经》中明确禁止能够使任何交易一方不公平的所有商业交易，即导致不确定性、欺诈或对其中一方过度有利的任何交易。

哈乃斐学派的教法学家将不确定性定义为任何结果未知的交易。马立克学派著名教法学家伊本·朱扎伊则提出了禁止不确定性的十种情形：

（1）将买者置于拥有商品的困难情形，如销售走失的动物或仍未出生的动物而母体不一同出售。

（2）关于价格或商品知识的缺乏，如卖主对潜在的买者说："我卖给你不知

---

① 张五常. 经济解释（第三卷）[M]. 花千树出版社, 2006: 90.
② 弗兰克·奈特. 风险、不确定性与利润 [M]. 商务印书馆, 2009: 279.
③ 罗伯特·默顿. 金融学 [M]. 中国人民大学出版社, 2000: 247.
④ 大部分伊斯兰学者认为是禁止风险（Risk），但从现有的关于伊斯兰金融的文献和本文后面的分析可以看出，从更严格或更准确的角度看，应该是禁止不确定性（Uncertainty），阿拉伯语音译为格赫拉尔，英文为 Gharar。

道的东西。"

（3）关于价格或商品特征知识的缺乏，如卖主对潜在的买主说："我卖给你一块在我家里的布。"或者出售一件买者没有仔细检查或卖者没有详细描述的商品。

（4）关于价格或商品数量知识的缺乏，如要求"以今天价格"或"以市场价格"出售。

（5）关于将来行为知识的缺乏，如要求"当特定的人出现"或"当特定的人死亡时"出售。

（6）一项交易中包含两项销售，如正以两个不同的价格出售同一种商品，一项是现金交易，另一项是信用交易；或者以一个价格出售两种不同的商品，一种是即期支付而另一种是远期支付。

（7）出售预期不可能恢复的商品，如有病动物的出售。

（8）结果由随机事件决定的商品的出售。

（9）以穆拉巴哈（Bai Murabaha）方式销售，出售行为由卖方决定，并取得交易，没有给买方适当的机会检查销售的商品。

（10）以穆拉马萨（Bai Mulamasa）销售，交易以触摸商品的方式进行，没有检查商品。

Larifa M. Algaoud 和 Mervyn K. Lewis（2006）认为，不确定性是指机会的博弈，用马伊萨（Maysir）表示，用来表示危险的游戏或投机者不劳而获。这个术语一般用来表示投机性活动，并且所有的投机性活动都被伊斯兰教法所禁止。同时，与明确禁止赌博一样，伊斯兰法律同样禁止包含有任何赌博形式的交易。[1]

穆斯塔法·艾尔·扎伊克对不确定性下的定义是，"不确定性是指商品的存在或特征不确定的可能的商品的销售，由于风险的本质，使交易类似于赌博。"

伊斯兰金融对不确定性的定义是相当宽泛的，既有以规范方式进行的，也有以列举的方法来对不确定性下定义，没有形成一个前后一致且逻辑严密的理论体系，而且对不确定性与风险也没有像传统金融那样进行条分缕析的研究。

---

① Larifa M. Algaoud, Mervyn K. Lewis. Islamic Critique of Convertional Financing [A]. M. Kibir Hansan, Mervyn K. Lewis.Handbook of Islamic Banking [M]. MPG Books Ltd, Bodmin, Cornwall, 2009: 39–40.

三、伊斯兰金融中风险范式的经济学分析

(一) 由对赌博的禁止引申为对投机活动的禁止

赌博是一种社会现象也是一种经济现象。作为一种经济现象的赌博，其与投资和投机的根本性区别并不是显而易见的：①赌博比投资或投机更快，因而持续的时间也更短；②遵守法律的人和理性的人把赌博作为一种娱乐，而不是收入的来源；③赌博通过游戏规则，人为制造风险；④赌博产生风险但不能提供与之相匹配的经济利益的预期。因此，赌博与投资和投机不同。

现代金融学将赌博描述为一种零和博弈，即赌博参与者的期望收益为零，赢家所获得的收益正好等于输家的损失。在参与赌博之前，赌博可能出现的每种结果的概率可以先验地知晓，但最终会出现何种结果却事先无法知道。由于赌博可能出现的每种结果的概率事先知道，因而根据奈特对不确定性的划分，赌博属于可量度的不确定性。按照奈特的观点，可量度的不确定性不会为企业带来任何不确定性，因而也不会产生利润。以零和博弈为特征的赌博，只会在参与者之间重新分配财富与风险而不会创造任何新的利润和财富。伊斯兰金融对赌博的禁止除赌博有碍社会公平、公正与和谐之外，与赌博不创造财富和利润从而容易使人们滋生不劳而获和投机思想有很大的关系。

因赌博是零和博弈不能创造利润，由此被伊斯兰教法所禁止，伊斯兰学者据此将这一规则引申到传统金融中广泛使用的衍生金融工具领域。衍生金融工具，如远期、期货、期权和互换，在传统金融中主要将其作为风险管理的工具来使用。① 这些衍生金融工具也具有零和博弈的特征，通过它们，将风险从风险厌恶型参与者一方转移到风险喜好型参与者一方。同时，承担了较高风险的参与者也有可能获得较高的期望收益，这也是风险与收益相对称原则的体现。

然而在伊斯兰学者看来，衍生金融工具更多的是用来与市场进行对赌，因而主要是一种赌博的工具，或者是一种投机性的工具，而并不是风险管理的工具，所以在实践中对其严厉禁止。所以在伊斯兰金融中，并不直接出现传统金融中的衍生金融工具，而是以其他更复杂的合约形式来实现与传统金融中衍生金融工具

---

① 从衍生金融工具最初开发者的本意来看，其主要功用是用来管理和对冲风险。但衍生金融工具对冲和管理风险是有条件的，即交易必须是双向的，即在做多的同时，必须做空，以使多头寸与空头寸相匹配，也即通常所说的套期保值，至于这些头寸是衍生金融工具的头寸还是现货的头寸则不重要。如果只敞开多头寸或空头寸，而没有对其进行保值，则参与者是在进行投机交易，因此在绝大多数衍生金融工具的交易中都对其参与者进行投机者与套期保值者的划分。衍生金融工具具有管理风险与投机的双重特征使其具有双刃剑效果，关键在于如何运用。

相同或相似的功用，即使这样，衍生金融工具在伊斯兰学者中仍存有较大争议。但有意思的是，在伊斯兰金融中广泛使用的一种订单——销售伊斯蒂斯纳（Istisna），也是一种远期合约，却被允许使用。

（二）由对不拥有商品所有权导致交割困难的禁止引申为对卖空交易的禁止

由于不拥有商品而从事交易会使商品交割困难产生结算风险，在伊斯兰金融中，对不拥有商品而出售商品的行为在《古兰经》和圣训中都有明确的规定并严厉禁止。如在 Salam 这种延期交割的合约中，银行在即期买入商品，向客户融通资金，但由于商品在远期交割，这时，在即期，银行无法销售商品而只能等到合约到期拥有商品时才能出售商品收回投资，但如果到期时商品的市场价格低于合约中规定的价格会使银行面临价格变化的风险而遭受损失。尽管如此，伊斯兰金融中对不拥有商品所有权而进行交易的范围仍然扩大到了其他的衍生金融交易中，如远期和期货交易。①

从新制度经济学的观点看，企业的利润来自于不可度量的不确定性或者说是风险，是企业所获收入在扣除各项成本之后多增加的部分。伊斯兰社会并不反对企业获取利润，然而按照新制度经济学家的观点，禁止不确定性显然也意味着同时对利润的禁止，这似乎是一种矛盾。仔细研究之后发现事实并非如此，因为两者对不确定性内容的界定和解释完全不同。奈特认为，不确定性主要是由于人类活动的结果事先无法预知，甚至对其概率进行计算也不可能甚至是毫无意义的。而伊斯兰金融的不确定性主要包括以下几种情形：一是不拥有商品的所有权导致交割困难而使交易可能无法进行；二是交易一方缺乏与商品价值和特征有关的信息，从而使交易一方有可能处于不利位置而使交易显失公平；三是一项交易中的各个合约相互依存使合约结构变得复杂、使交易结果出现不确定性；四是赌博其结果无法确知且不创造财富和利润，而使人们产生不劳而获的思想。所以伊斯兰金融中的不确定性有其特定的内容，并不能与奈特的不确定性等同起来，因而禁止不确定性并不影响伊斯兰企业合法获取利润。

四、结论

禁止不确定性与禁止利息一样，是伊斯兰金融的基本原则之一。但禁止利息是绝对的，也就是在任何情况下，任何交易都必须不能包含利息的成分。然而禁

---

① 当然正如前文所述，Istisna 本质上也是一种远期交易，虽然有一些争议，但整体上在伊斯兰金融中是允许的，这可能与其进行融资的对象有密切关系。在伊斯兰金融中，Istisna 主要用于住宅融资、公路、机场港口等大型公共设施的融资。

止不确定性则是相对的，即对利息的禁止是没有任何讨价还价的余地的，而对不确定性的禁止则没有那么绝对。对不确定性禁止的依据仍然来自于《古兰经》和圣训，但其中的记载和论述远不像利息那样丰富，对不确定性也没有一个明确的概念，禁止的规定多用列举的方法来加以说明和阐述。然而，即使是这样的规定，也对伊斯兰金融合约的结构、金融工具特别是衍生金融工具的运用产生了相当大的影响。

第三章　伊斯兰金融的基本融资模式

第一节　伊斯兰金融的基本融资模式

伊斯兰金融是在特定地域和特定时间以及特定的文化背景下产生的，有其深刻的文化与社会因素。伊斯兰金融强调禁止利息和反对不确定性和投机，也与伊斯兰社会强调互助、团结的精神一致。由于传统金融体系以利息为基础，并在此基础上形成了一套完整的金融产品体系、合约结构及运行模式。伊斯兰金融强调禁止利息，这与传统的以利息为基础的金融体系完全不同，因此其融资模式、产品的合约结构也与传统金融完全不同。在这两类不同的金融体系结构和融资模式中，资金的提供者、使用者以及合约中的利益相关者，有不同的激励与约束，从而形成了不同的运行效率和合约执行效率。然而，便利经济主体的生产经营活动，为其提供融通资金和其他金融服务的本质却没有太大变化。

伊斯兰金融模式有其独特性，对其分类可以按照不同的标准来进行。从一个完整的角度看，伊斯兰金融模式的种类应该与传统金融相同，也就是可以将其分为伊斯兰银行产品、伊斯兰债券或投资银行产品、伊斯兰保险产品及其他产品。为了满足沙里亚精神，伊斯兰金融在这三大类产品上，都有着与传统金融不同的融资模式和产品结构。然而在这中间，最基础和最核心的主要体现在伊斯兰银行产品的融资模式和合约结构中。本章主要研究伊斯兰银行产品的融资模式及其合约结构，当然这些融资模式也是其他伊斯兰金融产品合约结构的基础。

根据伊斯兰银行产品的收益是否可变，本书将伊斯兰银行产品分为变动收益类和固定收益类两大类分别进行研究。其中变动收益类主要有 Mudaraba（盈亏共担)① 和 Musharaka（合伙）两种。固定收益类主要有 Murabaha（成本加成）、Ijara（租赁）、Salam（延期交割）、Istisna（订单销售）四种。

一、变动收益类模式

（一）Mudaraba（盈亏共担）

Mudaraba（穆德拉巴）是伊斯兰银行重要的存款类产品投资存款和信托存款的核心，它的基本原则是盈亏共担（Profit and Loss Sharing，PLS）。在典型的 Mudaraba 结构中，银行与客户达成协议，以 Mudaraba 形式运用资金。银行将资金投入到伊斯兰教法允许或符合沙里亚原则的项目中，如果项目产生的利润为正，则利润在银行和客户中按事先约定的比例进行分配；如果项目亏损，则损失完全由客户承担并相应减少投资资产的价值，银行不承担损失。伊斯兰银行在运用 Mudaraba 进行运作时，形成了两类以 Mudaraba 模式为基础的产品，一是存款类产品投资存款；② 二是融资类产品信托合伙。

（1）投资存款。投资存款的根本特征是仍然遵循 Mudaraba 的运作模式，但客户是存款人，存款人与银行达成协议并将存款人的资金运用到符合沙里亚原则的资产中。利润由银行和存款人按双方事先约定的比例分享，但损失完全由存款人承担。这种合约在伊斯兰银行中形成了几个变种：一是一般投资存款，这是伊斯兰银行最流行的存款产品。它吸收不同存款人的资金，形成资金池，由伊斯兰银行集中进行运用。这些资金的使用并不与特定的项目相联系，而是由伊斯兰银行连续不断地将其投资并在会计期末计算并分配收益。③ 二是特殊投资存款。这种存款在绝大多数方面都与一般投资存款相同，所不同的是银行对客户规定了一个最低的投资额，并且主要针对政府和大公司。银行被授权从事特定的投资项目或融资交易，但利润分配的比例则由银行与客户单独协商确定。三是有期限与无期限的投资存款。有期限的投资存款的期限由银行和客户协商确定，利润的计算和分配则在每个会计期末进行。无期限的投资存款在一个约定的期限结束之后自动重新开始，除非在下一个给定的期限到期前三个月提前通知，合同可以终结。

---

① 在伊斯兰金融中，许多专用名词既可以按照音译进行翻译，又可以按照其基本含义进行翻译，如 Mudaraba。

② 在其他文献和一般的伊斯兰商业银行实践中也被称为投资账户。

③ 这里的会计期间并不是一个严格意义上的会计期间，而是伊斯兰银行约定的一个期间，如 1 个月、3 个月或 1 年等，以下提到的会计期间都与此相同。这与传统银行的理财产品的运行模式与期间的要求十分相似。

存款合同存续期间，资金既不能增加也不能减少，但允许存款人开设一个以上的账户，利润的分配和计算也在每一个会计期末进行。

（2）受托人合伙。受托人合伙（Trustee Partnership）是伊斯兰银行中以 Mudaraba 为基础的权益类融资产品。根据合约规定，银行作为委托人向客户（受托人）指定的项目（企业）提供资金，客户作为代理人负责项目（或企业）的经营管理并提供各种专业化的服务。利润按照事先约定的比例进行分配，损失则完全由银行来承担，但以银行投入的资金为限。以 Mudaraba 为基础的受托人合伙有两种类型：限定型和非限定型。限定型受托人合伙的投资项目或商业活动由银行（或资金提供者）指定；非限定型中的投资项目由受托人自己选择。

（二）Musharaka（股本参与）

Musharaka（穆沙拉卡），也被称为股本参与或合伙经营，是伊斯兰银行中的另一种权益类融资产品。在 Mudaraba 中，损失的分担是单方面的，要么由存款人承担，要么由银行承担。在 Musharaka 中，合伙双方（银行和客户）共同为投资项目提供资金，并共担风险和共享利润。利润按事先约定的比例进行分配，损失严格按照各方的投资比例来分担，在 Musharaka 中，所有的合伙人都有权利参与项目的管理，但并没有义务参与，因此，一般情况下，银行并不实际参与项目的管理。

在 Musharaka 中，最为流行的一种是减少的 Musharaka，这是 21 世纪初北美的伊斯兰银行的一种创新。由于在传统的 Musharaka 中，银行是一个永久合伙人，资金不能撤出，而金融机构在资金运作中强调资产的流动性，因此传统的 Musharaka 并不是金融机构理想的运作模式。在减少的 Musharaka 中，除银行按事先规定的比例获得分配的利润外，客户将自己应获得的利润也支付给银行，这样，银行在投资中所占的份额逐渐减少，最终从投资中退出，客户拥有投资资产100%的所有权，由此实现银行资产的流动性。

二、固定收益模式

（一）Murabaha（成本加成）

Murabaha 是伊斯兰银行产品中的成本加成销售模式（Cost Plus Sale，CPS）。在这一合约结构中，客户向银行提出申请，由银行代表客户的利益按规定的价格购买客户指定的商品，并承诺向银行支付一定比例的利润或利润加成（Profit Margin）。在传统的 Murabaha 中，规定了价格也即客户知道自己将要购买的商品价格和银行所获得的利润，同时银行一般也应在客户购买这些商品时拥有这些商品。在伊斯兰银行的实践中，这种购买商品价款立即支付的情形基本上起不到融资的作用，因此在传统的 Murabaha 中，银行仅扮演中间人或经纪人的角色，并不是资金融通者，融资资金的效果很差，当然在实践中也很少见。在实践中，向银行购买商品融资资金的价款并不是立即支付，通常延期或分期支付，这就是伊斯兰银行中常用的信用销售（Bay Bithaman Ajil，BBA），将信用销售与 Murabaha 结合起来便形成了 BBA-murabaha，即以信用销售为基础的 Murabaha。

在伊斯兰金融实践中，BBA-murabaha 有三种结构：①最简单的结构中，交易只有两方——客户和银行，银行既是商品卖者又是资金的提供者。从伊斯兰教法的观点看，这种结构是最理想的，因为银行的利润完全是由于银行作为商品卖者承担风险而获得的。这种结构大量应用在汽车融资中，在这种情况下，银行拥有自己的汽车展厅，客户可以 BBA-murabaha 在银行购买汽车，然后在规定的时间内分期或一次性向银行支付购车款。②在大多数情况下，由于客户的融资需求是多方面的，所需要购买的商品种类繁多且各不相同，银行作为金融中介机构不可能处理如此众多的与实物商品相关的业务，因此，BBA-murabaha 结构中包括了交易的第三方——产品卖方。由于伊斯兰教法不允许将两项销售放入同一个合同中，所以在这种结构中包含了两个相互独立的合同，一个是客户与银行签订的合同，另一个是银行与商品卖方签订的合同。银行以客户代理人的身份向商品卖方购买商品并支付商品价款，同时再将商品以利润加成的方式销售给客户，客户在一个规定的时间内分期或一次性支付给银行。在这一合约结构中，银行具有多重身份，它既是商品的买者和卖者，也是资金的提供者；客户也具有双重身份：商品买者和资金的使用者。③银行并不直接与商品的卖方接触，而是委托客户作为自己的代理人直接向卖方购买自己需要的商品，银行将资金支付给商品卖方，客户以延期付款或分期付款的方式向银行归还贷款（以成本加成方式）。这种结构主要用于贸易融资和营运资本融资中。在这一结构中有一个值得注意的问题，就是在合约运行的不同阶段，客户与银行的关系是不断发生变化的。在第一阶段，银行与客户的关系是承诺与要约的关系，在第二阶段则转变为委托代理关系，到第三阶段则变成了买卖关系，最后归还贷款时又变成了信用关系。这使得BBA-murabaha 的合约结构显得十分复杂。

（二）Ijara（租赁）

在伊斯兰金融中，租赁合约是指一项资产的所有者——出租人，允许另一方——承租人使用该资产，承租人支付租金作为回报。由此可见，在法律上，租赁合约并不是一个商品买卖合约，而是特定时间内商品用益权交易合约。用益权的交易在伊斯兰金融中是允许的。

在伊斯兰金融租赁合约中，租赁合约的结构有三种。第一种结构也是最简单的一种结构，只包括银行和客户两个当事人。银行作为出租人拥有资产并向客户（承租人）出租资产，客户在约定的租赁期内按事先约定的租金向银行支付租金。从伊斯兰的角度看，这种最简单的结构由于完全体现了租赁的特性，因此是最理想的模式，也是最流行的结构。但正如在 Musharaka 中，银行处理大量的与商品交易有关的业务几乎不可能，这也不是银行的目标所在。由此，在前述的租赁合约中加入了第三方——商品的卖方，形成了第二种结构。在第一阶段，银行按照客户的要求从卖方手中购买商品；在第二阶段，银行作为资产的所有者将资产出租给客户，同时客户按照事先约定的租赁期支付约定的租金给银行。第三种结构是银行并不直接处理与资产出售等相关的业务，而是指定客户作为自己的代理人，直接与资产出售者接触，购买资产，并由银行直接支付价款给资产出售者。这一结构也可以分两个阶段进行，而且在这两个阶段中银行和客户的关系也不同。在第一阶段，银行与客户的关系是典型的委托代理关系，银行作为委托人，委托客户直接购买资产；在第二阶段，资产交割给客户，客户向银行支付租金时，银行与客户的关系才转变为出租与承租的租赁关系。

以上三种租赁合约结构中有一个共同的问题：在租赁合约到期前，银行作为资产的所有者，仍然保有资产的所有权，在合约到期后，客户应将资产返还给银行，如果资产完好，银行还可以再将它出租给其他客户，或者可以在二级市场上出售该资产以回收资产的残余价值。但问题是如果银行出租的资产是专用性资产而只适合于第一个客户，此时再出租给其他客户或在二级市场上出售都将非常困难。

然而上述问题可以从两个方面来看，一方面，如果租赁期与资产的经济寿命相同或非常接近，这时资产的残余价值很小甚至可以忽略不计。在这种情况下，伊斯兰银行一般将资产作为礼物赠送给客户而放弃资产。[1]另一方面，如果租赁期满，租赁资产的价值仍然很大，该如何处理呢？一种替代的办法是以事先约定的价格将资产出售给客户，这种结构称为先租后售。[2]在上述伊斯兰租赁合约中，银行保有资产的所有权，这种合约被称为经营租赁。与此相对应，还有一种被称

---

[1] 需要说明的是，根据伊斯兰教法的规定，这个赠予合同必须和租赁合同保持独立，不能互为条件，否则会导致租赁合约无效。

[2] 和前面的赠予合同基于同样的原因，这里的出售合约也应该和租赁合约保持独立。

为金融租赁的租赁合约，在租赁期满后，无论资产的价值如何，银行都不保留资产的所有权，而是将资产作价卖给承租人或通过提高周期性的租金支付来回收投资并获取相应的回报。

在以上经营租赁和金融租赁合约中，无论是到期时银行将资产作为礼物赠送给客户还是作价出售给客户，在伊斯兰金融中，这都是租赁合约以外的部分，是银行对客户的单方面承诺。从客户的角度看，这种单方面承诺构成了在租赁合约到期时拥有或购买资产的一项期权。从实践中看，做出承诺的一方或在期权合约中承担义务的一方——银行，必须受到这一承诺的约束，而客户是否执行期权，则要看合约到期时租赁资产的市场价格和银行要求的购买价格孰低。如果银行要求的购买价格低于租赁资产的市场价格，客户就会执行期权，买入租赁资产；反之则会弃权。

在伊斯兰金融的租赁合约中还有另外一种租赁合约被称为合伙联合租赁（Combination of Ijara with Partnership），这种结构被广泛应用于住宅融资中。在这一结构中，银行和客户按照一定的比例共同出资组建一家合伙企业，这家合伙企业只对客户指定的财产融资。银行作为合伙企业的管理者，买入资产并租给客户，客户支付租金给银行赎买银行在资产中的份额，最终随着时间的推移，银行在资产中的份额逐渐减少直至降为零，客户拥有资产的全部所有权。因此合伙联合租赁实际上使用了减少的 Musharaka 或者是 Mudaraba 机制，这是近几年来伊斯兰金融创新的产物，除了用于住宅融资外还大量用于设备融资。

通常，除以上租赁合约外，如果客户需要对一些大型成套设备或大量实质资产融资时，所需资金量往往十分巨大，超出了单个银行的承受范围，一家银行就会以自己作为主出租人进行银团租赁或从事杠杆交易。在银团租赁中，银行会组建一个 SPV 或设计一个主租赁协议，邀请其他银行以伊斯兰金融许可的方式如 Musharaka、Mudaraba 等向需要融资资产的资金池提供资金，[1] 然后购买资产并将资产转移给客户，客户定期支付租金。租金支付形成的现金流流入 SPV，并在各共同出租人中间按照各自在租赁合约中的约定或向资金池提供资金的比例进行分配。发起银行作为主出租人要向其他共同出租人收取一笔前端费用（Upfront Fee）作为其发起、组织和管理交易的报酬。

在伊斯兰金融中，Ijara 中的租金完全来自于出租资产在生产中产生的利润，完全不涉及利息，不违反禁息的规定。从伊斯兰教法的观点看，Ijara 是最符合伊

---

① 在资金的使用中如果出现债务资金就会出现杠杆租赁。

斯兰教法的伊斯兰金融模式。

(三) Salam (延期交割)

在伊斯兰金融中，Salam（色拉目）是一个延期交割合约，和其他的远期协议一样，价款即期支付，交割则在即期交易后的将来某一确定的时间进行。与其他的伊斯兰融资机制相比，Salam 主要设计用于为农民贸易商提供短期融资。在 Salam 合约中，需要融通资金的贸易商将自己的商品以延期交割的方式卖给银行以获得资金融通，在约定到期日，贸易商交割商品给银行，银行在市场上出售商品收回投资。在一般情况下，双方确定的远期价格较低而到期时的市场价格较高。

Salam 合约在到期交割商品给银行之前，银行并不拥有资产的所有权。按照伊斯兰教法的规定，销售自己并不拥有的商品可能引起不确定性问题，所以在 Salam 合约中，银行一般要等到合约到期并真正拥有资产时才会出售商品。但由于在到期前的这一段时间内资产的市场价格可能会下降到交割价格以下，从而使银行暴露于价格风险之中，银行出于自身利益的考虑，会在与客户达成 Salam 协议的同时与第三方建立一个平行的或背对背的 Salam，以比与客户达成的交割价格更高的价格将商品再交割给第三方（两个 Salam 合约的期限要相同）。在第一份 Salam 合约中，银行是资产的买方，而在第二份 Salam 合约中，银行则成为了卖方。

在 Salam 合约中，银行规避和减缓价格风险的另一种办法是加入一个希望愿意以约定的价格购买资产的第三方，这样银行也同样不用直接进入商品市场。然而这一新加入的第三方却十分有限，即使有，一般也是银行客户生产的商品的消费者，这也是 Salam 合约并不十分流行的主要原因。

在 Salam 合约中，除了前面提到的银行会面临不确定性问题外，还有些问题必须强调，一方面，在 Salam 合约中交易的商品必须是伊斯兰世界认可的商品；另一方面，这些商品是市场上容易获得的可交易商品，并且明确具体和可辨认，交易有困难和价值难以衡量和评估或评估和衡量有困难的资产不能成为 Salam 融资的对象。一般情况下，Salam 合约中包括了大多数工业品和农产品，[①] 而且所有与商品价值有关的特征或影响商品价值的因素都应包含在合约中。

(四) Istisna (订单销售)

伊斯兰金融中的 Istisna 是一种订单销售合约。合约卖方承诺按照规定的要求

---

① 这中间并不包括具有食品特性的商品，货币以及其他有可能产生利息的商品。

从事项目开发或按照规定的价格从事商品生产，并在将来某一时刻交付项目或交割商品。在合约达成时，买方只支付商品价款的一部分，在到期时支付全部价款。从合约交易性质看，Istisna 和 Salam 具有一些相似的特征，即交易都在即期达成而商品的交割则在远期进行。但是两者也有明显的区别，在 Istisna 中，即期时只达成交易，可以不支付或只支付商品总价的一个部分，而 Salam 在即期时资金全部支付给卖方。因此，Istisna 更像传统金融中的远期合约，交易双方的义务只和将来有关，特别是与标的商品（或资产）将来的价格有关。

在 Istisna 中，商品的卖方和生产者可以是不同的主体，因此资金提供者或者金融机构比如伊斯兰银行，可以将项目的开发、商品的生产、建筑物的建造等任务以平行 Istisna 的形式分派给第三方。这样，Istisna 就由一个远期合约变成了一个伊斯兰银行融资产品。银行从客户收到的资金与银行付给产品生产者或项目建造商金额的差额，构成了伊斯兰银行的利润。在伊斯兰银行中，Istisna 主要用于商业或住宅建筑、工厂、道路、机场等大型项目的融资。

Istisna 合约中包含了许多与建筑相关的风险及项目经营者不严格遵守相关规范的风险。为了减少这类风险的发生，合约中一般规定了惩罚条款。除此之外，银行还可以委托客户对生产和建造过程进行监督，如果认为有必要，银行还可以雇用独立的调查机构对项目进程进行监督。同样，Istisna 中也有违约风险，银行也可以采取多种措施，如以土地、正在建造中的建筑物或其他财产做抵押，还可以要求设立第三人担保以降低违约风险发生的概率。

第二节　伊斯兰金融运作模式中合约的激励相容机制比较

合约理论是自 20 世纪 70 年代起兴起的新的经济学分析方法，它是伴随着信息理论、博弈理论和新制度经济学的不断发展而逐渐进入主流的。就其内容来看，合约理论是新制度经济学的理论框架，但它更多地强调了信息假定和博弈理论的分析工具。

一、合约理论的起源

(一) 早期的合约理论：社会性、法律和交易特征

一般意义上，合约是指市场交易过程中，交易双方或者多方之间自愿、平等地达成交易的某种协议。这是对交易行为的一种经常性、重复性、习惯性的一种思想达成，表现出交易主体之间某些权利的让渡关系。早期的合约思想主要体现了其社会性和法权关系。社会性是指有双方或者多方参与，并且他们之间的关系是平等、自由的。有些人则将合约理解成一种道德行为，认为它体现了公开性的正义原则。而法律性则是由于合约对于交易双方来说都是有约束力的。一方如果违约，他必须受到惩罚以补偿另一方的损失，其实质上体现了交易在权利让渡过程中的最终争端机制。交易特征思想是由康芒思首先引入经济分析的，这是早期合约经济理论的主要代表。他认为合约的实质就是一种交易，交易是制度经济学的最小单位，也是制度分析的基本单位，它通过所有权的转移，体现出人与人之间对物的未来所有权的让予和取得，而不是人类与自然的关系，实质上体现出既相互冲突又相互依存的利益关系。

尽管这些理解与经济学中的合约理论理解不同，但是合约的社会性、法律性和交易特征实际上基本架构了合约理论的两个层面，即合约设计和合约的制度环境，给现代合约理论的发展提供了广泛而深刻的社会理念。

(二) 现代合约理论的起源

现代的合约理论是由科斯在 1937 年以新制度经济学的企业问题研究为开端的。他的《企业的性质》一文的核心论点是，制度运作的成本即交易费用差异导致企业取代了市场，因此可以把企业的成长看作是由要素市场代替产品市场，从而节约交易费用。同时强调交易费用并没有否定分工，即专业化的潜在利益，也没有否定较为有效的协调活动的潜在利益。企业组织内部的交易可能比通过市场形式的交易成本要低。由于，某一生产要素的所有者不必与企业内部同其合作的其他要素所有者签订一系列合约。企业内部合约的特征是生产要素在获得一定报酬条件下，在一定限度内听从企业家的指挥。科斯通过引入交易成本对企业合约性质进行分析，将企业视为"合约的联结"，开创了合约理论微观分析的先河，成为现代合约理论分析的重要前提。

20 世纪 70 年代之后，新制度经济学合约理论方法获得了巨大的发展，逐渐渗透到公共选择理论、产业组织理论、管制、福利经济学和信息经济学领域，逐渐形成了一般性的理论框架，本章涉及的主要内容是信息经济学和交易费用理论。

二、合约理论的主要观点

(一) 合约理论的假设条件

几乎所有的合约理论都是从完美竞争模型展开的，其关键性的假定在于行为人的完全理性和自然状态的对称性信息。竞争过程不仅是完全的，而且是完美的。相对于这种信息假定，合约理论强调真实世界的不完美信息和有限理性，如不完美的审视、小数目谈判、议价成本、私人信息、过程信息和质量检查成本、递增收益率等。任何市场的结果都可能是低效率的，市场在更广泛意义上存在着失灵条件。

(1) 不完全信息。信息反映了交易双方的初始谈判实际地位，在完全的信息条件下，交易双方都能够准确地把握交易对象的相关信息，只需要瞬时和短期交易，通过一次性谈判就可以得到完美的结果，不需要建立双方合同关系。但在现实经济中，信息不仅不对称还不完全，正是由于交易双方共同面临着信息不对称和不完全性，因此合约才成为约束双方交易行为的一种形式而存在。任何资源配置都是特定决策的结果，人们做出的任何决策都是基于给定的信息。经济生活中所面临的根本问题并不是资源配置问题，而是如何最好地利用分散在整个社会中的不同信息的问题。二手车市场"劣车驱逐好车"现象存在的根本原因在于信息不对称。与此同时，由于有限理性，人们不可能预见一切；由于外在环境的复杂性和信息来源的不同，人们了解的信息不可能面面俱到，信息不完全由此产生。信息不对称可以分为事前信息不对称和事后信息不对称。事前不对称产生的机会主义行为主要是逆向选择，即"说谎"；事后信息不对称主要表现为交易双方隐藏信息和行为导致的道德风险，即"偷懒"行为。在信息不对称的情况下，合约当事人在双方签订合同之后，由于交易双方的行为不能确定或者是合约设计本身的问题，致使合约的一方为了自己利益损害到合约另一方的利益。因此仅靠价格机制不能有效地配置资源和均衡市场供求，就出现了企业组织、租赁、招标和长期合约等合约安排。合约理论广泛地讨论了不完全信息导致的效率损失，具体体现在合约准备、写入和执行等成本中。

(2) 有限理性。主流经济学以完全理性为假设，认为人类所有的行为都给予理性主义的思考，并将其价值观念完全支配到自己的行为结果中。但明显这种行为在现实中是不存在的，西蒙从行为主义角度强调了理性的边界，即知识的不完备性、评价的不充分性和选择的有限性，并将这种不是无所不知的特征称为"有限理性"。

(二) 合约理论的视角分析

从合约理论的假设条件信息不完全性和有限理性出发，通过各种合约安排来消除由此导致的各种类型的市场失灵问题，其根本目的在于通过各种治理机制，提供激励性工具，降低合约成本，减少效率损失。我们仅对合约和交易费用做出详细分析，对制度环境和制度安排做简单陈述。

(1) 合约与交易费用。这是合约理论的基本构成之一。杨小凯将交易费用划分为内生和外生两种类型。内生的交易费用是指交易双方内在的谈判、签约发生的费用。外生的交易成本则是非生产领域内发生的费用，包括搜寻成本和运输成本等。它与市场范围相关。这样区分的好处在于，内生的交易成本是需要通过制度安排和设计来约束和减少的，外生的部分交易成本的增加则有利于分工的扩展和市场范围的扩大。而合约理论的视角更多地强调了内生的交易成本。对于合约而言，每一次交易都有一个合约安排与之相对应。在市场上进行的交易可看做是缔约双方之间关于产权的部分或全部转让，这些转让可以通过不同的合约安排进行，但转让以及各种作为生产要素投入的相互协调都有成本，其中包括合约制定过程中当事人之间讨价还价的成本以及执行合约条款的成本。因此一项合约安排必须尽量减少成本，即与产权转让有关的成本，如产权界定的费用、用于交易的产权选择的费用等；与合约本身有关的成本，如在合约的谈判、拟定、执行及争议仲裁等环节中发生的费用；选择成本，不同当事人的交易会产生不同的交易结果，作为合约安排必须确保当事人之间的最佳合作状态。

(2) 制度环境和制度安排。根据问题对象不同，合约理论分为两个层面，即制度环境和制度安排。制度环境是建立在公共和私人部门之间的博弈规则基础上的，是一系列基本的政治、社会和法律规则。它是确定生产、交换和分配的基础，包括治理选举、产权和合约权利的规则。制度安排主要是涉及关于组织细节的，主要是经济单位间的安排，其功能在于通过治理这些单位合作或者竞争的方式，能够为其成员提供一个可以合作或影响法律、产权变迁的机制。

三、伊斯兰金融产品——合约理论视角的分析

资金、土地、技术、企业家才能都是很复杂的要素，也有各自的属性；要素所有者之间的合同通常相当简单，并非所有的要素属性都是值得做出规定并加以监督的。因为完全界定这些属性要花费很高的合约撰写成本，或者被称为墨水成本。随着合约中要素属性清楚界定程度的提高，边际墨水成本递增，直到边际墨水成本与要素清楚界定带来的边际收益相等时为止，但大多数情况下，合约并没

有清楚界定到这一点上，因此合约总是不完全的。没有规定，却可以变化的属性就落入公共领域成为无偿属性。只要利用这种属性就能产生追加的净收入，控制着这种属性的一方就会利用它产生额外的利润，直到这些要素的租金被完全耗散为止。虽然根据假定，要直接避免无偿属性所带来的损失成本太高，但是这种损失可以通过不同的方式来加以控制：改变合约中有关过度利用或供应不足的属性的规定；或者转向一个完全不同的合约，该合约直接控制第一个合约中未被控制的那些属性。

合约无论是正式的还是非正式的，都是签约方之间的权利的重新分配；银行和客户之间的合约，即资金所有者（银行）和劳动、土地、技术、企业家才能所有者（客户）之间的合约。根据收益的分配，我们可以把合同分为工资合约、固定租金合约、分成合约三种合约。工资合约是指专门就工资事项签订的专项集体合约，工资是固定不变的。固定租金合约是指专门就租金事项签订的专项集体合约，租金是固定不变的。分成合约是客户与银行之间共同分享风险和收益的合约。

（一）三种不同类型的合约

（1）工资合约。工资合约中依法订立的工资协议对企业和职工双方具有同等约束力，双方必须全面履行工资协议规定的义务，任何一方不得擅自变更和解除工资协议。在这种合约下，由于雇主无法对雇员的努力程度进行监督，更困难的是，由于雇员往往需要联合形成团队才能完成生产任务，这时对团队成员的贡献难以区分，从而产生团队生产问题。因此，团队成员或客户可以偷懒（卸责）而获益，他们投入的努力就会比他们自我雇用时付出的努力要少。因为收益的变动，不仅在于随机因素直接影响产量，而且在于客户对产量的贡献也不相同，所以很难把努力上的变化所产生的影响从随机因素影响中区分出来。这样客户就需要监督，但是，在监督成本很高而需要节约的情况下，客户不会由于偷懒而受到惩罚，因此，这种偷懒是意料之中的。如果工资支付根据预期产出水平进行调整，客户的实际收入最终会因为偷懒而下降，所以降低工资就意味着对偷懒的惩罚。总的来讲，客户按他完成的工作而得到利润。在他们提供的努力水平上，多付出一单位努力的成本低于这份努力所带来的产量增加的价值。因此，在给定的条件下，工资合约需要成本很高的监督，而且劳动的使用率也低于客户自我雇用时的水平。

（2）固定租金合约。固定租金合约中依法订立的租金协议对企业主和雇员双方具有同等约束力，双方必须全面履行工资协议规定的义务，任何一方不得擅自变更和解除工资协议。银行和客户之间签订固定租金合同，收益也可能与预期不同，主要是由于随机波动和客户所做的努力。由此除了随机因素外，客户的收益就是他们自身努力的函数。Ijara（金融租赁）是典型的固定租金合约。而Murabah（贸易融资）也属于固定租金合约。

（3）分成合约。在实行分成制时，银行和客户都成了剩余所有者，因为不管产出是多少，每一方都能获得一部分产出作为报酬。同时，每一方都能由于偷懒而获得好处；客户不会像固定租金合约那样卖力，银行也不会像工资合约那样积极地提高资金的利用率。因此在分成合约下，扭曲的边际包括其他两种合约下的所有边际。分成合约是介于工资合约和固定租金合约之间的一个过渡，由扭曲程度的降低所带来的收益与监督成本的比较，来决定其是否可行。

（二）伊斯兰金融融资模式的合约理论分析

（1）Mudaraba（盈亏共担）和 Musharaka（股本参与）是典型的分成合约。在分成合约下，遭受扭曲的边际包括其他两种合同下的所有边际。在 Mudaraba 中，出资人向企业家付出资金，企业家用于投资项目，产生盈利后，再根据事前约定分配利润，出资人的责任限于项目范围。在实际操作中，一般是出资人先将资金交给银行，再由银行间接或直接投资，所以类似于投资信托，根据出资份额获得的利润相当于利息。在这个合约中，剩余权利是共同分享的，而控制权利在资金使用者手中。银行是资金的使用者，有权选择各种投资方向，与第三方签订投资合同，客户没有资金的监督权和使用权，同时客户也不用付出巨大的监督成本。与此同时，在 Mudaraba 中，由于利润是由双方共享的，所以，如果银行失职会使银行本身遭受损失，如果银行偷懒则会使客户遭受损失。这样银行与客户之间的信息不对称，就必然会存在事后的道德风险——"偷懒行为"。银行可能通过两种方式卸责：一是事后说谎，即当收益实现时，由于客户并不清楚在生产活动中的真实产出，银行就可以谎报虚拟收益来获取更多的收益。在伊斯兰金融中，银行对说谎的治理通过伊斯兰教法进行。二是事中偷懒，即银行为了使自己的收益最大化可能会运用一些手段使自己的利益最大，并不考虑集体利益（客户和银行的共同利益）的最大化，从而造成资源或者生产要素的浪费。解决这一问题的办法是改变合约中有关过度利用或供应不足的属性的规定或者转向一个完全不同的合约，该合约直接控制第一个合约中未被控制的那些属性。

在 Musharaka 中，银行和客户共同出资合作开发项目，并根据出资比例享有经营权力、分配收益或承担损失。这也是个典型的分成合约，在这个合约中，剩余权利和控制权力由双方共同分享。相对于工资合约，客户不用为了其更加努力所增加的产量的增加量支付 100%税收；相对于固定租金合约，银行也不用因为其提高资金的利用率缴纳 100%税收。在 Musharaka 中，这些税收的缴纳比例都降到了银行和客户的分成水平，这样他们的总负担也降到了其他两种合同所产生的负担水平之下，此合约必然使交易成本降低，增大合约的可执行性。

在 Musharaka 和 Mudaraba 两种合约中，银行与客户都是委托代理关系，但是在这两份合约中，银行和客户所处的位置恰好相反。在 Mudaraba 中，银行是代理人，客户是委托人，客户所了解的信息少于银行；在 Musharaka 中，银行是委托人，客户是代理人，银行把资金投入客户所经营的项目或者活动之中，而客户只是需要投入劳动、土地、技术、企业家才能等生产要素，银行得到的信息明显要少于客户，这样必然会出现执行上的问题。但是这种合约由于相信客户必然会努力，并没有考虑这样的监督，所以合约并不完善，因此应该建立一些机制来使合约的成本降到最低。

（2）Ijara（租赁）是典型的固定租金合同。银行根据客户需要，向商品（如机械设备）出售方支付货款，获得商品所有权，再将使用权转交客户，收取租金。合约执行后产量将会与预期的不同，可能不会确保社会正义和社会福利最大化。这是因为随机波动和客户的努力可能会有所变化。由于商品本身不会发生太大的变化，所以客户的预期收入，只能是他本身努力的结果。在 Ijara 中，银行与客户之间是租赁关系，银行将机械设备租给客户，以客户支付的租金来获得收益。以机械设备为例，在这个合同开始的时候买方看好机械设备，然后委托银行买进机械设备，这时它们之间是委托代理关系；然后银行将设备出租给买方，由买方支付租金，这时它们之间是租赁关系。同时在 Ijara 合约中，银行与客户之间的信息也不对称，就像租房子一样，房东永远比租客更了解房子的实际状况。

Murabaha（成本加成）是银行在买卖双方之间双方签订买卖合约后，银行向卖方支付货款，商品经银行转交给买方，银行向买方收取货款以及相应的服务费，这就是"加成"，相当于利息。这个合约与 Ijara 类似，只是相当于银行把货币租给客户，不过这里只是存在简单的租赁关系，而客户支付的服务费就是资本的租金。

（3）Istisna（订单生产）。伊斯兰金融中的 Istisna 不属于以上三种合同中的任何一种，产品购买者作为银行的客户向银行发出订单，银行向厂商转交订单并提供资金，买到商品后转交客户，再收取货款并加成，加成部分相当于利息。这种合同的应用并不广泛，只是在住宅融资中比较常用。但这也说明，这种工具的效率不高，以至于没有被广泛应用。

根据威廉姆森的观点，不同的交易应该采用不同的治理机制，因此也就产生了不同的合约结构。目前，从市场规模角度看，以 Murabaha 为代表的伊斯兰银行类金融工具在市场上占据主导地位。有报告显示，目前 Murabaha 的全球市场规模约为 1.2 万亿美元，而伊斯兰债券、伊斯兰投资基金和伊斯兰债券保险产品的市场规模分别为 900 亿美元、340 亿美元和 30 亿美元。这个数据也印证了，分成合约是固定工资合约和固定租金合约的过渡，相较于其他两种合约效率较高，降低了其他两种合约所带来的边际扭曲。在现实交易中，由扭曲降低所带来的收益比合约监督成本低，因此市场选择了效率损失更小的 Murabaha 合约，因此在伊斯兰银行中大部分业务都是分成合约。同样，由于伊斯兰银行尽可能将自己的资金和实物资产联系在一起，更加大了伊斯兰金融的稳定性，使其渐渐成为世界金融中不可小觑的力量。

第四章 伊斯兰银行概述

第一节 伊斯兰银行的起源和演进

伊斯兰银行起源于 20 世纪 30 年代晚期的印度，而作为一种金融现象和相对较新的金融体系和工具，伊斯兰银行正式开始于 20 世纪 70 年代的巴基斯坦。

一、伊斯兰银行的起源：20 世纪 50~60 年代

现代伊斯兰银行正式开始于 20 世纪 70 年代的巴基斯坦。之所以说正式，是因为该时期伊斯兰银行在巴基斯坦的实践活动已经上升到了宪法层面，涉及全国范围，使得这一时期该国的实践活动在伊斯兰银行发展历史上具有划时代的里程碑意义。虽然如此，并不意味着伊斯兰银行实践活动就是从 20 世纪 70 年代开始的。当一些被殖民统治的伊斯兰国家获得独立后，建立伊斯兰银行或无息银行的思想作为争取独立斗争的结果被提出来，从时间上看，这一思想可以追溯到 20 世纪 30~40 年代。

20 世纪 50 年代发生的历史上唯一一次关于伊斯兰教原则适用于商业领域的真正争论并没有出现在中东，而是在巴基斯坦。1956 年，巴基斯坦部分宗教界人士提出把"禁止利息"条款写入宪法。由于分歧较大，经过讨论，这一方案出于商业上的考虑而暂时被搁置。尽管在全国范围内禁止利息的努力失败了，但是在随后全国范围内的历次穆斯林集会中对利息的质疑之声一浪高过一浪，修宪的失败也未能阻止伊斯兰银行实践活动的开展。创建伊斯兰银行的首次尝试开始于 20 世纪 50 年代末，在巴基斯坦西部旁遮普乡村地区出现了一家发放无息贷款的地方性伊斯兰银行，虽然并没有产生持续性的影响，但其意义非凡。这家小规模的带有实验性质的无息银行由一部分具有先进思想的土地主将资金无息存入该机

构，该机构再向较贫穷的土地主发放无息贷款用于改善农业生产条件。尽管借款没有利息支付，但仍收取一个固定的管理费用以弥补银行的运营成本。然而，正如Wilson（1983）所指出的：尽管并不缺乏借款人，但存款人倾向于认为他们对该机构的支付是一次性的和一劳永逸的，所以该机构很快就陷入了资金短缺。特别是存款人对于他们的存款如何贷出更感兴趣，银行的管理者没有经营自主权，随之而来的问题是没有新存款的存入，无法招募员工，因为他们不愿意为了在乡村的不确定性风险而放弃在城市中商业银行的有可观收入而又安全的职位。这家机构很快就垮掉了。不过，虽然在巴基斯坦的首次尝试结束了，但在埃及新的试验又开始了。

1963 年 7 月 25 日，米特贾姆伊斯兰储蓄银行（Mit-Ghamr Islamic Saving Bank，MGISB）在埃及尼罗河三角洲乡村地区的米特贾姆邦成立，这是现代中东地区和阿拉伯世界首次有记载的伊斯兰银行实践，这家储蓄银行也是全球首家公认的伊斯兰银行。这家储蓄银行的创建者是艾哈迈德·艾尔·纳贾尔（Ahmad El-Naggar，后来成为国际伊斯兰银行协会秘书长）。MGISB 模式是在德国储蓄银行的基础上考虑了伊斯兰发展中国家农村地区的环境，其目的是在符合伊斯兰教法的基础上动员绝大多数埃及民众的闲置资金，并且给他们提供符合伊斯兰教法规定的收益。虽然当时纳贾尔的身份主要还是学者，但他担任了该储蓄银行的经理，并且精心挑选了具有商业银行从业经验、对伊斯兰银行抱有极大热情的穆斯林作为储蓄银行的员工。这些员工很快就获得了当地保守的民众的信任，并把他们视为在当地与其自身一样的穆斯林，而这些员工也非常尊敬地视当地民众为潜在的客户。在这之前，当地的农民对外部事物总持怀疑态度并且几乎从不使用商业银行，他们将其视为属于城市的外部制度，并且主要服务于西化了的埃及人。而新的伊斯兰储蓄银行则不同，他们与农民自己具有相同的观点和道德价值而并不考虑他们的教育背景（Wilson，1983）。根据其创立者兼经理纳贾尔的总结，伊斯兰储蓄银行的角色包括三个方面：一是充当资金供给与需求之间的有效中介；二是作为经济效率、储蓄教育和银行习惯的教育中心；三是在动员闲置资金用于投资方面设立一个动态系数，减少窖藏和资本形成问题。Wilson（1983）指出，银行的贷款被广泛用于包括房屋建造与维修、简单的手工业设备如手摇纺织机和缝纫机的购置等。一些贷款被用来为家畜购买和作为一个农业社会基础的灌溉系统提供资金。MGISB 不久便生意兴隆，储户达到 25.1 万户，存款也大大超过了原来的预期（见表 4-1-1、表 4-1-2）。

表 4-1-1　1963~1967 年 MGISB 的分支机构数量

分支机构名称	开业时间	分支机构名称	开业时间
1. 米特杰·哈玛尔（Mit Ghamr）	1963 年 7 月 5 日	6. Zefti	1966 年 2 月 9 日
2. 沙拜恩（Sharbine）	1965 年 8 月 14 日	7. Al Mahallah	1966 年 7 月 24 日
3. 艾尔曼苏尔（AlMansoura）	1965 年 9 月 11 日	8. Misr Al-Jadidah	1966 年 10 月 1 日
4. 达克洛斯（Dakerous）	1965 年 10 月 9 日		
5. 卡苏艾尔阿尼（Kasr Al Ayni）	1965 年 10 月 14 日		

资料来源：El-Naggar A. Islamic Banks：A Model and a Challenge：The Challenge of Islamic，Economic Council of Europe，1978.

表 4-1-2　不同存款者储蓄和投资存款在总存款中的百分比

单位：%

储户类型	储蓄存款	投资存款
学生	53.5	38.0
工人	14.0	12.0
退休金领取者	2.3	12.8
城市佣人	0.2	22.0
家庭主妇	5.1	6.4
农民	10.9	15.9
商人	2.0	2.4
其他	2.0	2.0

资料来源：El-Naggar A. Islamic Banks：A Model and a Challenge：The Challenge of Islamic，Economic Council of Europe，1978.

　　由以上分析可以看出，MGISB 在赢得学生、农民和工人的支持方面取得了成功，因为这些人将其看作是他们自己的银行。尽管 MGISB 经营的时间只有短短的三年半，但它为当地社会经济发展特别是小企业的建立提供了关键的服务，为米特贾姆邦及其 53 个地区的失业工人提供了新的工作机会。然而在 1967 年 5 月，经营了三年半后，由于政府担心其将来无法控制等政治原因，MGISB 停止了经营。在其经营的农村地区，整体债务水平下降，借款人不再依赖于高利贷或非伊斯兰银行。

　　毫无疑问，这家银行最初的经营是十分成功的，但它的成功也带来了新的问题。由于他们的经营模式明显取得了成功，这必然与当地的高利贷者及权贵之间发生利益冲突，这些既得利益者认为 MGISB 只是在重复他们的业务并与其争利。

同时，无论是借款者还是储蓄者，都将自己的资金从商业银行转移到 MGISB，这必然遭到传统银行的反对。但是，如果抛开政治方面的原因，单从经济学的角度看，该银行陷入经营困境并最终关门的根本原因还是其经营模式。首先，该储蓄银行与先前巴基斯坦的伊斯兰银行实践一样，不向借款人收取利息，而只是在贷款发放时收取一定数额的管理费，这使其收入来源十分有限，并最终陷入财务困境。其次，随着业务的发展，银行收取的管理费开始无法弥补运营成本。有限的收入来源限制了向员工支付更高的薪酬，这使得招募新员工变得十分困难。最后，随着热情逐渐退去，迫于生活压力，那些原本对伊斯兰银行抱有极大热情的当地员工也开始纷纷离去。1967 年米特贾姆储蓄银行被埃及国民银行接管。

与米特贾姆储蓄银行同时存在的另一个成功实验是于 1963 年在马来西亚开业的朝圣者基金公司或塔邦哈吉（Tabung Haji）。它当时成立的目标是：

（1）使马来西亚穆斯林能够逐渐储蓄以在朝圣期间维持开支及其他有益目的。

（2）使马来西亚穆斯林能够通过他们的储蓄积极有效地参与伊斯兰认可的投资活动。

（3）在朝圣期间提供各种各样的便利和服务以保护朝圣者的福利。

朝圣者基金公司于 1963 年开业，开业时仅有 1281 名成员，总存款为 46600 林吉特，现在已成为一家拥有大约 400 万名成员、超过 20 亿美元存款的准政府组织。塔邦哈吉作为一个替代传统的以利息为基础的金融机构，为马来西亚储蓄者提供了符合伊斯兰教法的投资机会。任何马来西亚穆斯林都可以最低的每月存入金额开设账户，成年人为 10 林吉特，学生为 2 林吉特。塔邦哈吉遍布世界的 111 个分支机构可为其成员提供便捷的服务。特别是他们大量使用邮政服务以减少工资开支。在提款方面，塔邦哈吉与其他金融机构一样便利，特别是在朝圣期间，它们建立的特别提款网络，方便朝圣者在沙特阿拉伯提款。它们吸收的存款被投资到从符合伊斯兰教法的高度分散化的投资组合到具有高增长潜力的精心挑选的投资项目上。这些投资项目包括短期和长期投资、权益投资、单位信托投资、政府项目投资、不动产投资等，投资于其 12 家分公司。项目覆盖的范围从传统的农业部门、种植业、不动产到最具现代化的信息技术行业。1995 年塔邦哈吉被允许扩展其分支机构允许在国外设立分支机构。

二、伊斯兰银行的扩张与进一步发展——从埃及到海湾：20 世纪 70~80 年代

在总结了米特贾姆储蓄银行的实践经验之后，纳贾尔于 1972 年在埃及开罗创办了纳塞尔社会银行（The Nasser Social Bank）。该行的主要目标不是盈利，而是服务于不能从商业银行获得信贷的低收入人群。这是首家城市伊斯兰银行，并且埃及政府投入了 200 万美元资金，该行职员全部为公务员。纳塞尔社会银行首次尝试实行"盈亏共担"的经营模式，并广泛办理常规业务。该行以发放无息短期贷款为主，帮助那些从未同银行打过交道的小商人、小手工业者，以解决他们生产生活中的资金困难。该行发放的贷款只限于社会救助用途，借款人不得将贷款转存其他有息银行或用于放贷。由于埃及主要商业银行都已收归国有，而这家银行的储户几乎全部是新客户，因此并未同国内商业银行发生利益冲突。到 1979 年，这家银行在政府的大力支持下在全国开设了 25 家分行，资本达到 580 万美元，储蓄总额为 3.45 亿美元，利润达到 1700 万美元。纳塞尔社会银行还被认为是慈善机构。

尽管纳塞尔社会银行纯粹是埃及国内的一次大胆尝试，但该行积累的经验和达到的目标引起了海湾国家和沙特阿拉伯的注意，他们都相信在其他伊斯兰国家和地区设立与纳塞尔社会银行类似的机构是符合社会发展需要的。

自 20 世纪 70 年代以来国际油价暴涨，在海湾地区积累了大量的石油美元，尽管拥有这些石油美元的巨富们也通过一些方式运用他们的巨额资产，但总体上来说，他们都极为保守。虽然他们之间部分人也不拒绝西方银行的经营模式，但他们还是意识到他们的巨额资产中应该有一部分严格按照伊斯兰教法原则运用，这也是伊斯兰银行能够在海湾地区得以发展的基础。

面对纳塞尔社会银行的影响，在诸多海湾国家中反应最快的迪拜商人们看到了巨大的机会，意识到通过建立像纳塞尔社会银行这样的新型组织，可以实现那些因为宗教背景而不愿与西方银行打交道的保守的新富商们的财富增值。1975 年 9 月，首家伊斯兰商业银行迪拜伊斯兰银行成立。它的成立代表了一种趋势，成立伊斯兰银行成为伊斯兰世界的一种潮流（见表 4-1-3）。

表 4-1-3　20 世纪 70~80 年代成立的伊斯兰金融机构一览表

成立时间	名称	所属国家
1975 年	伊斯兰发展银行（Islamic Development Bank，IDB）	沙特阿拉伯
1977 年	费萨尔伊斯兰银行（Faisal Islamic Bank of Egypt）	埃及

续表

成立时间	名称	所属国家
1977 年	苏丹费萨尔伊斯兰银行（Faisal Islamic Bank of Sudan）	苏丹
1977 年	科威特金融公司（Kuwait Finance House）	科威特
1978 年	约旦伊斯兰金融和投资银行（Jordan Islamic Bank for Finance and Ivestment）	约旦
1979 年	巴林伊斯兰银行（Bahrain Islamic Bank）	巴林
1978 年	卢森堡公国伊斯兰银行体系控股集团（Luxembourg Islamic Bank System International Holding）	卢森堡

前文提到伊斯兰银行作为一种金融现象正式开始于 20 世纪 70 年代末的巴基斯坦，这一时期，伊斯兰银行运动作为该国伊斯兰化运动的一部分被上升到宪法层面，并扩展至全国范围，而这在伊斯兰银行发展史上是绝无仅有的。1977 年，齐亚·哈克当选为巴基斯坦国总统后，极力推行其倡导的巴基斯坦伊斯兰化运动。1978 年，齐亚总统宣布国家立法机关通过的任何法律都必须与伊斯兰教法相一致，之前通过的法律如果与伊斯兰教法相冲突一律无效。1979 年，齐亚总统设立了沙里亚法庭，开始依据伊斯兰教法审理案件。同年，他要求国内所有的银行都必须停止收取贷款利息，必须基于"盈亏共担"的伊斯兰教原则开展借贷和投资活动。自此，以禁止利息为核心目标的金融体系伊斯兰化运动全面展开。巴基斯坦之后，要求允许设立私人伊斯兰银行的呼声日益高涨，使其他伊斯兰国家倍感压力，在此巨大压力下，许多伊斯兰国家开始允许设立私人伊斯兰银行。

在海湾地区示范作用和巴基斯坦政治变革的影响下，又有一批伊斯兰银行成立，见表 4-1-4。

表 4-1-4　20 世纪 80 年代成立的伊斯兰银行

成立时间	名称	所属国家
1981 年	巴林伊斯兰投资公司（Bahrain Islamic Investment Company）	巴林伊斯兰投资公司
1981 年	埃及国际伊斯兰发展和投资银行（Islamic International Bank for Investment and Development）	埃及
1981 年	约旦伊斯兰投资公司（Islamic Investment Bank）	约旦
1982 年	沙特—菲律宾伊斯兰发展银行（Saudi-Philippine Islamic Development Bank）	沙特
1983 年	沙特阿拉伯阿明货币兑换和商业公司（Al Rajhi Company for Currency Exchange and Commerce）	沙特阿拉伯
1985 年	伊拉克伊斯兰银行（The Iraq Islamic Bank）	伊拉克
1986 年	土耳其伊斯兰银行（Turkey Islamic Bank System International Holding）	土耳其

三、伊斯兰金融体系的日益成熟：20世纪90年代至今

这一阶段伊斯兰银行业的发展主要体现在两个方面：一是公共政策制定机构和行业自律组织出现，并发挥越来越大的作用；二是越来越多的伊斯兰国家和非伊斯兰国家设立伊斯兰金融机构。

自20世纪90年代初期开始，随着伊斯兰银行在各国的逐渐发展和壮大，各国政策制定者意识到统一标准的重要性。作为行业自律机构，伊斯兰金融机构会计与审计机构（AAOIFI）于1991年3月27日在巴林注册成立。该组织是为了满足伊斯兰金融机构监管需求而设立的专业机构，并且成功制定了伊斯兰金融机构统一会计准则和沙里亚标准。该准则和标准目前成为世界上使用最广泛的伊斯兰金融机构标准。随着伊斯兰金融市场的发展，伊斯兰金融机构会计与审计组织逐渐不能满足各国监管机构的需要。21世纪初，在国际货币基金组织的帮助下，各国监管当局组建了专业监管机构——伊斯兰金融服务委员会（The Islamic Finance Serveces Board，IFSB）。伊斯兰金融服务委员会为伊斯兰金融服务业的系统稳定和各国的多样化监管措施做出了制度性的安排，并在国际监管、风险管理和政府间合作等领域产生了积极影响。

除上述机构外，国际社会还成立了其他许多服务于伊斯兰金融业的支持性金融机构，如于1981年成立的专门为伊斯兰金融培养专门人才的巴林银行与金融研究所（Bahrain Institute of Banking and Finance，BIBF）以及协调解决伊斯兰金融业争端的伊斯兰机构仲裁和调解中心（The Arbitration and Reconciliation Center for Islamic Financial Istitutions，ARCIFI）；于2002年成立的伊斯兰国际金融市场（The International Islamic Financial Market，IIFM）；于2001年成立、2005年正式营业的国际伊斯兰评级机构（The International Islamic Rating Agency，IIRA）；于2001年成立的伊斯兰银行与金融机构一般委员会（General Council for Islamic Banks and Financial Institutions，GCIBFI）等。

第二节　各国伊斯兰银行的实践

进入20世纪90年代以来，特别是21世纪以来，越来越多的国家对伊斯兰银行开始感兴趣。伊斯兰金融机构迅速从中东、东南亚扩展到欧美、北非，并逐

步向全球扩展。

(一) 1995 年前的伊斯兰银行业

根据国际伊斯兰银行业协会（International Association of Islamic Banking，IAIB）的统计，到 1995 年，在国际伊斯兰银行业协会注册的伊斯兰银行和金融机构达到了 186 家，其中具有详细统计信息的有 144 家。从地理分布上看，伊斯兰银行和金融机构在南亚有 47 家，在非洲有 30 家，在东南亚有 24 家，在中东有 22 家，在海湾合作委员会国家（Gulf Cooperation Council，GCC）有 17 家，欧洲和北美至少有 4 家。在此需要指出的是，由于人们通常对欧洲和北美地区的关注，如果我们考虑到传统商业银行开展的伊斯兰银行业务，欧洲和北美地区的份额会大幅上升。1985~1995 年的十年间，全球伊斯兰银行和金融机构的数量增长了约 6 倍。截止到 1995 年，144 家伊斯兰银行的总资本超过了 60 亿美元，总资产达到了 1660 亿美元，存款总额超过了 770 亿美元，储备总额超过了 30 亿美元，具体情况见表 4-2-1。

表 4-2-1　1998 年世界伊斯兰银行与金融机构基本情况

地区	银行数量（家）	占比（%）	资本		总资产		存款		储备		净利润	
			金额（美元）	比例（%）	金额（美元）	比例（%）	金额（美元）	比例（%）	金额（美元）	比例（%）	金额（美元）	比例（%）
南亚	47	32	951194	15	45269061	27	26413855	34	1012689	34	365301	29
非洲	30	21	257476	4	3794394	2	2112960	3	112149	4	32517	3
东南亚	24	17	121919	2	1736361	1	1342604	2	101957	4	20570	1
中东	22	15	3310506	53	97209926	59	29693917	38	596476	20	149798	12
GCC	17	12	14648456	23	17648197	11	16571459	21	1050278	36	655367	53
欧美	4	3	201875	3	395219	0	1381037	2	65446	2	21940	2
总计	144	100	6307816	100	166053158	100	77515832	100	2938995	100	1245493	100

注：伊斯兰发展银行未包括在内；GCC 指海湾合作委员会国家。
资料来源：国际伊斯兰银行协会。

从表 4-2-1 可以看出，无论是在资本数量、资产总额、存款数额以及储备和盈利性方面，中东地区在伊斯兰银行和金融发展中都占有绝对的优势。这也可以从图 4-2-1 中非常清楚地看出。

伊斯兰银行的业务与传统银行一样，也涉及多个行业，分部门行业融资情况可以反映出伊斯兰银行和金融机构参与各行业经济活动的不同程度。具体见表 4-2-2。

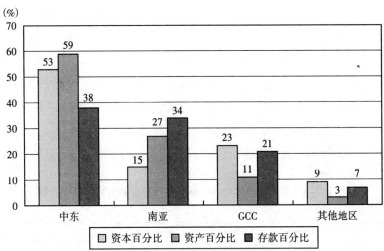

图 4-2-1 1995 年各地区伊斯兰银行和金融机构资本百分比、资产百分比及存款百分比分布

表 4-2-2 1995 年伊斯兰银行和金融机构分行业/地区融资情况

单位：%

地区	贸易	农业	工业	服务业	不动产	其他
欧美	42.85	1.00	1.70	21.17	18.50	14.75
非洲	20.70	23.57	18.34	9.81	4.21	21.28
东南亚	42.61	5.70	8.81	26.97	4.61	11.72
南亚	14.06	9.30	50.26	10.04	1.58	14.37
中东	18.68	11.22	24.92	7.12	22.30	15.33
GCC	39.95	0.38	9.42	3.50	21.32	25.31
平均	29.81	8.53	18.91	13.10	12.10	17.13

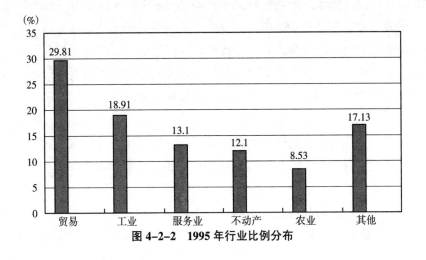

图 4-2-2 1995 年行业比例分布

通过对伊斯兰银行和金融机构对不同地区不同行业融资的分析可以看出，贸易融资在所有行业中所占的比例最高，接近30%，其次是工业。分行业看，欧美地区和GCC国家贸易融资占比最高，而非洲农业融资最多，南亚地区工业融资最多，这也从一个侧面反映了各地区产业结构不同及其对资金的需求的差异。

关于融资模式，根据国际伊斯兰银行协会1995年的统计，以美元来表示，Murabaha在所有融资模式中占45.58%，位列第一，15.25%和8.72%的融资以Musharaka和Mudaraba的形式进行，9.72%为Ijara（租赁融资），具体见表4-2-3。

表4-2-3　分地区和模式的伊斯兰银行和金融机构的融资比例

单位：%

地区	Murabaha	Musharaka	Mudaraba	Ijara	其他
欧美	65.90	10.00	11.85	5.00	7.25
非洲	50.89	28.37	6.05	3.48	11.10
东南亚	29.05	8.33	18.30	12.63	31.64
南亚	33.44	6.47	2.60	13.97	43.29
中东	42.93	32.25	6.93	8.60	10.23
GCC	51.27	6.12	6.60	14.65	22.87
平均	45.58	15.25	8.72	9.72	21.06

（二）1995年以后伊斯兰银行业的发展

从1995年到2008年，伊斯兰银行经历了一个快速发展时期，但是随着2008年金融危机的冲击，全球经济和金融市场处在一个转折点上。2010年全球伊斯兰银行业总资产达到8260亿美元，到2011年年末，达到1.33万亿美元，到2013年年末，全球伊斯兰银行总资产高达1.811亿美元，从2010年到2013年，年均复合增长率达到16.5%。

从伊斯兰银行的相对规模看，沙特伊斯兰银行业总资产占银行业总资产的比例最高，巴基斯坦、印度尼西亚、土耳其和埃及较低；从伊斯兰银行业总资产占该国GDP的比例看，马来西亚占比最高，巴基斯坦最低。

按照国别的伊斯兰银行业总资产规模大小进行排序（2011年），沙特伊斯兰银行业总资产规模最大，达到600亿美元，卡塔尔最低，约为60亿美元。2008~2011年平均增长率为16.2%，同期可比的传统银行总资产增长率为13.9%，伊斯兰银行业总资产增长率高于传统银行总资产增长率。从伊斯兰银行业盈利能力看，2008~2011年伊斯兰银行业平均权益报酬率（ROE）最高的为沙特阿拉伯，为23.1%，最低的为巴林，为-11.7%。全部平均为11.6%，而同期的传统商业银行可比的平均 ROE 为 15.3%，高于伊斯兰银行业。

第三节　伊斯兰教原则在伊斯兰银行中的运用

　　和传统的金融机构一样，伊斯兰银行的主要功能也是将存款资金引导到那些需要资金的人手中，将资金配置到更具生产性和更有利可图的领域。由于伊斯兰教禁止向存款人支付利息，同时也禁止向借款人收取利息，因此伊斯兰银行在提供金融服务时不能像传统银行那样建立以利息为基础的金融服务体系，而必须向客户提供符合伊斯兰教法的金融服务。伊斯兰银行在提供金融服务时应确定其提供的产品或服务是否符合教法的原则和精神。伊斯兰教法对银行所提供的特定服务都有具体的规定，在世界范围内，伊斯兰银行用各种术语来描述这些原理和原则。有些银行使用阿拉伯语，有些银行同时使用阿拉伯语和英语，还有些银行使用伊斯兰银行所在地的语言。不管用什么术语，这些伊斯兰银行体系中所使用的伊斯兰教原理大体上可以分为五类：一是盈亏共担原理；二是买卖原理；三是费用厘定原理；四是免费服务原理；五是辅助原理。

　　被大多数伊斯兰银行所使用的原理有：Mudaraba、Musharaka、Murabaha、Ijara Wa-iqtina、Ijara、Istisna、Qard asan、Wadiah 和 Rahn。除此之外还有一些在特定国家的伊斯兰银行所采用的原理，如马来西亚就有附加的原理，如 Bai-al-dayn、Al-ijara、Thumma al-bai、Al-wakalah、Al-ujr。同时伊朗也有附加的原理。也就是说，这些基本的原理在不同国家用不同术语表述，这种不同主要取决于以下两个方面：一是如果一国制定了伊斯兰金融体系发展政策，那么其金融当局（如中央银行）将决定或建议伊斯兰银行在他们的监管下采用这些原则；二是如果伊斯兰银行所在国的中央银行不关心伊斯兰金融体系的发展，那么这些原则的应用将在很大程度上取决于银行本身。因此，各种类型原则的应用将由中央银行主办的出版物或中央银行的年报公之于众。表 4-3-1 是伊斯兰银行原则在各国运用的汇总情况。

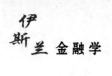

表 4-3-1 世界各国伊斯兰银行所采用的原则

范畴	伊朗	马来西亚	巴基斯坦	孟加拉国	科威特	约旦	巴林	土耳其	阿拉伯联合酋长国	印度尼西亚
盈亏共担	民事合伙 法定合伙 直接投资 利润分享(Mozarebeh) Mosaqat	盈利分享 合作投资	盈亏共担 股本参与 购买股份 参与期限证书 利润分享证书 租金分享	利润分享 股本参与	利润分享 股本参与	利润分享 股本参与	利润分享 股本参与	盈亏共担	利润分享 股本参与	盈利分享 合作投资
销售与购买	远期交货 分期付款销售	成本加成 延期支付销售 回购协议 延期交割销售 单一供给处连续购买 货币的买卖	回购协议 增加 缩减	成本加成融资 延期支付销售 房地产贷款(Bai Muazzal) 购买与谈判	成本加成融资 商品生产制造合约	成本加成融资 延期交割合约	延期交割合约 商品生产制造合约 三方销售(Tawarruq) 成本加成融资		成本加成融资 商品生产制造合约	成本加成融资 商品生产制造合约
费用、佣金、固定报酬	服务费(Jo'alah) 债务贸易 雇佣购买	附买入期租赁合约 购买 租赁 担保	租赁 雇佣购买 开发费用 服务费用	雇佣购买 佣金 服务费用	租赁 佣金 服务费用	佣金 租赁 服务费用	佣金 服务费用 租赁 资产所有权转移给承租人的租赁合约(Ijara Wa-ik-ti-na)	租赁 服务费用	服务费用 租赁 代理	

续表

范畴	伊朗	马来西亚	巴基斯坦	孟加拉国	科威特	约旦	巴林	土耳其	阿拉伯联合酋长国	印度尼西亚
费用、佣金、固定报酬		代理 债务转让 服务佣金或费用	服务费用融资							
免费服务	Gharz-al-has-sanah	慈善或福利贷款	慈善或福利贷款	慈善或福利贷款	慈善或福利贷款	慈善或福利贷款	慈善或福利贷款		慈善贷款	慈善贷款
其他原则	土地分享利润合约（Mozaraah）	赊销 保证信托存款 Ar-rahn 天赋（Hibah）				信托	信托	信托	信托	信托保存

注：表中未翻译成中文的原则为该原则的阿拉伯语英译，因未找到相关资料，向相关专家请教也不能确定其具体内容，因此将该原则英文放在表格中。
资料来源：根据马来西亚、巴基斯坦、孟加拉国、科威特、约旦、巴林、土耳其、沙特阿拉伯、印度尼西亚等国中央银行年度报告资料整理得到。

第五章　伊斯兰银行的金融工具与产品

第一节　存款类产品

金融中介的重要职能之一就是将资金从经济中的盈余部门向赤字部门转移。金融中介通过开发和销售一系列金融产品来满足资金供给者与资金需求者的需要。这些产品提供给资金需求者或储蓄者不同的收益、到期时间、流动性，安全性和稳定性，投资者需要在这些要素之间根据自身的风险收益偏好和流动性管理的要求进行权衡。这样的权衡在伊斯兰金融的投资者或储蓄者身上也同样存在。但与传统商业银行提供的产品不同，所有伊斯兰金融产品都必须符合伊斯兰教法的要求，同时，投资者在权衡和考虑一项金融资产的收益、风险、流动性、到期时间等要素时也必须符合伊斯兰教法的要求。

一、现金账户（Wadiah/Qard）存款

与传统的商业银行一样，伊斯兰金融的现金存款账户在本质上也是为客户提供存款保管服务。储户可以使用支票存入或提取存款，银行不得拒绝，但要收取一定的费用作为对银行开展此项业务成本的弥补。为了方便客户随时随地取款，银行提供了多种多样的取款服务，比如支票便利、ATM 卡、借记卡、旅行支票、电话银行、通存通兑等。

这一产品可以基于不同的沙里亚机制开发和设计，其中比较流行的一种是保证存款（Wadiah-wad-dhamanah）。在这一机制下，存款人将资金存入银行并以信托的形式持有存款，由商业银行运用存款资金进行投资并获取收益和承担风险，存款人不承担任何风险，也不享有投资所获得的收益，即风险承担和收益享有是单方面的。另一种是信托账户，其运作过程与保证存款类似。

一种观点认为这种存款是一种存款人的慈善贷款现金账户。如上所述，银行通过自己承担风险免费使用资金，存款人要求的任何形式的回报都将被认为是利息，是伊斯兰教法所禁止的。与信托模式相比较，慈善贷款模式并不流行，一个简单的原因是市场销售必须提供一个额外的好处给存款人。

二、借记卡

基于现金账户的存款，伊斯兰银行开发出了一种可供穆斯林选择的信用卡，对这种信用卡的设计尝试了多种方法，但没有一种是完全没有争议的。根据其中的一种观点，认为可供伊斯兰选择的信用卡只有借记卡和记账卡，因为这种卡的根本机制是存款人从自己在伊斯兰银行的账户中取款。这种卡满足了存款人在不同地点随时取款的便利性的需要，还免去了携带现金的不便。在传统的商业银行中，信用卡的一个重要功能是可以使信用卡持有人在出现暂时支付困难时通过账户透支实现正常消费。然而伊斯兰银行的借记卡与传统银行的借记卡相同，都没有这种功能，它仅仅是作为一种个人消费支出的约束性工具。根据这种观点，信用卡被认为会鼓励不必要的消费而造成浪费，因此不符合伊斯兰教法的规定。

三、储蓄（Wadiah/Mudaraba）存款

储蓄存款账户和现金账户一样，也主要是为客户提供存款保管功能，但不同之处是要向存款人提供一个较少的收益。支付收益主要采取伊斯兰认可的模式。

第一种模式是在现金账户的基础上基于信托机制而开发出来的。这种模式在东南亚国家中非常流行。伊斯兰银行对这种账户的本金提供保证，以满足客户在任何时间提款的需要，但与现金账户不同的是，银行给存款人提供一定的收益，这种收益完全由银行自主决定，因而并不是银行与住户存款合同的一部分。这种收益一般带有一定的礼物的性质，并要求伊斯兰银行：

- 接受客户存款并对存款提供安全保护和使用资金的便利性。
- 要求客户同意使用他们的资金，只要资金仍保留在银行。
- 给客户利润的一部分作为回报，如果可能，可以一直持续，这完全由银行自己决定。
- 保证客户在任何时间、任何地点取回自己全部或部分存款。
- 提供给客户通过存折、ATM 或其他方式提款的便利。

一般情况下，礼物性质的回报必须在存款人的账户满足最低存款余额的基础时才能够支付，而且由于这一回报是基于利润支付的，所以从本质上讲，它一定

是变动的而不是固定的，并且由于礼物的支付不是合同规定的内容，也不构成银行的法定义务，所以银行可以自行决定是否支付以及何时支付。

第二种模式是基于 Mudaraba 机制开发出来的。在这一模式下，银行要求存款人授权银行作为管理人（Mudarib）投资资金，存款人有权撤回投资。利润以在某一个时期（1 个月或 3 个月）内维持在银行账户上的最低余额作为计算依据，这一余额被认为是在这一时期的投资。要求维持一个最低余额是为了存款人有资格分享利润。银行与客户分享利润的比例可以随时间而变化。但有一点必须强调，分享比例的变化并不是必然随时间和投资的盈利性的变化而变化。从这一账户的基本性质来看，其主要目的仍然是为客户提供资金保管服务，同时提供一定的回报，获取投资收益并不是投资这一账户的目的。

第三种模式主要在伊朗的银行中使用，是基于福利贷款（Qard Hasan）开发的。根据这一原则，现金账户存款是存款人对银行的贷款，但银行并不支付报酬，而是提供一个非合约性质的礼物或其他的一些好处。

四、投资（Mudaraba）存款

投资存款是伊斯兰银行的核心存款产品。该产品是基于 Mudaraba 的概念或众所周知的盈亏共担或参与存款开发的。投资存款与传统商业银行的定期存款极为相似，到期前也不能提前支取。存款人将资金存入银行，银行作为管理人管理和运用资金，实现的收益在存款人和银行之间按照事先约定的比例进行分配，如果投资出现亏损，则由存款人单独承担，银行不承担任何损失。因此，从本质上说，以 Mudaraba 为基础的投资存款其实只是共享收益而不能共担风险。投资存款的基本结构如图 5-1-1 所示。

在世界各国的伊斯兰银行实践中，投资存款又可以分为不同的类型。一种是根据存款人或储户的投资资金是否指定了特定的投资对象或投资项目而将其分为一般投资存款和特殊投资存款。另一种是根据期限不同划分为限定期限和非限定期限投资存款。

1. 一般投资存款与特殊投资存款

一般投资存款是较为流行的伊斯兰银行产品。伊斯兰银行建立包括不同到期时间的存款的资金池，这些资金不与特定投资项目相联系，但是伊斯兰银行可以不断吸收新的资金，客户到期时也可以将资金取出。投资实现的利润在会计期末计算并分配，期限通常为 3 个月、6 个月或 9 个月。一般投资存款与传统商业银行存款所实现的功能相同。

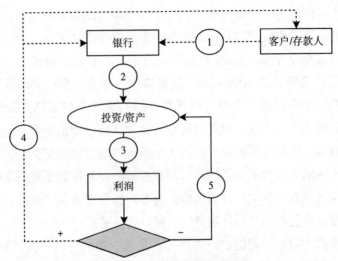

图5-1-1 投资存款的基本结构

注："1"表示存款人与银行就投资存款的期限达成一致，存款人提供资金；"2"表示银行将资金投资于资产或项目中并进行管理和运营；"3"表示资产产生正的或负的利润；"4"表示如果利润为正，则按照事先约定的比例在存款人和银行之间分享；"5"表示如果利润为负，则完全由存款人承担并减少投资资产的价值和存款的价值。

特殊投资存款除要求存款人在账户中至少投资一个最低的数额外，其他方面和一般投资存款完全相同。由于有最低存款要求，所以这一产品的存款人主要是政府部门或公司，即机构，并不针对个人。资金投资的模式和利润分享的比例可以一对一商定，资金主要投资于特定的项目或商业贸易中，由此产生的利润只在银行与客户之间按照事先约定的条款执行。

2. 限定期限与非限定期限投资存款

限定期限投资存款是指该存款有一定的期限，这一期限是银行与客户达成的，合约在规定期限到期时结束，利润在到期时计算并分配。非限定性投资存款没有确定的期限限制，存款人只要不提取存款，存款在每一个会计期末自动更新，除非提前3个月通知才可以结束。限定期限的投资存款，伊斯兰银行不允许提取存款或存入新的存款，即定额定期，但存款人可以开立一个以上的非限定投资存款账户，利润在每个会计期末计算并支付。

五、需要说明的问题

一方面，在伊斯兰银行的产品中，福利贷款和信托贷款模式下，存款人都不承担投资造成的损失，也不允许银行降低存款的名义价值，但存款人却可以获得一定的回报，虽然这一回报以礼物、津贴或其他的形式支付，但这就意味着存款人在没有承担风险的情况下获得了报酬,这是否违反了伊斯兰教法的规定呢?这一问题在伊斯兰教法界是有争议的。其中一种观点认为预期的回报并没有包括在合约中,银行也没有义务一定支付,而且支付的回报纯粹是礼物性质的,在伊斯兰教法中,礼物的赠送并不包括在利息(Riba)之中。

另一方面,在实践中,虽然礼物的赠送并不包括在合约中,但如果银行对礼物或津贴的支付是以存款的一定比例进行的,而且支付一直未间断,这样存款人可能就会形成一种预期,将来仍然会进行礼物支付,而这又是以存款的一定数额为基础计算的,这就有可能违背了伊斯兰教法关于禁止利息的规定,这也是主流的伊斯兰教法学者所担心的。

六、总结

以上伊斯兰银行和各种存款业务仅仅是从一般原理上讨论伊斯兰存款的运营结构,但是在实践中,伊斯兰银行的存款产品除了上面提到的这些具有明显伊斯兰特征的产品外,其实其他的一些产品和传统银行产品单从名称上看并没有太大的区别,这是因为各国在长期的实践中,将伊斯兰教原则应用到伊斯兰银行产品中,且在基本结构下灵活运用的结果。表 5-1-1 所展示的正是主要伊斯兰国家的银行存款产品。

表 5-1-1 主要伊斯兰国家伊斯兰银行存款产品业务

伊朗	马来西亚	巴基斯坦	孟加拉国	科威特	约旦	巴林	土耳其	阿拉伯联合酋长国	印度尼西亚
现金账户	盈利分享基金:	现金账户	现金账户:	非投资存款	信任账户	现金账户	特别现金账户	现金账户	Wadiah 账户:
存款账户	一现金账户	存款账户	一塔卡账户	一现金账户	一现金账户	受限制投资账户	参与式账户	存款账户	一需求
投资账户	一存款账户	固定存款	一美元账户	投资存款:	一需求账户	不受限制投资账户		投资账户	一存款
一可协商的伊斯兰债务证书		期限账户	一外国货币账户	一受限制的投资账户	不受限制投资账户:				不受限制盈利分享账户:
	基金:	其他存款	一财产开发账户	一不受限制的投资账户	一存款				一存款
	一存款账户	盈余分享存款	一存款账户	一存款账户	一通知				一期限
	一投资账户		一存款		一固定受限投资账户				

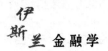

续表

伊朗	马来西亚	巴基斯坦	孟加拉国	科威特	约旦	巴林	土耳其	阿拉伯联合酋长国	印度尼西亚
			一特别通知		**Muqaradah债券**				
			一基金债券						
			期限盈余分享						

资料来源：伊朗：伊朗迈利银行年度报告（2012）；马来西亚：马来西亚伯哈德伊斯兰银行年度报告（2012）；巴基斯坦：穆斯林商业银行年度报告（2011）；孟加拉国：孟加拉国伊斯兰银行有限公司年度报告（2011）；科威特：科威特金融公司年度报告（2011）；约旦：约旦伊斯兰银行年度报告（2011）；巴林：巴林沙米尔银行年度报告（2011）；土耳其：Turkiye Finans 年度报告（2011）；阿拉伯联合酋长国：迪拜伊斯兰银行年度报告（2011）；印度尼西亚：Bank Muamalat（2011）。

第二节　股权类融资产品

股权类融资产品主要有两种模式，一种是 Mudaraba，另一种是 Musharaka。在前一种模式中，银行提供资金，企业提供企业管理服务，盈亏由双方共担。这一模式属于管理与资本的结合。后一种模式，银行投资资金，银行与客户共同建立一项风险项目，共同管理，盈亏共担，因此 Musharaka 属于合伙性质的风险投资。股权类融资产品是伊斯兰银行所独有的，也正因为其独特性，使得这类产品在市场上并不流行。

一、受托人合伙（Mudaraba）业务

建立在 Mudaraba 基础上的受托人合伙是一种银行融通资金给企业指定的一个风险项目的融资产品。银行作为资金的所有者以委托人的身份参与其中，企业以受托人的身份负责企业的运营或项目的管理，并为项目提供专业化、职业化的管理服务。项目（企业）实现的利润在银行和企业之间按照事先约定的比例进行分配，但一旦项目亏损，损失则完全由资金提供者（即银行）来承担，因此，受托人合伙业务的盈亏分布是非对称的。

在实践中，Mudaraba 主要有两种类型，限定型与非限定型。限定型 Mudaraba（Mudaraba al-muqayyada），银行作为资金的提供者指定了投资项目，资金只

能用于指定的项目上。在非限定型 Mudaraba 中则没有这种限制，企业作为受托人或管理人可以自由运用资金。基本的受托人合伙业务结构如图 5-2-1 所示。

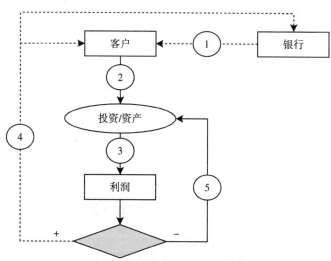

图 5-2-1 信托人合伙的基本结构

注："1"表示银行与客户讨论商业计划，银行提供资本性资金给客户；"2"表示客户开展业务并进行管理运营；"3"表示业务产生正的或负的利润；"4"表示如果利润为正，则按照事先约定的比例在存款人和银行之间分享；"5"表示如果利润为负，则完全由银行承担并减少投资资产的价值。

二、联合风险投资（Musharaka）业务

以 Musharaka 为基础的联合风险业务是一种资合和人合相结合的融资方式，在这一融资方式下，银行与客户根据双方达成的协议共同投资于一个风险项目，并共同管理该项目。项目产生的利润在银行和客户之间按照协议中事先达成的比例进行分配，如果项目亏损，损失则严格按照双方各自在该项目中的投资比例来承担。基本的联合风险投资项目的结构如图 5-2-2 所示。

三、产品管理中的问题

（一）风险与收益

在以 Mudaraba 和 Musharaka 为基础的两种权益融资产品中，都包含了收益分享和损失承担的条款。收益既可能来自于投资资产或项目产生的利润也可能来自资产价值本身的变动。两种产品中利润分配的基本原则都是按照事先约定的比例在银行和客户之间进行分配。而损失的承担在这两种产品中则完全不同。在 Mudaraba 中，损失完全由资金提供者——银行承担，项目管理人——企业只有

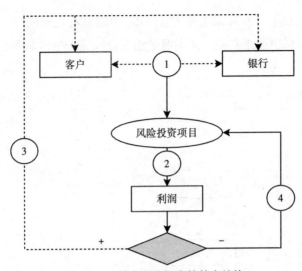

图 5-2-2　联合风险投资的基本结构

注："1"表示银行与客户讨论商业计划，并共同投资到风险投资项目中；"2"表示银行和客户共同建立风险投资项目，共同管理，按照协议中的约定共同承担责任，项目产生正的或负的利润；"3"表示如果利润为正，则按照事先约定的比例分配；"4"表示如果利润为负，则由双方按照各自的投资比例分担，并减少资产的价值，但每个人投资的比例严格保持不变。

在由于自身的管理失误或错误决策带来损失时才会承担相应的损失。在 Musharaka 中，由于银行和客户都是管理人，所以由双方按照各自的出资比例分担损失。

在 Mudaraba 中，银行并不参与项目的管理，因此无法对企业管理者的行为负全部责任，所以银行在 Mudaraba 中的投资像现代经济中的权益投资一样，只以自己的出资为限对企业负有限责任。但 Musharaka 则不同，因为 Musharaka 更像是合伙，所以银行和企业作为合伙人对合伙企业（项目）的损失承担无限连带责任，如果项目的负债超过了资产，在项目清算时，负债超过资产的部分要按照当时双方的出资按比例分担。

还有一个问题需要强调，如果资产价格变化，在 Mudaraba 和 Musharaka 中的处理也是不一样的。在 Mudaraba 中，由于企业管理者不承担损失，所以，资产价格变化带来的收益就由银行独享。但在 Musharaka 中，由于双方共同投资，共同分享收益和承担损失，这样由资产价格变化带来的收益也由双方共享。

（二）投资的流动性问题

与其他传统的金融工具一样，伊斯兰金融工具也具有一定的流动性。Mudaraba 和 Musharaka 的一个主要特征是合约中的任何一方，无论是银行还是客户，都可以在他们认为合适的时间终止合约，撤出投资。投资的流动性主要是通过这种形式进行的。合约终止时，资产的清算价值超过初始投资的部分被认为是利润，也在银行和客户之间按照双方事先约定的比例进行分配。

由上面的分析可以看出，受托人投资和联合风险投资中的流动性通过赋予交易中的任何一方在任何时间收回投资的权利，从而保证投资的流动性。但这也带来了一个问题，在合约签订后，如果一方在另一方已经投入了专用性资产，撤出投资会使其资产价值贬损时，就可能以撤资相威胁，"敲竹杠"问题可能就会发生。为了保护双方的利益免受对方的威胁，在这两种投资的合约设计上要求双方必须在产生结果之前达到一个最低的期限，否则不允许抽回投资。但这又会带来另一个问题，即投资者的资产的流动性要求无法保证。为了解决这一矛盾，现代的伊斯兰学者创造性地提出了"建设性清算"的概述。根据这一概念，合约双方一致同意，定期对投资的净资产的价值进行计算，如果投资者或者合伙人清算其投资，则以净资产价值进行清算。[①]

四、递减的 Musharaka

(一) 基本原理

递减的 Musharaka 是在基本的 Musharaka 基础上开发的创新型伊斯兰权益融资产品。在基本的 Musharaka 中，银行作为永久合伙人参与风险投资，银行的资本很难收回。即使允许银行转让其在风险投资项目中的股权，但这将涉及两个问题：一是有没有其他投资者对这一项目感兴趣；二是如果将银行的股权转让给企业，企业有没有足够的资金完成支付。金融中介在其投资过程中要强调投资的流动性，这样银行作为永久合伙人的身份与其作为金融中介的基本目标不完全一致。递减的 Musharaka 允许银行定期收回部分投资，相当于企业在风险投资项目实现盈利后用自己分得的利润赎回银行的股权，以减少银行在风险项目中的权益的比例。以后各期，银行以减少后的权益分享利润，直至其权益完全消失，实现投资的全部退出。企业成为项目的唯一所有者。

(二) 产品运用中的问题

1. 远期承诺

在递减的 Musharaka 产品设计上存在的一个主要的问题是这一设计机制所涉及的业务活动与远期有关。资金提供者（银行）可能更偏好于远期承诺，并且以确定的价格将自己的投资转让给企业，在银行投资资金与按照确定的价格将投资

---

① 这种形式的投资清算或投资撤出有点类似于现代形式基金的赎回，开放式基金赎回时也是以基金资产的单位净值进行的，而基金资产的净值则每天计算一次。

转让给企业所收回的资金之间会产生一个确定的差额，而这有可能涉及利息，因此在伊斯兰金融中是不允许的。

递减的 Musharaka 产品主要大量运用于住宅部门，因为住房项目的利润主要来自于住宅的可预测的租金。使用递减的 Musharaka 进行的住宅融资中，客户和银行共同购买住房，共同拥有住房的所有权。一旦住房的租金即预期未来的利润确定下来，接下来就是在将来购买或赎回银行在项目中的权益份额。在伊斯兰金融中，不允许双方一致同意的未来的购买或销售行为，但是交易双方中的某一方单方面承诺在远期购买或赎回银行在项目中的份额是被允许的，因此在这一产品中，往往是企业单方面承诺在将来某个确定的日期赎回银行的份额。

2. 赎回价格

一旦企业承诺在未来赎回银行的份额，另一个与之相关的问题就是企业以什么样的价格赎回银行的份额？或者说这些份额如何估值？按照现代金融学的观点，以资产的当前市场价值回购或赎回更加公平合理，但在伊斯兰金融实际中常见的却是以已知或确定的价格回购更流行，当然争议也更大。对于银行来说，如果将来的回购价格是确定的，那么银行就可以获得确定的回报从而有获取利息的嫌疑，也可能为利息大开方便之门，因为银行并没有因不确定性而获利。与此同时，也有另一种观点认为企业承诺回购银行份额的行为包含了不确定性，只不过以未知价格回购面临的不确定性更大，两者只是程度上的不同而已。

3. 应用领域

伊斯兰银行的权益融资产品主要应用在项目融资、住房融资、信用证和微观金融领域，比如对中小企业融资主要采用权益融资的形式，这与风险投资十分相似，但与国内中小企业融资仍主要采用债务融资不同，如何将两者进行比较是一个值得研究的内容。

第三节　债务类融资产品

伊斯兰银行的权益融资产品在传统的商业银行融资中并不多见。以权益对企业进行融资意味着银行更多地参与企业的经营事务中，这虽然增加了银行业务经营的成本，但也降低了交易双方信息不对称的程度。同时，由于银行与企业共同对项目的投资承担风险，因此提高了伊斯兰银行抵御经济冲击的能力。在伊斯兰银行提供的金融产品中，除以上权益类融资产品外，还有如成本加成销售延期支付服务（Murabaha，Bai-Bithaman-Ajil，BBA）、租赁（Ijara），延期交割合约（Salam）、订单销售（Istisna）、票据贴现（Bai-al-dayn）和三方销售服务（Tawarruq）等。

一、以成本加成（Murabaha）为基础的延期支付服务（Bai Bithaman Ajil，BBA）

BBA 是一种延期支付款项的销售，其价格的计算基础是 Murabaha，即成本加成。作为一种融资产品，BBA 也许是最流行的伊斯兰金融产品，同时也是伊斯兰教法所认可的伊斯兰产品设计机制。成本加成延期支付产品机制可以作如下描述：某一客户 A 需要某种商品 X，于是向银行 B 提出申请，银行 B 寻找商品 X 的卖家或供应商，以客户 A 知道的价格 P 买入商品 X，然后以成本加成的方式，以价格 P+M 将商品 X 卖给客户 A，M 是客户和银行一致同意的银行的利润或加成，P+M 则递延到将来的某一时间进行支付。

传统意义上的 BBA 仅仅是一种款项的延期支付，并不涉及银行购买商品的价格或是银行在购买价格基础上的加成客户是否知道这一问题。加入 Murabaha 之后，交易双方必须知道商品的成本或是加成。如果银行并不告知客户商品的成本或加成，这种产品在伊斯兰金融中被称为 Musawama，当然这也是一种被伊斯兰教法认可的产品。

（一）BBA-murabaha 产品的融资结构

最简单的成本加成延期支付产品结构包括两个交易者——客户和银行。客户提出购买商品的需求，银行根据客户的需求将购入的商品以成本加成的方式出售给客户，客户在将来以延期付款的方式将款项付给银行，完成交易。从伊斯兰教法的观点来看，这一产品结构是最理想的。银行虽然提供资金并获取报酬，但这一报酬是其作为商品的卖方承担相应的风险或不确定性而获得的，并不是单纯提供资金而收取的利息。在伊斯兰金融中，这种产品主要用在汽车融资中，在这种情况下，一般要求银行有自己的汽车展厅，客户以延期付款的方式购买汽车。

在较为复杂或更常见的情形下，成本加成延期支付产品一般都会在交易结构中包括一个第三方——商品卖家。这就使得银行免于从事各种产品的销售，减少交易搜寻成本以及进入自己并不熟悉的产品销售领域。在这一交易中有两个合约，一个是银行与客户签订的商品购买和延期支付款项的协议，另一个是银行与商品的供应商或卖者签订的商品买卖协议。成本加成延期销售融资结构如图 5-3-1 所示。

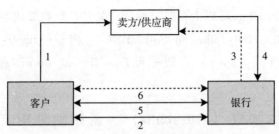

图 5-3-1　成本加成延期付款结构（一）

注："1"表示客户寻找并接近需要的商品的卖方或商品的供应商，收集相关信息；"2"表示客户与银行达成协议以成本加成延期付款方式从银行处购买商品，银行以加成价格将商品现销售给客户；"3"表示银行按照原始价格支付款项给商品供应商；"4"表示供应商将商品所有权转让给银行；"5"表示银行以成本加成价格将商品所有权转让给客户；"6"表示客户以加成后的价格在将来某一确定的时期支付款项给银行。

　　在上述成本加成延期付款中，银行直接与商品的供应商或商品卖家接触，签订商品买卖协议后，再将商品销售给客户，但在实际中，银行往往并不直接与商品供应商接触，而是委托客户作为代理人与商品供应商直接交易，客户确定供应商和选择好商品后再与银行处理相关业务。其交易结构如图 5-3-2 所示。

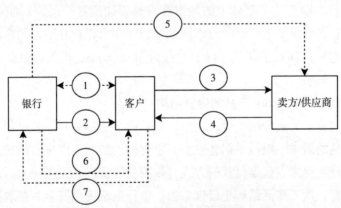

图 5-3-2　成本加成延期付款结构（二）

注："1"表示银行与客户签订一个相互承诺的协议，银行承诺销售商品给客户，客户承诺以成本加成方式购买该商品，协议内容包括双方已知并协商一致的利润率或加成以及支付的固定日期；"2"表示银行指定客户为自己的代理人；"3"表示客户确定卖家，以银行代理人的身份选择商品并以书面形式向银行提供商品的具体内容，包括卖家的姓名、购买价格等；"4"表示供应商将商品实际交割给银行的代理人即客户，从银行角度培训员工、监督客户取得商品实际占有权的过程；"5"表示银行安排以购买价格将款项支付给供应商；"6"表示代理合约结束，银行按照约定销售商品，将商品的所有权以加成的形式转移至客户；"7"表示客户在将来已知的时间（时期）内一次或分次支付以成本加成计算的款项。

（二）产品应用中的问题

　　从交易结构看，成本加成延期付款与传统银行的按揭贷款十分相似，都是贷款人从卖方手中购买商品，银行将款项支付给卖方，客户以分期付款方式偿还银行贷款，唯一不同的是，传统商业银行以利率取代了利润率或加成。然而从伊斯兰的角度看，这两者之间是有严格区别的。为了使这一产品能够流行并符合伊斯兰教法的规定，伊斯兰教法学家对其提出了许多限制性的条件和规范，以免其违反禁止利息和不确定性的规定。

1. 风险与收益

在伊斯兰教法中有一条基本的原则，即"收益与责任相对应"。在伊斯兰金融产品中，为了使收益合法化或符合伊斯兰教法的规定，银行必须承担与商品所有权相联系的风险，如价格风险、资产灭失风险等。与此相同，传统商业银行以利息为基础的贷款，银行在获取利息收入的同时也要承担相应的风险，如违约风险或信用风险。但这两者在风险承担上并不完全相同。在伊斯兰银行中，为了使其产品摆脱利息的嫌疑，必须对成本加成延期付款的交易结构进行精心设计。比如，供应商或银行销售的商品在销售时必须存在真实的所有权和实物形态。产品结构中的合约必须遵循一定的顺序，银行在将商品销售给客户时必须实际拥有商品的所有权，即必须只有在银行与供应商的买卖合约执行以后才能与客户执行买卖合约。这种所有权的拥有，可以是实质上的，也可以是推定的，即虽然该商品实际没有交割给银行，但商品的所有权利、义务、风险，包括商品灭失的风险都置于银行之下。

2. 承诺的法律性质

从承诺对做出承诺一方的约束来看，承诺有两种不同的形式，一种是道德上的，这种承诺没有法律上的约束力；另一种是法律上的，具有法律的约束力。在成本加成延期付款中，客户承诺在银行买入商品后，这种承诺究竟是道德上的还是法律上的，在伊斯兰学者中间曾一度引起过争论。但现在趋于一致的观点认为，这一承诺是法律上的并对承诺方具有法律约束力。这是因为，如果承诺没有法律约束力，交易双方中的任何一方在违背承诺时只受到一些道义上的谴责，那么，在市场价格发生短期大幅波动时，违约的动机会更强烈。比如，在银行从供应商处买入商品后，如果该商品的市场价格大幅下跌，这时，客户发现，在市场上购买该商品要比按照原先的承诺从银行购买更有利可图，客户违约的激励大增；与此相反，如果市场价格大幅上涨，银行会发现将商品在市场上销售而不是按照原先的约定卖给客户更有利，这时银行的违约激励增加了。然而，如果承诺是具有法律约束力的，则违约的激励会显著降低。

3. BAA 模式中的商品

如前文所述，以成本加成延期付款销售的商品在销售时卖方必须拥有商品的实际所有权或推定卖方拥有所有权。在交易中，任意一方可能会增加一些对商品的描述，如商品的类型、交割的日期等，增加的条款并不影响合约的有效性。但是如果对商品的交割设定了先决条件，这种增加的条款无效。在这中间，有一种情况例外。如果设定的条件本身就是初始销售合约的一部分，比如规定了商品交割的地点，这在伊斯兰银行中是允许的。成本加成延期付款销售的商品还必须不包括伊斯兰教法禁止销售的商品，如酒、猪肉等。根据伊斯兰教法的规定，销售的商品必须是有形的且可以被归入财产之内的商品，但这一要求在实践中遇到了许多问题。在伊斯兰金融实践中，不仅能够看到以 Murabaha 形式融资的汽车、住房、卡车这一类有形商品，同时也能够看到教育、麦加朝圣甚至外汇这样一些与伊斯兰教法相矛盾的创新性的产品。比如教育融资，银行购买"大学的入学权利"然后再以成本加成的方式销售给学生。从理解上看这没有问题，但大学是否可以将大学入学的权利销售给银行而后银行再销售给学生，似乎并没有这样的说法。

4. 关于价格

根据伊斯兰教法的规定，一项有效的销售涉及的价格和支付期间应该是已知和确定的。价格在合约签订时是固定不变的，支付的规则、模式、每期付款额及付款的频率也如此，这样做的目的主要是为了避免由于不确定性的存在而给交易双方带来潜在的冲突和纠纷。

成本加成延期付款既可以向其名称所表示的那样以延期支付的形式进行，同时也允许交易双方以现金或即期交易的形式进行，这并不违背伊斯兰教法。既然两种支付方式都被许可使用，这就带来了一个问题：即期支付的价格和延期支付的价格是一样的吗？根据伊斯兰学者的主流观点，他们认为，延期支付的价格会高于即期支付的价格，只要这一价格在销售产品时是确定的而不是不确定或带有附加条件的即可。但这种价格的差异并不是传统金融中的资金的时间价值造成的。而是一般认为商品的出售者在商品价格这件事上拥有索要不同价格的绝对自由。尽管在合约签订时，即期或延期支付的价格可以不同，但必须在合同中明确标明是即期支付还是延期支付，如果是延期支付还应包括支付的期限、频率、每期的付款额等。这些要素一旦确定，在合约有效期内不能随意更改。

5. 加成的比率及其基准

在 BBA-murabaha 中，客户支付的价格中包含了一个加成率或利润率，这一利润率是如何确定的呢？根据伊斯兰金融实践，利润率一般是根据市场利率确定的，如国际上通用的 LIBOR（London Inter Bank Offering Rate）。也就是说，成本加成延期付款在确定价格或银行收取的利润时使用的基准与传统商业银行在确定贷款利率时使用的基准是相同的。这自然会使人们联想到 Murabaha 与传统商业银行的借贷似乎并没有区别，毕竟是相同的市场力量决定了借贷双方的成本。但是这种定价方法在伊斯兰金融中仍然是合法的，因为在绝大多数伊斯兰国家中存在一个伊斯兰金融体系与传统金融体系并存的双重金融体系，伊斯兰银行在从事业务经营的过程中，所获得的利润应该与传统商业银行所获得的收益不应相差太大。尽管这一结果看起来并不是伊斯兰金融想要的。

尽管在定价时伊斯兰金融中的 BBA-murabaha 与传统商业银行的贷款使用了相同的定价基准，但在其他方面却与传统银行不同。在传统银行的中长期贷款或分期付款的贷款或其他金融产品中，贷款利率一般是根据一个基准利率定期调整的，即主要采用浮动利率。但是伊斯兰金融中 BBA-murabaha 的利润率却是固定的。在合约签订之后，无论市场利润如何波动，利润率一旦确定下来，不允许随任何利率进行调整。但这是否可以有变通的方法呢？因为在传统的金融交易中，交易双方可以先确定一个短期或单期的固定利率合同，合同到期后再以另一个经过市场利率调整的利率签订另外一个单独的合同，逐期滚动以实现固定利率浮动化。但这样的交易在伊斯兰金融中不允许，因为合同每签订一次，就必须伴随着标的物的变化，也就是每一个合同都是一个新合同或与原合同相互独立的合同。

6. 违约风险

在传统金融中，借款人由于自身财务状况恶化无力偿还债务使银行面临信用风险或违约风险。在这种情况下，商业银行会通过执行第二还款来源如变现抵押物来归还借款本金并收取惩罚性利息。罚息被看作是对延期偿还借款的时间价值的补偿。相反，如果提前偿还借款，往往给予借款人一定的折扣。延期的罚息和提前偿付借款的折扣都是根据市场利率计算出来的，因为这完全是由货币的时间价值决定的。在伊斯兰金融中，价格一旦确定通常不允许有增减变化。但是，在特定条件下，也并不完全如此。比如提前支付贷款人向借款人提供的折扣，一些伊斯兰学者认为由银行或贷款人提供的折扣如果完全出于自愿或由贷款人自行决定，同时，折扣额或折现率并不是在合约签订时就确定下来，伊斯兰学者们并不反对。在伊斯兰金融实践中，绝大多数伊斯兰银行也确实对提前偿还借款给予一定的折扣。

在伊斯兰金融中，对于违约的处理要比提前偿还的处理更为复杂。在实践中，伊斯兰银行采取以下几种替代性的方法解决违约风险问题：

一是要求违约的客户以慈善的名义捐赠一定数量的资金。银行将所有客户捐赠的资金集中起来再以客户的名义捐赠出去。但这里有一个问题，客户违约时，虽然对客户进行了一定程度的惩罚，但银行的损失并没有用对客户的惩罚而收取的收入进行补偿。因此这一方法并不常用。

二是对因延迟或不能支付而给银行造成的损失进行赔偿，这种赔偿带有一定的惩罚性。在伊斯兰银行界，持这一观点的人占少数。根据这一观点，客户要对自己由于故意行为造成的违约承担法律上的赔偿责任，除归还借款的本金外，还要支付一个相当于自己在存款上的利润率的一个惩罚性赔偿额。当然，这必须有一个先决条件，那就是银行必须确保客户的违约是由于自身故意或有意造成的，而不是其他原因。这就需要银行付出额外的监督成本。与此同时，伊斯兰银行也必须在自己的投资账户已经享有收益并将其分配给存款人的情况下，才能要求客户履行赔偿责任。如果在违约期间，伊斯兰银行的投资账户并没有收益，则不能要求客户支付惩罚性的赔偿。在实践中，由于向银行或贷款人进行赔偿的主张并不完全与伊斯兰教法一致，所以并不受欢迎。

三是建议伊斯兰银行在借贷合约中事先约定，一旦分期付款中的一期到期违约，其他各期立即到期。这虽然在一定程度上可以对违约者进行惩罚，但不分任何理由即对一期不能支付的客户的其他各项贷款进行回收，可能会对一些本身偿还贷款一直正常但偶尔遇到财务困难的公司造成严重困难，所以大多数伊斯兰银行并不采用这一方法。

四是银行通过要求客户提供某种形式的抵押或留置权，或是以任何现有资产的收费权向伊斯兰银行提供安全保证。银行也可以要求客户提供第三方担保。一旦到期支付的款项不能如期支付，银行便要求担保人履行法定的担保责任，承担赔偿义务。这种抵押或担保的形式与伊斯兰教法的精神相一致，所以很受伊斯兰银行的欢迎。当然，银行也可以要求客户签署一个承兑票据，在到期不能支付时可以兑现承兑票据以实现收款，当然这种票据不能在市场上流通，变现时的价格也不能与面值有偏离。

从伊斯兰金融的实践来看，以 Murabaha 为基础的 BBA 这一融资安排主要用于住房、汽车、机器设备等其他有形商品购买的融资中，而且这些商品的提供者大多为第三方。

7. BBA-murabaha 的两个主要应用

BBA-murabaha 也适用于企业原材料购买的短期营运资本融资和贸易商为取得或购买货物而进行的短期融资。伊斯兰银行为营运资本融资时，要求企业提供购货合同或其他贸易单据或相关凭证，以证明交易的真实性和该商品市场稳定交易的存在性，然后银行购买该商品并将其交给客户，之后由客户以分期付款的方式归还银行贷款。BBA-murabaha 只用于国内贸易商品的融资，并不用于国际贸易。

一般情况下，企业可以就自己的原材料、半成品、中间产品等存货在 Murabaha 原则下的购买向伊斯兰银行提出营运资本融资需求，银行自己购买或委托客户作为自己的代理人以银行自己的资金购买需要的商品，银行随后以与客户双方商定的加成价格将商品销售给客户，银行要求客户在随后的 30 天、60 天、90 天或其他任意由双方商定的时间（一般不超过 1 年）内结清货款。

前述的营运资本融资一般用于购买国内商品而进行的营运资本融资，除此之外，伊斯兰银行还为企业提供用于国际贸易中进口商品的信用证融资。这种融资模式以信用证工具进行。具备信用证申请资格的客户与外国商人在国际贸易中的资金融通可以利用信用证进行。

二、租赁融资服务 [Leasing（Ijara）Facility]

一般意义上，租赁是指对实物资产的租赁或借用。租赁融资是伊斯兰银行中以债务为基础的融资产品中非常流行的一种。在这一融资模式中，银行作为出租人，或以出租人的身份允许客户使用特定的资产，客户作为承租人租赁自己需要的资产，并向银行支付租金，银行则作为资产的所有者收取租金获取收益。

在租赁融资服务中，客户向银行支付的租金也是分期进行的，而前面提到的 BBA-murabaha 中客户向银行进行的延期支付交易中的支付也是分期进行的，并且这两者的支付都是在覆盖资产成本或投资价值的基础上让银行获取一个相当于投资利润率的收益率。因为租赁融资和成本加成延期付款都是伊斯兰教金融中重要的融资模式，这很容易让人们将两者联系起来，认为两者是同一种融资模式，但是，租赁融资有不同于成本加成延期付款融资模式的一些独特特征。

第一，在 Ijara 中，银行在整个租赁期间都一直是租赁资产的所有者，但客户却在租赁期间获得资产所带来的全部收益或使用资产所带来的全部利益。由此，与资产所有权相关的风险也全部由银行承担。从理论上来说，在租赁结束之后，资产必须返还给银行。然而，在 BBA-murabaha 中，资产的利益和风险与资产的所有权一起转移给客户，银行并不承担资产使用中的风险。

第二，这两种产品产生的现金流不同。这两种产品都包括了在未来一个确定时间客户的现金流出和银行的现金流入，现金流包括对购买资产或租赁资产价格的部分和伊斯兰银行的一个必要的报酬率。但是，在 BBA-murabaha 中，现金流是事先确定的并且在以后可以增加或减少。然而在 Ijara 中，根据未来经济形势和经营条件的变化确定的租金在整个租赁期间固定不变。

(一) 租赁融资结构

最简单的租赁融资结构包括银行和客户两个当事人。银行以资产所有者的身份将资产出租给客户，客户在未来某一特定的时间内向银行支付由双方确定的租金。在这一过程中，银行的身份与卖主的身份相同。从伊斯兰教视角看，租赁融资结构(一) (见图 5-3-3) 由于包含了租赁融资的所有典型的结构，所以是最理想的结构，然而这也是最不常见、最不流行的结构。在实践中，伊斯兰银行并不具体处理与实物资产相关的业务，因此租赁融资结构 (二) (见图 5-3-4) 将实物资产的卖方纳入结构中。在这一结构中，我们可以将这一过程划分为可以明确区别的两个阶段。在第一阶段，银行根据客户的需要从卖主手中购买资产；在第二阶段，银行以资产所有者的身份将资产以事先约定的租金和租期出租给客户。

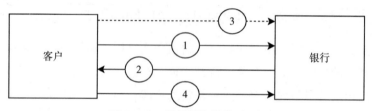

图 5-3-3　租赁融资结构 (一)

注："1"表示客户与银行接触并确定需要购买的资产，收集与资产相关的信息，包括租金信息；"2"表示银行将资产出租给客户并允许客户使用资产；"3"表示客户在未来一个确定的时间按照双方的约定支付租金给银行；"4"表示客户将资产返还银行。

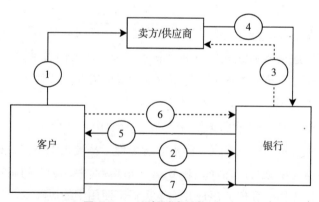

图 5-3-4　租赁融资结构 (二)

注："1"表示客户确定自己需要的资产并与资产的供应商接触，收集相关信息；"2"表示客户向银行申请租赁资产并承诺承租银行购买的资产；"3"表示银行支付货款给资产的供应商；"4"表示供应商将商品所有权转让给银行；"5"表示银行将资产的占有与使用权转让给客户；"6"表示客户在未来一段时间支付租金给银行；"7"表示客户将资产返还银行。

除以上两种结构外还有另外一种结构，在这一结构下，银行并不愿意在购买/销售阶段直接与资产的供应商接触，而是委托客户作为自己的代理人处理与资产供应商的活动。这一结构将演变为租赁融资结构（三）（见图5-3-5）。在这一结构中，银行与客户的关系可以分为两个相互独立的关系。在第一阶段，客户以银行代理人的身份开展活动，选择自己需要的资产，在这一阶段，银行与客户的身份是委托代理关系。第二阶段从银行支付货款给供应商，供应商将资产交割给客户开始，在这一阶段，银行与客户的关系是出租人与承租人的关系。银行与客户在租赁融资中的这两种不同的关系、不同的身份不能混淆。在第一阶段，客户并不以承租人的身份承担法律责任，而仅以银行代理人的身份对自己的代理行为负责。然而一旦资产交割，客户必须以承租人的身份承担相应的法律责任。

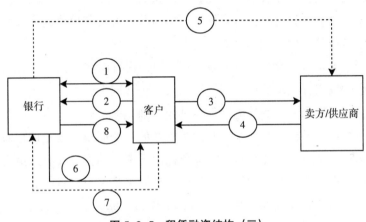

图5-3-5　租赁融资结构（三）

注："1"表示银行与客户签订一个相互承诺的协议，银行承诺出租资产给客户，客户承诺以约定的租金在将来一段时间内承租该资产；"2"表示银行指定客户为自己的代理人；"3"表示客户确定卖家，以银行代理人的身份选择并以书面形式向银行提供商品的具体内容，包括卖家的姓名、购买价格等；"4"表示供应商将资产实际交割给银行的代理人即客户，并从银行角度培训员工、监督客户取得商品实际占有权的过程；"5"表示银行安排以购买价格将款项支付给供应商；"6"表示代理合约结束，银行按照约定出租资产，将资产的占有权和使用权转移给客户；"7"表示客户在将来已知的时间（时期）内支付双方确定的租金；"8"表示客户将资产返还银行。

从以上三种结构中可以看到一种共同的现象，在整个租赁期间，银行一直保有资产的所有权，所以在租期结束之后，客户都要将资产返还银行。在传统商业银行中，这一租赁业务被称为经营租赁。银行收回资产后，如果资产并未达到经济寿命期，银行还可以将资产出租给其他客户，或者在二级市场上将该资产出售以收回一些残值。在传统商业银行的经营租赁中，如果出租资产是通用资产，则银行再出租或将其出售都不会有太大的问题；但如果出租的资产是只适用于特定或少数客户的专用性资产，则再出租或出售该资产将变得十分困难，在这种情况下，商业银行只能将资产作价出售给客户。

以上问题在伊斯兰金融的 Ijara 模式中不会出现。在租赁期结束时，如果资产还有一些价值，但价值并不太大，银行会将资产赠予客户而放弃资产的所有权，并且该赠予合约与原来的租赁合约相互独立，并不互为条件。

但是如果资产的租赁期间短于其经济寿命，资产在租赁期结束后仍然具有较高的价值时该如何处理呢？伊斯兰银行业的通行做法是在租赁期结束后将资产以事先商定的价格出售给客户，这被称为租售（Al-Ijara Thummal Al-Bai, AITAB）。然而在伊斯兰银行实践中，即使在租期结束后资产仍具有较高的价值，银行也常常会将资产赠送给客户。但银行作为利润最大化的经济主体，其投资也需要回收而且还需要获取收益。因此，如果银行约定在到期时无论资产价值高低都将无偿赠送给客户，这时银行会根据到期时预计的资产价值的高低来调整租金以反映资产最后的价值，到期时资产的所有权归客户所有。

在伊斯兰金融中的租赁融资结构（三）中，银行向客户做出单方面承诺，承诺租期结束时以双方约定的价格将资产出售给企业或无偿赠送给企业。这一承诺对于租赁协议来讲是一个额外的并且与其相互独立的协议。从客户的角度看，这一承诺可以被看作是在租赁期结束时购买资产的一个期权。由于期权对于买方来说只有权利没有义务，因此只对单方面承诺出售资产的银行具有约束力，而客户可以执行期权也可以弃权。如果资产到期时仍能满足客户自身的需要或其出售价格大大低于竞争性市场价格，客户可以执行期权，购入资产；反之客户则弃权，所以这一期权显然是一个买入看涨期权。

（二）合伙租赁融资

如果从性质上讲，以上三种租赁融资的结构都是以债务为基础的租赁融资。在伊斯兰银行中，还有另外一种将租赁与合伙结合起来的方法——合伙租赁融资。这种融资结构在伊斯兰银行的住房融资中非常普遍。在这一结构中，银行与客户以合伙人的身份为客户需要的特定资产进行融资，融资的比例由双方商定，银行在合伙事务中承担代理人或经理的职责。用合伙人的资金购买资产并出租给企业，并向企业收取租金，租金由双方事先约定。客户在使用资产时向银行支付的租金被当作银行在该资产所有权份额中的一部分，随着租金的支付，银行在该资产上的所有权份额逐渐减少，直至为零，即客户完全拥有该资产的所有权。将递减的 Musharaka 和 Mudaraba 运用到租赁融资中是最近几年伊斯兰银行的一项业务创新。单从租赁融资的角度看，合伙租赁融资也提供了另外一种在租赁期间结束后处理固定资产的方法。

租赁融资一般用于大型设备、住房以及工厂成套设备等固定资产的融资，而这些融资的资金需求大，可能超出了单个银行能够提供融资的能力，这时银行可能以自己为管理人或主出租人来组织联合租赁融资或杠杆融资。在联合融资中，银行作为主出租人发起并组织一个特殊目的实体（Special Purpose Vehicle, SPV）或主租赁协议，邀请其他金融机构向需要融资的资产的资金池投入资金，投资要完全符合伊斯兰教法的规定，比如以 Musharaka 或 Mudaraba 的形式进行。主出租人分别与出资各方或参与联合融资的其他金融机构签订子租赁协议，然后由主出租或管理人用资金池的资金购买设备并出租给企业，并向企业收取租金，租金在各出资人中间以各自出资的比例进行分配。主管理人除分得自己应得的租金外，还向其他参与联合租赁融资的金融机构收取一定的管理费，用于租金的收取、分配和其他管理事务。参与融资的各方可以将自己的份额或收取租金的权利出售给第三方，第三方将取代原出租人成为新的联合出租人之一。联合租赁融资结构如图 5-3-6 所示。

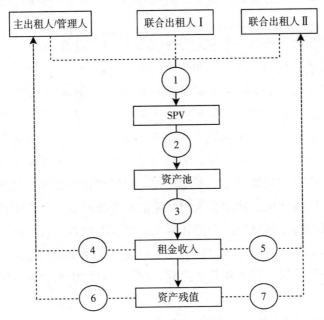

图 5-3-6 联合租赁融资结构

注："1"表示银行发起一个特殊目标实体，邀请其他金融机构以权益或债务的形式向 SPV 提供资金，银行自己作为 SPVR 的管理人或主出租人管理出租事务。债务或权益资金的提供要符合伊斯兰教法的规定，比如以 Musharaka 或 Mudaraba 的形式；"2"表示 SPV 购买资产；"3"表示 SPV 将资产出租给客户并转移资产的使用权，客户支付约定的租金；"4"表示银行（主出租人）收取管理费并根据自己在租赁中的出资比例收取租金；"5"表示银行将剩余的租金支付给其他联合出租人；"6"表示银行按比例获取资产的残值；"7"表示银行将残值的剩余部分支付给其他联合出租人。

（三）租赁融资在应用中需要注意的问题

1. 风险与收益

正如前面在 Murabaha 中所讨论的，从伊斯兰的角度看，为了获取一定的收益而承担特定的风险被认为是合法的，这一点非常重要。所有与资产所有权有关的风险都由出租人即银行承担，由资产使用所产生的风险全部由承租人承担。在传统商业银行的租赁中，出租人将与出租资产有关的风险和收益全部转移给承租人，但是，从伊斯兰的角度看，将风险完全转移给承租人会使得融资租赁不能被接受。

在伊斯兰的租赁融资（Ijara）中，出租资产受托保管在承租人手中。在受托保管中，承租人除故意或因管理疏忽造成出租资产价值毁损外，不对出租资产承担赔偿责任。因此，在整个租赁期间，出租资产的所有风险都仍然由出租人承担。在这种情形下，任何非承租人能够控制的因素造成的损失、出租资产的损坏等均由出租人承担，这是 Ijara 与传统商业银行租赁的不同之处。在传统商业银行的租赁中，并不区分这两种情况；但在 Ijara 中，这两种情形会分别处理，区别对待。

由以上对伊斯兰金融中的租赁融资的分析中可以看出，在整个租赁期间，除承租人过失造成的损失外，出租资产的所有风险均由出租人承担。为了减少出租资产损失可能给出租人带来的不利影响，出租人可以通过伊斯兰保险（Takaful）来减少这种影响。当然银行会在计算租金时将保险费考虑进去，如果在租赁合约租金计算中明确规定了应考虑保险费，那么任何保险费的调整都会反映在租金的调整上。在这里，人们可能已经认识到，伊斯兰银行可以通过传统保险业务将全部风险转移给保险公司，同时将保险成本分摊到租金中，由承租人承担。结果是银行或出租人对特定的现金流承担了更少的风险。这里的问题是，如果经济主体将风险全部转移出去并获取收益，在伊斯兰教法中是完全禁止的，因为这有可能导致出现利息的危险。采用伊斯兰保险对风险进行分担而不是完全转移风险则不在禁止之列。在第六章的伊斯兰保险中我们将会看到这一点。

2. 合约结构的不确定性

在前面对伊斯兰金融风险的讨论中看到，标准的伊斯兰教法禁止将两个合约合并为一个合约，因为这会导致过度的不确定性。这本质上就要求应尽量避免不必要的复杂的合约机制和结构，这其中包括相互依赖的合约和相互关联的合约。将多个合约构建成一个合约，如在前面的租赁融资合约中加入一个销售合约或在

80

租赁合约中事先规定了选择权即加入一个期权合约，都有可能使合约结构复杂化而被教法所禁止。

然而必须认识到，正如在 AITAB[①] 中看到的那样，将一份销售合约植入一份原始的租赁合约中，将会引起极大的矛盾和争议。如果一份销售合约包括了银行和客户双方承诺将来出售和购买商品的内容，该销售合约将是一个远期协议。从教法基础上看，由于远期合约包含了过多的不确定性，所以大多数教法学家对远期合约一直持怀疑态度。单方面的承诺与相互承诺完全不同，也更容易被伊斯兰教法界所认可。

3. 远期租赁融资（Forward Ijara）

虽然说在一份租赁合约中加入一个销售合约会涉及远期合约从而导致过度的不确定性，由此在教法界不完全得到支持。但是，租赁融资合约的一个显著的特征却是远期协议的可接受性，即允许租赁融资合约从将来的某一时间开始执行，而且在到期之前不可改变。所以，远期合约在租赁融资合约中被允许存在，但是在销售和交易性合约中并不允许存在远期交易。在一些传统的租赁协议中，特别是承租人以出租人的名义购买资产的情况下，出租人支付货物款项给资产供给者，租赁在协议达成或由出租人实际支付货款时开始，并不考虑资产是否已经交割给承租人。在伊斯兰教法中，这种情况是不被允许的。因为在资产交割以前由银行以货币的形式支付，可能与禁止利息的基本原则相违背。在有效的租赁协议中，租金只有在资产交割给承租人后才可以收取。

4. 固定租金和浮动租金

在伊斯兰金融的租赁融资中，租金率或租金在合约订立时必须明确并且由交易双方商定确定下来，且在整个租期内都是确定的。如果租赁融资中的租金在事先确定下来并且在整个租赁期间内都固定不变，则这样的租赁被称为固定租金租赁合约。然而这并不意味着租金在整个租期内必须固定不变，因为人们可能将整个租期划分为几个小的期间，每个期间都有一个不同的租金率或租金水平，这实际上相当于一个浮动租金率。浮动租金可以被看作是对不断变化的经济环境和经济条件进行的动态调整，特别是租赁合约持续很长时间的情况下，因此，浮动租金或可变租金在伊斯兰金融的租赁融资中是合法的。除了将整个租期划分为几个

---

① Al-Ijarah-Thumma-Al-Bai（AITAB）是一种类型的租赁合约，它包括资产的购买，并且在期末或租赁期间结束时将资产的合法所得转移交给承租人。这些资产包括机器设备、软件和硬件或汽车等《非购买租用法》（Non-Hire Purchase Act）所规定的商品。

期间，每个期间规定一个不同的租金率水平从而实现租金的调整外，还可以在租赁合约中加入一个租金调整条款，该条款规定租金率可以在一个固定的期间结束时进行调整，比如说 6 个月或 1 年；也可以根据一些宏观经济指标进行调整，比如 CPI；甚至可以是一个基准利率，如 LIBOR。租金率在几个不同的期间内固定为几个不同的水平以实现租金的调整整体上可以理解，但以一个宏观经济指标甚至是以一个在传统金融领域广泛使用的基准利率作为调整的基础，并不容易被人们接受，因为无论是 CPI 还是 LIBOR 在事先都无法被预期到，那么租金也无法在合约签订之前确定，这就可能包含了过度的不确定性而与教法的规定不一致。但是最近在北美伊斯兰金融中的设备融资产品中，比如美国金融公司，认为租金率虽然与市场基准利率挂钩，但并不反映市场利率水平，而是反映了资产的收益率水平。

5. 租赁融资中的违约风险

租赁融资中的租金支付和 Mudaraba 中的分期付款一样，在到期时都会变成客户的债务，到期时无力支付也会变成违约。在对 Mudaraba 的分析中，已经对违约风险进行了分析，租赁中的违约风险的处理措施也与 Mudaraba 相同。同时不允许银行向客户额外收取一笔费用以防客户违约时对客户进行惩罚，但同样也要求客户保留一笔资金，在其违约时以慈善目的将其捐赠出去，数额根据违约期间的违约金来计算。

6. 租赁资产的性质

在伊斯兰金融的租赁融资合约中，并不是所有的资产都可用于租赁，如货币和消费品就不允许用于租赁，因为如果货币或消费品用于租赁，这种合约会被认为是一种贷款合约，收到的租金有利息的嫌疑。因此用于租赁的资产必须不会引起对禁止利息原则的违反，同时这些商品也必须明确具体且容易辨识和区分。通常情况下，这些资产都应该具有实物形态。

7. 租赁融资合约的终止

如果租赁合约中的任何一期违约，出租人有权单方面终止合约；但如果没有违约，则未经双方协商一致同意，任何一方不得单方面终止合约。在传统的金融租赁中，有时为承租方提供了一个单方面终止合约的选择权，但是在伊斯兰租赁融资中，规定其中一方或双方确认或撤销合约，必须由双方一致同意。

（四）BBA-murabaha 与租赁融资的应用领域

BBA-murabaha 主要用于公司金融中的营运资本融资中，如土地、建筑物、机器设备、汽车、计算机以及家具等固定资产购置资金需求的融资中；同时也可用于个人资产购置的融资中，如个人耐用消费品中的电脑、汽车及住房融资。

在伊斯兰的租赁融资中，不与购买协议关联的租赁融资被称为经营租赁，这种租赁形式主要用于金额较大的资产如轮船、飞机及一些重工业设备及农业设备的融资。与购买协议关联的租赁融资被称为金融租赁，这种融资形式主要用于不动产、计算机和机器设备的融资。

第四节　伊斯兰银行的其他债务类融资产品与服务

在第三节中，我们主要讨论了伊斯兰银行中常见的债务类融资产品，如Mudaraba、Musharaka 和 BBA-murabaha 以及 Ijara。这些融资产品由于与传统的融资工具的原理相似，理解起来并不困难。但是，在伊斯兰金融中，还有一些金融产品相对于传统金融工具和其他的伊斯兰金融工具较为特殊，而且出现的也较晚，本节将讨论这些金融产品。

一、延期交割销售（Salam）服务

Salam 是一种延期交割合约。它的基本特征是货物在将来的某个时间交割但支付是即期进行的。与前面讨论过的 Mudaraba、Murabaha、Ijara 等不同，Salam 最早是为规模较小的农场主和贸易商设计的一种融资产品。根据 Salam 合约，交易者在需要短期资产时将商品以延期交割的方式出售给银行，同时在即期获得银行的支付款项以满足自身的融资需求。在合约到期时，贸易商将商品交割给银行，银行则在即期市场上以当时的市场价格出售商品收回投资。由于在签订合约时，银行将即期支付的价格限制在预期未来的价格水平之下，两者之间的差额就是银行预期获得的利润。

然而由于"出售并不拥有的东西"通常会由于涉及不确定性而引起不满，但Salam 合约是一个例外。在上面的结构中允许融资方出售尚未拥有所有权的商品，但并不允许银行在未交割前将商品出售，这样银行应该一直等到商品实际交割之后将其出售收回投资获取利润。从银行财务的角度看，这并不是理想的情形，因为如果到期交割时，该商品的市场价格高于交割价格，则银行可以收回投资并获取相应的利润；但如果该商品的市场价格低于交割价格，则银行可能亏损。因此在 Salam 结构中，银行可能面临商品市场价格波动带来的风险。由此，

如果银行并不想将自己的资金投入到一个特定的时期中，银行可以与第三方进行一项背对背 Salam，以此来降低自己所面临的价格风险。Salam 的基本结构如图 5-4-1 所示。

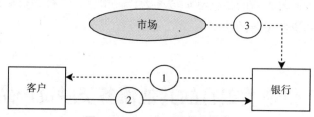

图 5-4-1　Salam 的基本结构

注："1"表示客户将商品 X 以远期交割的方式出售给银行并在即期获得价格 P；"2"表示在时期 t（合约到期），客户将商品 X 交割给银行；"3"表示银行在时期 t 或随后的时期中在市场上出售商品 X，实现收入 S，S 与 P 之间的差额即是银行的利润。

在背对背 Salam 中，银行在即期支付货款后可以与第三方再签订一个 Salam 合约，以远期交割的方式出售商品并且在即期获得支付。这样，无论将来商品价格如何变动，都不会对银行产生影响。背对背 Salam 的基本结构如图 5-4-2 所示。

图 5-4-2　背对背 Salam 的基本结构

注："1"表示客户将商品 X 以远期交割的方式出售给银行并在即期获得价格 P；"2"表示银行将商品 X 以远期交割的方式出售给客户 2 并在即期获得价格 S；"3"表示在时期 t（合约到期），客户将商品 X 交割给银行；"4"表示在时期 t 银行将商品交割给客户 2。

银行除了可以进行背对背 Salam 交易来降低价格风险外，还可以采用另外一种方式减少由于价格波动而给自己带来的价格风险。如果有一个第三方交易者单方面承诺在时期 t 即合约到期时以在时期 0 确定的价格 S_0 购买商品，则银行不必参与市场交易，也使银行免于价格风险的影响。参与进来的第三方可能是银行客户所生产产品的潜在消费者，并受到自己做出的单方面承诺的约束。一旦因承诺而产生的权利被转移至银行，银行将扮演卖者的角色在时期 t 将商品出售给第三方消费者。银行就可以在不参与商品市场交易的情况下获得较高的预期收益。第三方消费者参与的 Salam 的结构如图 5-4-3 所示。

为了保证 Salam 合约能够在不存在不确定性的情况下发挥融资功能，在伊斯兰银行实践中要求销售的商品必须是市场上可以随时获得的可自由交易的商品，也就是说这些商品要有一个庞大的现货市场，同时这些商品的品质、数量等应

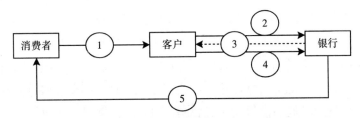

图 5-4-3 第三方消费者参与的 Salam 的结构

注："1"表示消费者在时期 0 对客户做出单方面承诺，以价格 S_0 购买商品 X；"2"表示客户将出售商品的权利转由银行取代；"3"表示客户以远期交割的方式在时期 0 将商品 X 出售给银行；"4"表示在时期 t 客户将商品交割给银行；"5"表示在时期 t，银行行使权利以价格 S 将商品 X 出售给消费者。

该能够明确确定下来，但是对于有些商品来说并非如此，比如说一幢建筑物、一块土地或一套专用的机器设备等，这些商品具有一些特殊的属性和特征，如这些资产具有专用性特征或其质量难以准确评价等，不能成为 Salam 的融资对象。因为就 Salam 合约的标的物来讲，它不能有特殊的属性和特征，否则会给交易各方对其进行适当调换增加困难，甚至使合约变得无法实施。

Salam 合约虽然是一个远期交割合约，但是对交易双方都具有约束力。如果卖方在约定的时间内没有备好合约规定的商品，那么卖方必须在市场上购买此商品以完成交割。按照另一类教法学家的意见，即使是特别的商品也可以通过 Salam 合约进行交易。最关键的是对于 Salam 合约中交易的商品必须明确地描述清楚决定其价格的全部因素，并且客户在一开始就必须通过银行付清全部货款。

除此之外，Salam 合约在出口融资中也能发挥作用。出口的商品以低于信用证上明确规定的价格出售。这种操作方法对于银行而言与经济活动中的贴现相同。这种融资也被称为装船前融资。其操作过程可以描述如下：

（1）银行以客户的名义接受出口信用证，信用证应足够支付特定的商品的货款；客户将信用证的留置权置于银行之下，这样就允许银行扮演对国外买家出售货物的角色。

（2）为了满足信用证的要求，银行同意以 Salam 合约的形式从其客户处购买商品并立即支付货款给客户。按照这一目的设计的 Salam 合约应包括具体的货物交割时间和地点。交割日期应该在信用证规定的最后装船日期之前的一个合理时间。

（3）关于交割地点，可以是信用证中规定的目的港。客户按照信用证规定的条件提交了装船文件可以视同满足了交割条件。

（4）由客户和银行商定的支付给客户的金额低于出口信用证的金额，差额是银行的利润。

Salam 交易至今仍处在边缘的地位，主要被用于农业生产以及小企业的融资需求中。很明显，制约 Salam 交易进一步发展的障碍是，银行承担了继续销售货物的价格风险。在交易的基本模式中，客户在一开始就按未来固定的价格把货物卖给银行，银行相应地把货款计入客户的贷方。在合约到期时银行以高于买入成本的价格在市场上将商品出售以获取利润，但要承担价格变动的风险。

由上面的讨论可以知道，银行可以借助于平行或背对背 Salam 来减轻自己面临的价格风险，但在实践中，这种背对背 Salam 的转化是异常困难的，因为银行必须找到第二家买主，这个买主正好急需客户按期交付的商品，也正好在相应的时点上需要这种商品，并且愿意付出高于银行买入时的价格购买，在现实中，这些条件的满足只能是一种巧合而并非必然。

到目前为止，Salam 对于购置生产设备的融资有多大潜力仍不十分清楚。如果说在典型的购买合约业务中能得到融资的只是部分流通的财产，那么 Salam 的融资范围就暗中包含了工资、分期付款的资金、租金等。否则由于伊斯兰教法的限制，将只能允许对通过自有资本产生的流动成本进行融资，或者是在不受欢迎的 Tawarruq 对企业的现金状况产生直接影响的情况下进行融资。

二、生产销售融资 ［Manufacture-sale（Istisna）Facility］

Istisna 是一个生产合约，被称为订单销售或生产销售。它指的是对一种特殊的根据合同规定的生产活动进行的融资行为。在教法史上，除了哈乃斐学派外，大部分沙里亚学者都将 Istisna 视为 Salam 合约的一种特殊形式。在这一交易中，客户求助于伊斯兰银行，因为它急需某种商品，但该商品还未生产，所以不能直接付款。在与客户缔结了一份 Istisna 合约以后，银行通常会委托一家生产商按照客户的具体要求生产他所需要的商品。除了定金之外，厂家还随着生产进度定期获得银行的分期付款，直到商品制造完成，货款付讫。接下来商品交付给银行然后再转让给客户，中间步骤多数只是法律手续问题。最后客户以每月分期付款的形式付给银行的金额等于货款金额加上银行的盈利。在签订合同时既没有商品交换，也没有货币的支付。在实践中，Istisna 交易既可以用于针对私人和企业的房贷，也可以用于生产资料（比如机器、船舶、运输汽车）以及基础设施项目的融资。这种合约形式如今已经被广泛接受，然而在伊斯兰教法史上，一直到很晚才被沙里亚学者列入合法的合约形式之中。哈乃斐学派的传统立场是，这样的合约不具有约束力，因为买者还没有见过此商品。从纯技术的角度看，这里所描述的交易是一种平行 Istisna。银行与客户签订了 Istisna 合约，这样一来，银行就具有了卖方的身份特征。这里有一个前提：客户必须在 Istisna 委托书里向银行详细描述自己对所需商品的具体要求，并明确指定他准备为此商品付出的价格。之后银行计算出为从事该商品的生产所需要的支出加上银行自己的盈利作为与候选生产商谈判的基础。一旦确定了生产商和生产该商品的价格，将来银行向生产商支付的货款也随之确定下来。在 Istisna 合约中，银行取得了卖方的地位后，必须在特定的时间、地点向客户交割商品。

与此同时，银行与所选择产品的生产商再签订一份 Istisna 合约，即所谓的平行 Istisna，其基本结构如图 5-4-4 所示。在这份合约中银行声明自己的要求，即对方必须按照客户所要求的商品明细生产该商品，并约定交货日期，该合约内容必须与之前一份 Istisna 合约的内容完全一致。生产商的义务是按照确定好的价格和日期交货。合约到期时，银行通常会授权卖方，将商品直接交付客户，同时客户也必须确认生产的商品与他的要求相符。

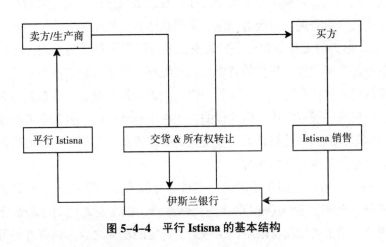

图 5-4-4　平行 Istisna 的基本结构

Istisna 交易中所可能出现的最大风险是生产出来的商品不符合客户的具体要求。为了降低这一风险，在多数情况下都必须对不遵守合约约定的条件以及交货和付款日期的违约处罚做出明确的规定。在大型基础设施项目或房地产项目中，伊斯兰银行通常让客户作为自己的代理人，以便能够持续监督生产进度，一旦发现商品生产中出现与自己的要求或意愿不相符的情况，就可以立即进行干预。如果从付款条件和交货条件的角度看，Istisna 融资属于伊斯兰金融业中最灵活的融资方式，因为它给予双方当事人在合约构思和谈判方面很大的回转空间。

三、慈善贷款〔Benevolance Loan，Qard〕

从伊斯兰道德教义视角看，最好的融资方式莫过于所谓的"Qard"或"Qard Hassan"，若按字面意思直接翻译过来就是"慈善贷款"。Qard 是一种无获利目的的融资形式，相当于不求利润的贷款。Qard 的特殊意义体现在私人领域。一个大家族或者一个团体的成员将钱交付给一个名为"Sandauq"的储蓄银行，由该银行向困难家庭的成员提供无息贷款服务。

伊斯兰银行首先在吸收存款的业务中通过 Qard 吸收资金，同时，伊斯兰银行在将储蓄资金用于贷款的时候必须严格遵守出于储蓄目的而产生的额外约束，即只有在符合伊斯兰理念的基础上，储蓄资金才能供银行使用。客户给银行提供了无利息贷款的资金，银行再将之用于贷款发放。

在实践中，Qard 技术同样也可以用于信贷业务以解决短期的流动资金短缺问题，当然借款人必须确保本金安全偿还。在马来西亚的伊斯兰银行中，这一技术或业务形式非常普遍。只要客户能够提供保障资金安全的凭证，银行就会向客户提供 Qard 形式的无息贷款。一般来说，客户以提供黄金的形式向银行提供资金安全的保障，但向银行提供的黄金虽具有抵押的性质，但黄金并不是贷款的抵押物，而仅仅是将黄金交由银行保管。伊斯兰银行保管黄金，收取保管费，该费用属于管理信贷的成本费用。但这样的技术在中东地区由于教法学者的反对却并未能付诸实施，原因是他们认为资金安全的管理费具有类似于利息的特征，这与伊斯兰教禁息的基本原则相违背。

Qard 技术的另一个用途是伊斯兰银行为存款者在伊斯兰银行的储蓄借贷行为进行积分。当储蓄者以 Qard 形式进行储蓄时，根据储蓄的期限和金额，计算一定的积分，储蓄期限没有限制，在达到了一定的积分之后，储蓄者就可以自动获得该伊斯兰银行的 Qard 贷款的权限。在这种情况下伊斯兰银行要为自己的劳动收取一定的管理费，该管理费与储蓄者存入的金额和期限没有关系，完全是银行管理该项业务的费用。虽然此种模式还未在伊斯兰金融界实施，但它在结构上符合沙里亚在合作社模式上做出的规定，因而获得许可。这种模式虽然在大的伊斯兰银行中并未付诸实施，但在一些小型的伊斯兰金融机构却成功进行了实践。这些少数的事例可以被用来证明无息银行的运营动力。比如在瑞典，一家具有合作社执照、以此种模式来运作的银行吸收其成员的储蓄金，然后将这些储蓄金又作为贷款发放给其成员。拥有 1 万欧元储蓄金的储户每月被计入一定的积分，如果该储户获取了 1 万欧元的贷款，那么这些积分也就消耗尽了，同时储户之间的积分也可以转让。银行自己的成本通过三种形式的收入来进行补偿，除最重要的贷款费之外，还有储户每年缴纳的一定的会员费，再有就是来自于流动资金基金的无息收益。

最近几年在伊斯兰金融业的发展中，特别是东南亚和南亚地区的伊斯兰金融业发展中，出现了许多虽然禁止但颇具争议的伊斯兰金融产品。同时这些产品也是人们激烈争论的话题。因为这些产品被认为是为利息支付大开方便之门，还有一些其他的被允许使用的产品也只是在形式上而不是实质上符合教法的规定。在教法的文献中，这些产品以合法策略的案例被记录下来。这些产品主要有回购（Bai-al-einah）、票据贴现和财务代理、三方销售等。

四、回购（Bai-al-einah）

回购是所有这些产品中第一个也是在南亚一些国家非常流行的一个伊斯兰银行产品。在 Murabaha 中，如果卖主的身份与客户是同一人，则 Murabaha 可以转换成 Bai-al-einah，这时银行以即期付款的方式向客户购买商品，同时再向客户用成本加成的价格以延期付款的方式回售商品。其交易结构如图 5-4-5 所示。

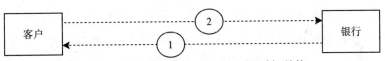

图 5-4-5　基本的 Bai-al-einah（回购）结构

注："1"表示客户需要数额为 C 的资金并向银行以现金的方式出售价格为 C 的商品。然后客户再以价格 C + I 向银行买回商品。"2"表示到期时客户向银行支付 C + I。

在这一机制中，相当于银行向客户提供了一笔授信，本金是客户向银行销售商品的价格，比如 C，而客户回购商品时的价格则还包括了一个加成，如 I，到期客户支付的数额会高于商品的成本，即 I，而 I 是以成本加成率的形式计算的，成本加成的利润率与在传统金融中的利息难以区分。甚至更有人指出，在上述的结构中，其实只是一个创造贷款的过程而根本没有实际的商品销售，也没有商品从客户转移至银行或从银行转移至客户，客户取得的资金与传统银行中的贷款交易几乎是一样的，银行所获得的利润与传统银行中的利息也颇为相似。有人更进一步指出，在 Bai-al-einah 交易下，商品的市场价格可以和有效的贷款数量之间甚至不具有任何关系。因此在 Bai-al-einah 下的商品销售并不是真正的商品交易，仅仅是为银行贷款而创造或虚构出来的一笔交易。价值 C 或者 C+I 和商品的价格——现金或者延期交割的商品完全没有关系；相反，在 Bai-al-einah 中现金的数量 C 可能正好是客户想向银行借款的数量，客户延期支付的回购款正好是贷款本金加上利息。

在南亚国家的伊斯兰银行中已经自由地使用 Bai-al-einah 来为企业提供融资服务。这种机制也允许银行将其扩展到一个和传统银行贷款十分相似的程度而没有任何限制。更有意思的是，这种机制其实允许客户完全不拥有任何资产，银行可以用一块地为基础发放没有限制、没有约束的贷款。并且当 BBA-bai-al-einah 机制的金额可以随时间而变化而不参考任何基础资产公允的市场价格的话，就和传统金融中的复利的效果完全一样。毫无疑问，这已经和传统银行的信贷完全没有区别了。

五、Bai-al-einah 信用卡

在 Bai-al-einah 机制中，给予银行在融资期限和数额上完全的灵活性，使银行可以利用这一机制设计一个与传统银行中信用卡功能相同的伊斯兰信用卡。客户在刷卡消费时，相当于客户将一块土地出售给银行，刷卡金额等于银行购买土地的价格。而信用卡应付款到期时，客户再以一次或分期付款的方式将土地回购回来，以完成对信用卡应付款的偿还。这里有个很有意思的问题：银行如何能够用同一块土地反复与不同的客户进行重复的购买和销售呢？这也自然引出了其他的一系列问题：银行拥有的土地资产组合的规模到底应该有多大？土地销售的价格和公允的市场价格之间以及客户信用卡的授额度之间有关系吗？信用卡的分期付款额和其他的应付款与土地交易的款项之间有关系吗？甚至这个土地出售交易真的存在吗？更进一步，是否真的会有这样一块土地存在？这些都是值得讨论的问题。

六、票据贴现与财务代理（Bai-al-dayn）

票据贴现在传统商业银行中十分普遍。票据最初与商品的购买和销售有关。在商品交易中，卖方开出票据（当然也可以由买方开出，经自己或经由银行承兑）要求买方在到期日支付购买商品的款项，买方收到票据后要么由自己进行承兑，要么由银行承兑。经承兑后的票据就变成了可以在市场上流通的金融工具。由买方自己承兑的票据被称为商业承兑汇票，由银行承兑的票据被称为银行承兑汇票。票据经承兑后交由卖方，在到期时作为收款的凭证。一般情况下由于银行的信用高于普通工商企业的信用，所以市场上通行和流通的票据大多数是银行承兑汇票。卖方拥有票据就成为票据持有人，他可以有三种选择：一是持有票据到

期然后找银行收款，从银行收取的款项包括商品本身的价格和其中隐含的利息，在这种情况下实际上相当于卖方向买方提供了一笔商业信用，票面金额相当于借款的本金与利息之和；二是将票据以背书转让的形式转让给其他人，其他人可以是票据持有人的债权人或完全无任何关系，这也是票据转让的无因性；三是可以持有未到期的银行承兑汇票到银行申请贴现。贴现金额一般低于票面金额，其大小主要取决于利率和贴现日至到期日的时间。当银行从事票据贴现业务时实际上以收取利息为基础向客户提供了一笔贷款。所以主流的伊斯兰学者坚持认为债务的销售转移应该以平价的方式进行，否则就可能涉及利息。这就意味着当银行从票据持有人手中购买债务工具时并没有权利做任何折扣，如果不允许在购买金额和到期应收取的金额之间有任何差异的话，则利息之门也随之关闭。尽管教法层面的裁定明确反对这一交易，但伊斯兰银行还是提供了票据贴现的服务和产品。它们本质上是将债务视同为与其他实物资产相同的可以一个交易价格成交的资产。

贴现额 N 与汇票的票面金额 M 之间的差额 M-N 表面上看是银行的利润，但本质上却是利息。票据贴现的结构如图 5-4-6 所示。

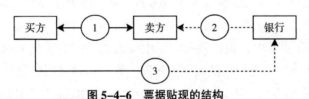

图 5-4-6 票据贴现的结构

注："1"表示卖方开立一张汇票给消费者（买方），在将来时间 t 到期，到期的票面金额为 M，买方由自己或申请由银行承兑，并将承兑后的汇票交给卖方；"2"表示卖方将汇票以一个贴现价格 N 将汇票出售给银行；"3"表示到期时银行向消费者（买方）提示付款，收到票面金额 M（银行也可以在到期前将汇票再贴现出去，但收到的贴现额仍低于汇票的票面金额）。

另一个与票据贴现非常相似的伊斯兰银行产品是 Bai-al-dayn，或财务代理。在这一机制中，企业将经过挑选的应收账款转让给银行并将应收账款的收账权委托给银行，基于这些应收账款，银行为企业提供融资，银行可以为自己收取应收账款收取一定的费用，但这仅仅是银行提供应收账款回收服务收取的服务费用，而并非银行为提供融资收取的利息。从这一点看似乎不存在利息的嫌疑，但银行费用收取的方式很可疑，因为企业将应收账款转让给银行时所获得的融资额低于应收账款的账面金额，差额则是银行的利润或企业为此项服务支付的费用，这本质上与票据贴现并没有什么不同。这一融资形式也与传统商业银行开展的应收账款融资完全一样。

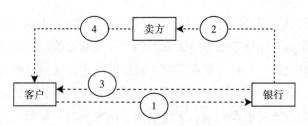

图 5-4-7 Tawarruq（三方销售）的结构

注："1"表示客户向银行提出具体的资金需求；"2"表示银行从卖方手中购买商品 X 并支付价款，总价值为 P，正好等于客户的资金需要量；"3"表示银行将商品 X 以延期付款的方式出售给客户，价格为 P+I；"4"表示银行以客户代理人的身份再将商品 X 以价格 P* 回售给卖方。

七、三方销售（Tripartite Sale/Tawarruq）

Tawarruq 是另一个被经常引用符合伊斯兰教法的融资产品的经典例子，同时也在特定条件下得到了主流教法学者的认可。Tawarruq 由于将两个单独的买者和卖者结合在一起而成为一种融资方式。如某一个人需要一笔资金从卖者手中以延期支付的形式购买商品，然后再在市场上以现金销售的形式出售商品以获得可用资金。这在教法上被认为是合法的，因为参与其中的个体并不是真正地想购买或出售商品，他们从事购买和销售交易的真正目的是为了获得资金。

在 Tawarruq 交易中，银行从卖方手中买入商品时的价格 P 和再出售给卖方的价格 P* 可能由于市场价格的波动而不同，客户最终获得的资金为 P*，一个接近于其资金需求的数量，中间的差额是两项业务活动所实现的时间上的差额。

八、Bay-al-einah 和 Tawarruq 应用中的问题

Bay-al-einah 和 Tawarruq 是两种模仿传统银行产品而发展起来的伊斯兰金融产品。这两种形式与传统借贷的区别主要是从理论和法律视角得出的。在 Bay-al-einah 下，与传统银行的回购交易完全相同，只是回购的标的不同。在 Bay-al-einah 下回购的标的是符合伊斯兰教法规定的普通商品，而在传统银行的回购交易中，回购的标的一般为债券，既有政府债券，也有公司债券，回购方以债券做质押，融入资金，逆回购方购入证券融入资金，到期后再做相反的交易偿还借款归还债券。在最初的回购交易中，还有具体的债券作为回购的标的物，到后来因为债券质押会影响现券的流动性，所以完全可以不用具体的债券，而单纯地变为一种融资工具。在 Bay-al-einah 中，最后也可以没有任何实际商品而完全变为一种融资技术。但是 Tawarruq 与 Bay-al-einah 不同，它所涉及的合同不是两个，

而是三个。银行从卖方买入商品销售给客户，客户先以延期付款的方式销售给银行，而银行则再将该商品销售给原卖方，以实现客户的融资需求。在这里，原来商品的卖方实际上可以是虚构出来的，交易的商品也以贵金属或土地为对象，在实践中这种交易通常由金融交易所与那里销售的金银一起操作。

这两种交易形式的问题在于，它们都建立在两个销售合同的基础之上，单独地看，两份合同都是有效的，但是结合起来考察，在伊斯兰教法学者眼中却大有问题。从马立克和罕百里两大教法学派的视角看，Bay-al-einah 融资技术是无效的，哈乃斐学派也认为该技术存在很大问题，只有沙斐仪学派认可该技术，因为从前面章节中对四大教法学派关于利息的讨论中知道，在对两份销售合约结合成一份合约的问题的态度上，沙斐仪学派并不关心交易背后的动机，而只关心作为交易基础的两份合约的有效性。伊斯兰教法学者曾花费很大的精力讨论过 Tawarruq 结构是否允许的问题，因此该合约纯粹的商业贸易业务的可能性还是基本上存在的。这一许可的态度被一些伊斯兰银行充分加以利用，它们积极地张罗 Tawarruq 的业务活动，因为业务中含有类似于利息的盈利，从而遭到了位于麦加的世界穆斯林联盟的抵制。伊斯兰会议组织（OIC，成员为穆斯林国家）法学院于 2009 年将有组织的 Tawarruq 宣布为非法 [179 号决议（19/5）]。伊斯兰金融服务商的教法委员会从此不得不认真权衡，以判断他们出于不得已的 Tawarruq 究竟是合法还是非法。因为这种不得已的原因可能是由客户方面的原因造成的，也可能是伊斯兰金融机构中临时出现的。

伊斯兰金融机构会计和审计组织在一份关于 Tawarruq 的沙里亚标准设计草案中，罗列了一系列程序步骤，最后指出，Tawarruq 在伊斯兰金融机构中绝不能成为投资或融资的主要技术。然而这个目标还远未实现，像这种类型的有所规避的业务，经常是伊斯兰金融机构业务行为的重点。伊斯兰金融服务业从业者经常听到这样的批评，说他们只是在模仿传统的银行交易，因为他们用相当于经济利息的附加值取代了正式公开的利息率。

第六章　伊斯兰保险业

第一节　概述

《牛津辞典》将保险定义为"保险公司提供的一份协议，由个人或机构向保险公司提前支付一系列费用（保险费），保险公司则根据协议规定，对投保的个人或机构可能发生的损失、损坏或伤害进行赔偿"。从法律上讲，保险是指一份特殊的合同，投保人根据合同约定向另一方（即承保人）支付特定金额的保险费，而承保人则同意当投保人在未来发生合同中约定的特定损失时，对这些损失给予赔偿或补偿。

传统的保险是一种风险分担安排，也就是说，参与这一安排的人们同意，如果他们中的某个人遭受了损失，则其他人会对他的损失做出赔偿。用作赔偿的资金是由这一群体共同筹集的，每个参与者都贡献了一定的金额，这样就是由没有发生损失的人承担了某个人遭受的损失。由此可见，保险是一种个人或机构转移纯粹风险的经济机制，经济单位可以选择其愿意承担的风险而将其不愿承担的风险转移出去，并支付一定的费用（保险费）。

保险转移的风险主要是纯粹风险而不是投机风险。纯粹风险与投机风险不同，纯粹风险只会造成损失或者没有损失，但不可能有收益，也就是不可能由于纯粹风险的发生而使经济主体由此获益。纯粹风险是经济主体在从事经济活动或在日常生活中无法避免也无法控制的风险，如交通意外、火灾、货物在运输过程中的灭失等。与此相反，投机风险意味着事件发生结果的不确定性，即可能获得收益，也可能造成损失。

一、传统保险的起源

英文中的"保险"一词是在 1651 年首次被使用的。保险的意思是在缴纳保费的基础上，为生命和财产提供赔偿保证的行为或系统。通过支付保费来为损失提供保险的做法则始于 1635 年，不过当时只为财产损失提供保险，人的生命还不属于投保范围。"保险"一词来自"Insure"或"Ensuren"，这两个词源自法语的"Enseurer"，意为"说服"或"起誓"。在 1376 年以后，人们开始使用"Insuren"或"Ensuren"来表示"同意"或"提供保证"（Barnhart, 1988）。当今传统的保险体系大体上可以分为个人保险和社会保险两种类型。个人保险是面向个人提供的自愿性保险方案，用来为个人的灾难或损失提供保险。尽管政府有时也会提供个人保险，但大多时候个人保险都是由私人保险公司提供的。从保险公司与个人签订的合同或协议来看，这种类型的保险的主要特点就是投保人自愿参保以及风险的转移。与个人保险不同，社会保险的赔偿金一般是由法律规定的，其重点是为了促进社会效率。例如，马来西亚的社会保险公司（SOCOSO）与美国的社会保障系统（Social Security System）就是社会保险的两个例子。

个人保险可以分为人寿保险和财产保险两类。人寿保险主要涵盖与人的生命与健康有关的损失，财产保险主要包括财产遭受灾难时的损失。早在公元前 2500 年左右，埃及社会就已经有了一种类似于互助和责任分享理念的保险方法。在这种方法下，每个社会成员都要贡献一定的资金来帮助穷人，包括为穷人筹集殡葬费用，或者为患重病的穷人支付医疗费用等。后来古希腊人和罗马人也采用了这种观念。

财产保险的基本概念是在公元前 3000 年左右诞生的（Vaughan 和 Vaughan, 1999）。这一时期的中国商人在运输货物的时候就采取了风险均摊的方式。在途经湍急凶险的河流时，商人们会将货物分散放置于许多条船上，将船只倾覆造成的风险降至最低。这样一来，如果不幸翻船，损失也不至于过于集中，同时这些损失由许多商人共同承担，这样不仅降低、分散了风险，而且风险也变得可控了。

公元前 1800 年左右的古巴比伦《汉谟拉比法典》也记载了风险转移的观念。根据该法典，假设一名商人向他人借了一笔贷款用来采购货物，如果他想在货物被偷时取消贷款，就需要额外付给贷款人一笔费用。腓尼基人和古希腊人也在他们的海上商业中使用了类似的系统。借款人在贷款时，可以选择向放款人支付一笔高额利息，以换取放款人的保证，即如果货船沉没或被盗，贷款就一笔勾销。如果用船舶进行抵押，这种合同就被称为"船舶抵押合同"；如果用货物进行抵押，这种合同就被称为"船货抵押合同"。

海上保险是第一种现代意义上的保险，这种保险始于 13 世纪的意大利，后来被推广到整个欧洲，然后又传到英国。这种保险与船舶抵押合同的不同之处在于船舶抵押合同总是与贷款联系在一起的，而海上保险则涉及自由贸易。想要投保海上保险的船主或商人首先要将船舶的名称、船上所载的货物、目的地以及其他重要信息写在一张纸上，对公众进行告示。这张纸上还会写明风险的种类和赔偿金额以及合同的其他条款，愿意承担风险的一方签下自己的名字。这种在文字下方签名的做法叫作"Writing Under"，因此保险公司或承保人叫作"Underwriter"。

现代的火灾保险（以下简称火险）诞生于 1591 年的德国。不过 1666 年的伦敦大火早已彰显了建立火灾保险的迫切需求，这场大火也成了建立和推动火险发展的主要因素。大火过后，一位名叫尼古拉斯·巴蓬的医生参与了伦敦的重建工作，他在伦敦开办了一间办公室，为房产和建筑提供保险。意外保险据说诞生于 1848 年，当时英国国会批准了一家保险公司的建立，这家保险公司专门为火车乘客提供保险。

人寿保险始于 1536 年 6 月 18 日，这一天，伦敦的一群担保人和一个男人签署了一份人寿保险单，价值 400 英镑。这个男人在保险期内死亡，担保人按照协议如数支付了赔偿金。世界上的第一家人寿保险公司于 1699 年在伦敦成立，名为英国孤寡保险社（The Society for the Assurance of Widows and Orphans）。

由以上对传统保险发展的讨论中我们可以看到，传统保险的运作过程具有以下几个方面的内容：

一是确认可保风险。传统保险公司只承保纯粹风险，不承保投机性风险，更进一步讲，私人保险公司只承保单个客户无法承担的风险。保险公司为了考虑风险的可保性，可保风险造成的风险损失必须满足一定的标准：①必须具有大量的同质风险单位以便能够根据大数法则对损失的发生进行预测；②损失的发生必须源于意外，这样大数法则才能建立在随机事件的基础上；③损失发生的环境必须易于辨认；④损失概率必须可以计算；⑤损失对于保险人不应该是毁灭性的；⑥保险公司确定的保险费率必须具有经济性。

二是估计预期损失。对于保险公司来讲，实际赔偿的损失接近于预期损失是非常重要的。保险人制定的保险费率必须在满足赔付需要和管理费用的支付外还要盈利。因此，保险公司发展起来用于估计损失的保险精算技术，也使得损失的估计更为精确和科学。

三是投资收益。在制定保险费率时，保险人也会考虑保险费投资的预期收益。如果预期未来的投资收益提高，则可以适当降低保险费率；反之则可以适当提高。

二、对传统保险的伊斯兰视角评价

通过前面的讨论我们知道，伊斯兰银行体系之所以建立起来，是由于传统的银行体系中存在利息因素。也正是由于同样的理由，穆斯林们不能运用传统的保险体系来进行交易，因为传统保险也包含利息、不确定性和赌博这三个违反伊斯兰教义的因素。不确定性（Gharar）因素存在于人身保险和一般保险业务中，也是这类合同的主要特征。在伊斯兰教看来，合约必须明确和确定，也就是不包含不确定性。传统保险之所以会出现不确定性，是由于在签订保险合同时，赔偿的金额和具体时间无法确定，这也就是我们常说的保险合同是一种射幸合同。例如，在传统保险中，投保人同意向一家保险公司支付保险费，而保险公司则承诺在投保人发生损失和灾难时进行赔偿。但投保人并没有被告知赔偿方式、赔偿金的来源和所赔偿的金额。而在伊斯兰保险观念下，合同各方必须明确知道他们需要缴纳多少保险费、应收到多少赔偿金。例如，如果投保人在有资格获得解约退还金之前终止了合同，那么投保人就会失去他们的保费。对于一般险的保险人来说也是如此，如果投保人在短期内取消保单，那么保险公司将处于有利地位。

赌博是不确定性概念的延伸。例如，一个人买了一份人身保险，希望在自己死亡时，他的家人或受益人可以收到一定金额的赔偿。不过，事实上他们并不知道这笔钱的来源，也不知道家人或受益人如何能拿到这笔钱。此外，传统保险市场还存在利息因素，这是由于保险公司保证对投保人缴纳的保费支付一定金额的赔偿金。

由于传统保险存在上述受到伊斯兰教教义禁止的因素，因而穆斯林（尤其是参与商业活动的穆斯林团体）迫切需要一个符合伊斯兰教义的保险体系，来为各种不可预见的灾难造成损失提供保险。穆斯林学者认为，这种互助和合作的保险观念事实上是受伊斯兰教鼓励的。这种观念成为实施伊斯兰保险观念的基础，而所谓的伊斯兰保险（Takaful）观念则是由集体责任、联合和互利等核心因素构成的。

（一）赌博

赌博在伊斯兰中被明确禁止。就保险公司获取利润而言，人们认为保险公司或保险人其实是对未来可能发生的事件与被保险人打赌。但实际上，在保险业中所谓的"打赌"是运用统计学方法和概率分布等科学方法进行的，而不是在改变事件发生的条件。虽然现在的一些赌博也是建立在一些科学原理的基础之上，但是保险与赌博之间仍然存在十分明显的区别。

首先，赌博是一种零和博弈，赌局参与者一方的盈利是另一方的亏损，这必然带来潜在的冲突和社会的不和谐，甚至会使参与人财务崩溃。与这相反的是，在保险中，无论是投保人还是保险人，他们都不希望未来有不确定事件发生。其次，赌博会产生风险但不能提供与风险相对应的经济利润的预期。参与赌博是有风险的，因为参与者可能血本无归，或者说其可能的收益相对于其期望收益会有很大的波动，但其实赌博的期望收益为零，即收益与风险并不匹配。对于保险来讲，由于保险会在所有投保人中间提供一种风险分担机制，从而有利于企业生产和社会财富的创造。最后，富裕的人将赌博作为一种娱乐，因此是娱乐业的一种，而保险为企业提供风险分担，是一种生产性服务业，而不是和赌博一样是完全的消费性服务业。因此，保险与赌博是两种完全不同的事物，这也正是赌博在伊斯兰教中被严厉禁止而保险却合法的原因所在。

传统保险力图通过可保利益在赌博和保险之间划出一条界线，即要求投保人必须对保险标的具有可保利益，以防止投保人利用保险获取不当利益，损害他人利益。在伊斯兰保险中，赌博的范围比传统保险更宽，它包括了所有使自己获益而使其他人受损的行为，即非公平地获取财富。根据现代伊斯兰学者的观点，以股份公司组织的保险公司中非公平致富的情形更加突出。因为在股份公司中，公司的股东是公司的所有者，其目标就是最大化其财富，在保险公司中就是最大化其保险剩余。非公平致富的情形只有在互助保险公司中才能得到解决。在互助保险公司中，投保人自己拥有公司，虽然仍存在非公平致富的情形，但相比之下较股份公司形式的保险公司减轻了很多。

（二）不确定性

在伊斯兰金融中，所有的交易都不能存在不确定性。交易中不确定性的存在实际上是缺乏知识或充分准确的信息而造成的。这种情况在保险中表现得更为突出。在投保时，由于信息不对称，保险人并不知道投保人保险标的的具体信息，如财产的完好程度、身体的健康状况等，这时保险标的更易损失或身体健康状况更差的投保人更倾向于投保，这就是在保险合约签订之前出现的逆向选择。在保险合约签订以后，由于投保人意识到投保以后一旦发生保险事故，保险公司会负责赔偿，就可能会对保险标的的保管并不十分尽责，也就是在保险合约签订以后，投保人可能改变自己的行为从而损害保险人的利益，出现道德危害。这就是由于信息不对称产生的两种不良后果。除此之外，对于投保人来说，在投保时并不知道保险事故是否发生，何时发生；对于保险人来说，一旦保险事故发生，保险人也不知道保险事故发生的规模。为了避免在保险事故发生后由于赔偿金额的不确定造成不必要的纠纷，在传统保险中，一般会约定保险金额，保险人的责任以保险金额为限，投保人获取的补偿也以此为限。

在伊斯兰保险中，主流的观点是认为保险也是一项销售，投保人缴纳保险费购买保险服务，而保险人出售保险服务，或者说投保人购买了针对损失可能性的保险或是"内心的平静"。

（三）利息

在保险中，如果投保人期望获得一个多于自己投资额预先确定的一个金额，这明显与伊斯兰教禁止利息的基本原则相矛盾。避免利息的一个通常的做法是利润共享而不是一个固定的利息。保险人投资于以利息为基础的工具所获得的收入并不影响保险合约本身，但投资本身也需要符合伊斯兰教原则。

保险合法性的争论在伊斯兰学者中间持续了很长一段时间，直到 1976 年在麦加召开的第一届国际伊斯兰经济学会议上才达成了一致，最终认为保险盈利违背伊斯兰教原则。穆斯林世界联盟教法委员会裁定支持合作保险为保险的合法形式。合作保险是指参与保险的个体每人提供一笔资金，成立一个商业组织（合作保险公司），一旦组织中的任何人遭受意外损失，由组织提供的资金对其进行补偿。这种组织形式不会存在盈利。在合作保险运作一定时期以后，如果有多余的可用资金，则可以将多余的资金返还给参与者，返还的数额以当初每个参与者缴纳资金的比例确定。由以上讨论可以清楚地看出，在伊斯兰世界，反对保险的主要原因是认为保险会具有赌博发生的可能性而产生盈利。

（四）一些变通的方法

在伊斯兰金融中，只有保险是以互助保险或合作保险（Takaful）的形式来组织才合法有效。伊斯兰合作保险（Takaful Ta'awuni）与传统保险不同。传统保险认为保险是保险公司提供的一种保险保障，保险公司通过销售保险产品而出售这一保障，投保人通过购买保险产品而获得保险保障。伊斯兰合作保险并不认为保险是一种购买——销售合约；相反，它是一些具有共同利益的人为一些特定的灾害与不幸事件，通过共同提供资金而相互提供保护或保证的一种安排，这一安排体现了每一个参与者完全真诚和有意愿帮助这一集体中的其他人，这也是伊斯兰金融所遵循的合作、和谐等社会性原则在伊斯兰保险中的具体体现。从本质来看，Takaful 是一个在全体参与者之间以集体财产对参与者特定损失进行分担的具有团结性和责任性的概念。

Takaful 要求每一个参与者以捐赠的形式提供所需资金的一部分或一个特定的比例。在参与者面临意外损失时，用捐赠资金来对其所遭受的损失进行补偿。在合作保险组织运行一段时间后，对损失进行补偿后仍然剩余的资金返还给参与者，返还的数额以当初每个参与者捐赠的资金在总资金中的比例确定。在这一制度安排下，就不存在赌博或非公平致富的情形。从资金属于所有参与者这一事实看，这一实践也不存在以其他人的损失为代价而获取非预期收益的情形。进而，这一交易形式的运作公开透明，不存在与资金提供和支出或财务支持有关的不确定性。而且，保险是建立在互助与合作及责任分担基础上的，因此在伊斯兰金融系统中，保险是一种可接受的金融交易形式或交易技术。

三、传统保险与伊斯兰保险的区别

根据以上对传统保险的讨论、传统保险在伊斯兰视角的评价以及对伊斯兰保险的分析中，可以看出伊斯兰保险与传统保险存在以下几个方面的重要区别：

第一，传统保险与其他的商业活动一样都是以利润最大化或股东的回报最大化为目标。公司的所有权属于全体股东；与之相反，伊斯兰保险是建立在社会福利与相互提供保护动机的基础之上，保险经营活动本身并不盈利。保险人在伊斯兰保险中被称为合作保险经营者，它只接受一个公平的补偿，并不通过投资资金的回报或代理的费用来获益。合作保险的所有业务活动由全体保单持有人拥有，经营者（保险公司）仅仅是作为保单持有人的代理管理者而存在。

第二，在传统保险中，保险人的利润主要来自两个方面：一是保险人向投保人收取的保费扣除保险赔付之后的剩余；二是保险资金投资于金融市场所获得的投资收益。收益的分配由公司的管理层提出分配方案交公司股东会讨论通过后在全体股东之间进行分配，是一种管理行为。保险公司的股东和公司的投保人之间会存在一定的利益冲突。在伊斯兰保险中，Takaful 的经营者对剩余没有要求权，同时 Takaful 是一种合作保险合约，而不是一种盈利如何以及何时分配的管理性安排，在公司的管理者和保单持有人之间的利益冲突很少，因为本质上他们可能是同一人。

第三，在传统保险中，法律与监管基础是由国家人为设定的。在伊斯兰金融中，法律和监管的基础来自于伊斯兰教律法，或者说是伊斯兰教教义。在传统保险中，这一基础的表现形式是可保利益的权利完全属于投保人，即投保人在法律上必须对保险标的具有可保利益。但在伊斯兰保险中，这些是由伊斯兰内在的原则所决定，而不是人为决定的。

第四，从保险人的角度看，传统保险和伊斯兰保险对利润的追求不同。比如在传统保险中，投保人或保单持有人可以在保险标的原始成本或重置成本和修复之间进行选择，认为哪种偿付方式对己有利就选择哪种方式；在伊斯兰保险中，被保险人不能从保险中获利，因此只能在重置成本或重建成本中选择。

第五，在传统保险中，保险费的投资完全由保险人决定，与投保人无关，这样投资通常会有伊斯兰保险中禁止的利息成分在内。在伊斯兰保险中，互助保险合约明确规定了保费何时以及如何进行投资，以防止出现利息或其他禁止性的内容。

第二节　伊斯兰保险的发展及其基本原则

一、伊斯兰保险的历史与发展

伊斯兰保险又被称为穆斯林保险或伊斯兰合作保险（Takaful），因此在讨论伊斯兰保险时可能会同时用到伊斯兰保险、穆斯林保险或伊斯兰合作保险。从内涵上看，可以认为它们是同义语。伊斯兰保险是一个灾难预防体系，类似于传统保险体系所提供的灾难保护。由于传统保险体系不能为穆斯林提供服务，因此伊斯兰保险体系就成了替代选择。从本质上讲，伊斯兰保险是抚恤金概念的延伸。伊斯兰保险是穆斯林在传统保险不能为其提供服务时的一种替代的选择，它基于社会团结、合作的理念，共同补偿成员的损失和损害（Maysami 等，1997）[①]。

早在伊斯兰教创立之前，阿拉伯人就已经在实践这两种观念了。人们相信，赔偿和集体责任的观念是被伊斯兰教和先知所接受的。穆斯林学者和教法学家们认为，共同责任原则早已在伊斯兰教法体系中进行了实践。这个原则为伊斯兰保险的诞生奠定了基础。也有人相信，伊斯兰保险是在阿拉伯穆斯林将贸易扩展到

---

① Maysami R.C., Golriz H.and Hedayati H. Pragmatic Intrest-free Banking: Metamorphosis of the Iranian Financial System [J]. Journal of International Banking Law, 1997（12）：92-108.

印度、东南亚和其他亚洲国家的过程中诞生的。由于在大量的航行中难免遭遇天灾人祸，商人遭受重大损失，因此一些穆斯林商人同意共同筹集一笔资金，如果集体中的某个成员遭遇了灾难或抢劫，就用这笔资金赔偿他的损失。早期的伊斯兰保险的操作与古希腊的海运贷款十分相似。据说海运贷款是当代传统保险的基础。海运贷款是指船主可以借贷一笔资金，且只有当航程安全完成的时候，船主才需要偿还这笔贷款。这种贷款的利息很高，这是由于它不仅包括资本成本，还包括资本损失的风险。后来这种类型的保险交易稳步进行着实践，甚至在赛地纳奥马尔哈里发二世时变成了强制性的①。在14世纪到17世纪的苏菲派共济会中，这一保险活动十分活跃，特别是在印度马拉巴尔和中国的港口城市。该共济会与现代海上保险公司的功能相似。19世纪，哈乃斐学派的律师 Ibn Abidin（1784~1836）是第一位提出保险合约的含义、概念和法律主体的伊斯兰学者，同时他也是第一个从法律本质上而不是从消费实践的角度讨论保险这一术语的学者（Klingmuller，1969）。1906年，埃及的穆罕默德·巴奎特·穆法提本对保险进行了解释。20世纪，著名伊斯兰教法学家穆罕默德·阿布杜赫提出了两条基本的法规，一是保险交易与 Mudaraba 融资技术相同；二是保险交易的其他部分应该与捐赠或人寿保险相似，这都是合法的。这实际上奠定了后来将伊斯兰保险的主要业务分为盈利性和非盈利性的教法上的主要依据。因此，尽管传统的保险体系不被伊斯兰教所容许，但是伊斯兰教法学家并不反对保险的概念，原因是伊斯兰保险的核心原则是合作，而伊斯兰教完全鼓励合作。

随着大量伊斯兰银行的建立，伊斯兰保险机构也逐渐建立起来，为穆斯林提供保险服务。第一家伊斯兰保险公司于1979年成立于苏丹。这家保险公司1979年分配给股东的利润是按5%的比例分配的，1980年是8%，1981年是10%。就在这家伊斯兰保险公司成立的同年，阿拉伯保险公司（Arab Insurance Company）成立。1981年，国际伊斯兰金融总部（Dar al-Mal al-Islamic）在日内瓦成立。1983年，卢森堡伊斯兰穆斯林保险公司（Luxembourg Islamic Takaful Company）和巴林伊斯兰穆斯林保险公司（Bahrain Islamic Takaful Company）成立。就像伊斯兰银行一样，伊斯兰保险公司的经营也同时出现在伊斯兰国家和西方国家。例如，美国第一伊斯兰保险公司（First Takaful USA）就是在美国建立起来的。到2007年年底，全世界范围内已经拥有130多家伊斯兰保险公司，仅海湾合作委

---

① 苏丁·哈伦，万·纳索非泽·万·阿兹米.伊斯兰银行和金融体系——理论、原则和实践 [M]. 刚建华译，中国人民大学出版社，2012.

员会（Gulf Cooperation Council）国家就有 59 家，其中巴林有 15 家，科威特有 11 家，卡塔尔有 5 家，沙特阿拉伯有 22 家，阿拉伯联合酋长国有 4 家。除了这些国家外，伊朗有 17 家，苏丹有 15 家，埃及有 6 家，孟加拉国有 6 家，巴基斯坦有 4 家，斯里兰卡有 2 家。在东南亚地区，马来西亚、文莱、新加坡、印度尼西亚和泰国等国也已经出现了伊斯兰保险公司。

马来西亚政府在 1982 年建立了一支专门的研究团队，研究建立一家伊斯兰保险公司的可行性。根据研究团队的建议，马来西亚在 1984 年通过了《伊斯兰保险法》（Takaful Act 1984）。随后，马来西亚第一家伊斯兰保险运营商——马来西亚伊斯兰保险有限公司（Syarikat Takaful Malaysia Berhad）于 1984 年 11 月成立，并于 1985 年 7 月开始投入运营。在此后的十年里，该公司一直处于垄断地位。直到 1994 年政府决定在行业中引入竞争机制，并向 MNI 伊斯兰保险公司（MNI Takaful Sdn Bhd）颁发了执照，使该公司专门提供基于伊斯兰教义的保险产品，马来西亚伊斯兰保险公司的垄断地位才被打破。

马来西亚伊斯兰保险体系的快速发展刺激了周边的其他伊斯兰国家，促使它们也纷纷实施这一体系。例如，文莱在 1993 年批准建立了 Takaful IBB Berhad 公司，随后又建立了 TAIB 伊斯兰保险股份有限公司（Insurance Islam TAIB Sdn Bhd）、伊斯兰发展银行穆斯林保险股份有限公司（Takaful Bank Pembangunan Islam Sdn Bhd）。印度尼西亚伊斯兰保险有限公司（Syarikat Takaful Indonesia）则是马来西亚伊斯兰保险有限公司和一家印度尼西亚公司的合资公司，该公司从 1994 年 8 月开始运营。2002 年，印度尼西亚全国仅有 5 家伊斯兰保险运营商，到 2010 年，已经增长到了 38 家。泰国是另一个正在兴起的伊斯兰保险市场，目前泰国共有 3 家提供伊斯兰保险服务的公司，它们分别是 Dhipaya 保险公司、Finansa 人寿保险公司和 Kamol 保险公司。同时，目前在新加坡有 3 家公司提供伊斯兰保险服务，它们分别是汇丰保险（HSBC Insurance）、英康保险（NTUC Income）和大华保险（United Overseas Insurance）。

1995 年 10 月 28 日，东盟伊斯兰保险集团（ATG）成立。它是一个非官方的机构，旨在促进和提高东盟国家的伊斯兰保险运营商在交换信息和伊斯兰保险业务上的合作。2003 年，东盟伊斯兰保险集团修改了章程，开始接纳东盟国家以外的成员，并更名为亚洲伊斯兰保险集团（Asia Takaful Group），最后它注册成立了一家股份公司，并更名为全球伊斯兰保险集团（Global Takaful Group）。此外，为了发展伊斯兰再保险业务，东盟国家的伊斯兰保险机构还成立了东盟伊斯兰再保险公约（ATG Retakaful Pact），该公约从 1996 年 10 月 1 日起实施。1997

年 5 月 17 日，东盟伊斯兰再保险国际有限公司（Asean Retakaful International Ltd，ARIL）在《1990 年离岸保险法》（Offshore Insurance Act）下注册成立。该公司的注册资本为 5000 万美元，实收资本为 400 万美元，这些资本都是由马来西亚伊斯兰保险有限公司提供的。成立该公司的目的是为了促进东盟国家伊斯兰再保险机构的合作，并为伊斯兰再保险所需的必要条件提供资助。

在 1997 年 6 月于伊斯坦布尔举行的 D8（8 个发展中伊斯兰国家）峰会上，各成员国（孟加拉国、印度尼西亚、伊朗、马来西亚、埃及、尼日利亚、巴基斯坦及土耳其）同意由马来西亚举办针对金融、银行和私有化问题的特别工作小组会议。马来西亚银行受命研究马来西亚可以向伊斯兰国家组织（OIG）提供哪些可供合作的领域。在履行这项职责的过程中，马来西亚提供的两个合作领域是和伊斯兰保险有关的——信息交换与培训。在伊斯兰保险体系的国际扩展中，马来西亚已经起到了重要的作用。在 1999 年，一家马来西亚的伊斯兰保险公司还帮助斯里兰卡建立了一家伊斯兰保险公司。

到 2008 年底，马来西亚共有 8 家伊斯兰保险公司，具体情况见表 6-2-1。到 2007 年末，其总资产达到了 88.158 亿林吉特，市场占有率达到 7.2%。在上述资产中，74.427 亿林吉特来自家庭伊斯兰保险，13.731 亿林吉特来自一般伊斯兰保险。2007 年家庭伊斯兰保险创造的净利润和赔偿金额为 2.185 亿林吉特。2003~2007 年，马来西亚伊斯兰保险业的资产总额和净贡献的平均增长率分别为 27% 和 19%。

表 6-2-1　2008 年底马来西亚伊斯兰保险公司情况

名称	成立时间
马来西亚伊斯兰保险公司	1984 年 11 月 29 日
Etiqa 伊斯兰保险有限公司，曾用名 Takaful Nasional Sdn Bhn	1993 年 9 月 20 日
Ikhlas 伊斯兰保险有限公司	2003 年 4 月 21 日
CIMBAviva 伊斯兰保险有限公司，曾用名商业伊斯兰保险有限公司（Commerce Takaful Berhad）	2006 年 4 月 7 日
丰隆集团 Tokio 海运伊斯兰保险有限公司（Hong Leong Tokio Marine Takaful）	2006 年 6 月 19 日
保诚国储伊斯兰保险有限公司（Prudential BSN Takaful Berhad）	2006 年 8 月 8 日
汇丰伊斯兰信托有限公司（HSBC Amanah Takaful SdnBhd）	2006 年 8 月 11 日
MAA 伊斯兰保险有限公司（MAA Takaful Berhad）	2007 年 7 月 1 日

资料来源：马来西亚中央银行，2007b。

在马来西亚伊斯兰保险发展过程中，马来西亚中央银行发挥了重要作用，为伊斯兰保险公司的发展提供了更好的金融基础设施，在 2007~2011 年的五年间，马来西亚伊斯兰保险业经历了稳定快速的增长，总保额从 2007 年的 22.55 亿林吉特增加到 2011 年底的 42.95 亿林吉特。在家庭伊斯兰保险业务方面，总保额也逐年增长。一般保险方面，尽管每年也在增长但增速相对于家庭保险更慢，从 2007 年的 7.68 亿林吉特增加到 2011 年的 16.00 亿林吉特。具体增长情况见表 6-2-2。

表 6-2-2　2007~2011 年马来西亚伊斯兰保险业务发展

年份	种类	金额（百万林吉特）	增长率（%）
2007	FT	1487	17.4
	GT	768	7.0
	总计	2255	24.4
2008	FT	1980	33.2
	GT	874	13.8
	总计	2854	47
2009	FT	2178	10.0
	GT	1054	20.6
	总计	3232	30.6
2010	FT	2587	18.8
	GT	1346	27.7
	总计	3933	46.5
2011	FT	2695	4.2
	GT	1600	18.9
	总计	4295	23.1

注：FT 为家庭伊斯兰保险，GT 为一般伊斯兰保险。
资料来源：Bank Negara Malaysia Report（2011）.

二、伊斯兰保险的基本原理和原则[①]

伊斯兰保险 "Takaful" 一词源于阿拉伯语 "Kafalah"，意思是 "互相担保" 或 "互相照顾"。"Kafalah" 一词作动词用时，意为保护或照顾某人的利益，或向某人提供担保。当在这个词前面加上 "Ta" 作为前缀，它就表达了双方互相提供担保的意思。

马来西亚的研究团队在 1984 年进行了一项 "关于在马来西亚建立伊斯兰保险公司" 的研究，并将研究报告交给了马来西亚总理。该报告建议，穆斯林保险

---

① 苏丁·哈伦. 伊斯兰金融和银行体系——理论原则和实践 [M]. 中国人民大学出版社，2012.

的基本原理应如下文所述：

伊斯兰保险的基本原则注重以互相帮助为目的的真实性。因此，为实现该目的的金融活动的范围大小就取决于捐助（Tabarru）的精神。为了与这种精神保持一致，以实现共同责任、合作和保护，遵循无私的品质，被仅有的或获得的利益所驱使。该研究团队决定伊斯兰保险的基本原则应是"在为伊斯兰国家的繁荣和社会团结所进行的社会活动中，伊斯兰保险是共同责任、合作和保护精神的内在体现"。

尽管伊斯兰国家于1979年才首次引入现代伊斯兰保险体系，不过早在伊斯兰教创立之初，就已经开始提倡互助和合作的观念了。伊斯兰教法学家认为，由于下列因素，保险的概念是可行的：

（1）投保人为了普通货物而进行相互合作。

（2）每个投保人都支付所了所需金额，作为帮助那些需要帮助的人的捐款。

（3）根据一种社会联营制度，使风险和责任得到了分散。

（4）在认购和赔偿方面消除了再确定因素。

（5）在这个体系中，没有哪个成员能够把自己的利益建立在他人的损失之上。

伊斯兰教法学家还指出，伊斯兰保险有三个核心原则：

（1）互相负责。

（2）互相合作。

（3）互相保护。

不过与当今伊斯兰保险体系的发展相一致的是，今天的伊斯兰保险是建立在几个原则之上的，这些原则也可以归入到伊斯兰教义和伊斯兰教的一般原则之下。例如，尽管伊斯兰保险最初是建立在合作（Ta'awuni）原则的基础上，但在今天，伊斯兰保险却是基于商业（Al-takjiri）原则进行管理的。因此，正如传统保险公司都是基于商业观念，并且都是由大公司运营的一样，伊斯兰保险也是由商业公司运营的，这些公司的目标也是使资金流通从而达到盈利的目的。

在伊斯兰保险中，商业的原则非常重要。因为伊斯兰保险的参与者们所贡献的资金必须流通才能达到增长的目的。如果这些累积的资金闲置，那么它们很快就会被耗尽，而参保人之间的合作协议最终也无法维系下去。因此，为了伊斯兰社会的经济增长，这些资金必须通过商业或其他经济行为而得到增加。

伊斯兰保险体系的执行是一种双方交易，一方是资金的管理者和运营者，另一方是保险的参与者，运营方可以决定选择使用哪种原则或模式。一般来说，伊斯兰保险都要遵循商业、利润分享、代理和捐赠原则。

(一）商业（Takjiri）

"Takjiri"是阿拉伯语，意思是商业。由于伊斯兰保险是在商业原则的基础上建立起来的，因而伊斯兰保险的运营必须遵守伊斯兰的商业准则和运营方式。不能对伊斯兰教义禁止的商业领域进行投资，保险参与者所贡献的资金也不能投资于基于利息的金融机构。运营方必须严守伊斯兰教的商业道德和准则，而且在保险运营方和保险参与者之间一定不能存在任何剥削或榨取的因素。此外，伊斯兰保险还要遵守公平和公正的原则。在管理伊斯兰保险公司时，必须避免仅仅追求利润的倾向。简而言之，无论何时都要遵守伊斯兰教的基本原则和教义。

(二）利润分享（Mudaraba）

在利润分享观念下，伊斯兰保险的运营方式相当于保险参与者指定一位企业家（Mudarib），或者出资者所指定的一位投资人。保险参与者委托运营方通过商业行为来运作他们的资金，这种行为并不被伊斯兰教所禁止。资金流通所获得的利润可以根据双方商定的比例进行分配。在这种伊斯兰保险体系中，参与者对于利润的所有权取决于他所参与的保险类别。保险参与者需要以月付、年付或一次付清的方式缴纳保费。

(三）代理（Wakalah）

在代理原则下，伊斯兰保险的运营方相当于代表保险参与者对资金进行管理。运营方可以根据 Ujr 原则①收取服务费用，但无权获得所管理资金的利润。资金所产生的所有利润都要返还给保险参与者。

(四）捐助（Tabarru）

"Tabarru"一词来自阿拉伯语，意思是捐助、捐赠、贡献。捐助原则是伊斯兰保险体系的精华。在伊斯兰保险体系看来，参保人实际上缴纳了两笔资金，一笔用于储蓄，另一笔则是一种捐助或捐献，用来帮助那些遭遇困难或灾难的人。伊斯兰保险公司正是用这一笔资金来向遭受某种特定损失的参保人提供赔偿的。

---

① Ujr 原则是指根据提供的服务收取费用或佣金的原则。

第三节 伊斯兰保险模式及其种类

从经营的角度看，伊斯兰保险是在参与者之间彼此对潜在的损失提供保证的一种安排。潜在损失的性质在协议中做了清晰的界定。根据协议，其中任何一个参与者在遭受损失时，其他参与者运用为此目的而建立的基金对其进行补偿。这些资金主要来自参与者的贡献，以及将其投资到伊斯兰教教义许可的投资领域所获得的收益。在伊斯兰保险经营的过程中，由于参与人与经营者对资金提供、管理以及收益实现后的分配及各自取得收益的形式不同而形成了不同的结构。在讨论伊斯兰保险不同的结构之前，我们有必要对伊斯兰保险运营的整体情况做一下交代。

从起源看，伊斯兰保险的概念是建立在互助和团结基础上的，而且最初大家也是将其看作一种非盈利性的业务活动。然而，这并不意味着伊斯兰保险就只能是非盈利性的，而不能成为一种商业活动而经营和运作。在伊斯兰保险中有两类不同的资金持有者：一类持有者是保单持有人或参保人，在非盈利性伊斯兰保险中，这部分人最初负责组织保险活动。最初这类活动主要是一小部分人的自助行为和活动，他们也聘请一些专业的经理人进行管理，同时对其日常经营进行监督，这和现代小型公司的管理结构十分类似。另一类持有者是股东。如果伊斯兰保险想扩大规模，就必须按照企业化方式进行商业运营。在这种情形下，伊斯兰保险业务的组织就采取了公司的形式。与现代股份有限公司或有限责任公司相类似，伊斯兰保险公司也由股东所有，股东将资金投入伊斯兰保险公司并希望获得公平的收益，所以现代伊斯兰保险公司大多是以股份有限公司或有限责任公司的形式组织的。

伊斯兰保险运营商所提供的保险经营主要包括四种经营模式：非盈利性伊斯兰保险（Tabarru-based Takaful）、利润分享伊斯兰保险（Mudaraba-based Takaful）、代理伊斯兰保险（Wakala-based Takaful）和综合伊斯兰保险模式。

一、非盈利性伊斯兰保险（Tabarru-based Takaful）

伊斯兰保险中的第一个模式是非盈利性伊斯兰保险，这一模式最早出现在苏丹。在伊斯兰保险中，保险参与人同意如果集体中的某个人遭遇了灾难或不幸，则集体中的其他成员将向其提供捐助和帮助。根据保险协议或保险合约的规定，参与人出现临时性资金短缺时也可以向管理者申请贷款以解燃眉之急。在非盈利性伊斯兰保险中，资金的来源以捐赠为主，且主要以捐赠金的形式进行。捐赠或捐助可以定期进行也可以只在成员发生不幸时才进行。其实我们可以用更加现代、更加有组织的方式来理解伊斯兰保险。也就是说，保险运营商以代理人的身份受托管理保险参与人提供的资金，并且收取保险费。保险经营者一般也是伊斯兰保险的发起人，但保险经营者在受托管理资金的过程中没有任何回报，参保人也无法从他们所贡献的资金中获得任何收益。苏丹的 Al Sheikhan 伊斯兰保险公司使用的就是这种运营模式。在这一模式下，保单持有人是公司的经营者，其中之一拥有最终的控制权和决定权。与传统的以盈利为目的的保险公司和伊斯兰保险的最初形态相比，非盈利性伊斯兰保险是最理想的组织形式。但是这种组织形式带来的问题在于公司规模一旦扩张，现有的组织模式将无法适应。在实践中，国有的伊斯兰保险公司或一些社会保险项目主要采取非盈利模式来组织。这些项目的资金全部来自愿意将自己的财富捐赠给相对贫困的那些参与人。

除了非盈利性伊斯兰保险外，还有其他两种盈利性的伊斯兰保险。在所有的盈利性伊斯兰保险中，资金主要来源于保单持有人和股东，盈利的分配和费用的分摊也主要在这两类资金的两种不同的主体之间进行。下面来讨论两类盈利性的伊斯兰保险。

二、利润分享伊斯兰保险（Mudaraba-based Takaful）

利润分享是指伊斯兰保险运营商与参保人之间进行合作性的利润分享。运营商相当于参保人所指定的一名企业家，代替参保人管理和运用参保人贡献的资金，从事保险活动所获得的收益在运营商和参保人之间进行分享。在利润分享伊斯兰保险模式下，将其业务清楚地分为两类，一类是伊斯兰保险业务；另一类是从保单持有人或股东处筹集资金的投资业务。根据伊斯兰保险的精神，伊斯兰保险业务是非盈利性的，在利润分享原则下投资于伊斯兰保险的资金在保单持有人的管理下是盈利性的。保单持有人是伊斯兰保险公司的资金提供者（Rabb-al-maal）。

和其他的保险模式一样，在利润分享模式下，参保人也需要缴纳两笔资金——一般资金和捐助资金。根据利润分享的观念，运营商在运营伊斯兰保险时，对自己提供的保险服务不收取服务费或管理费。运营商的管理费是从股东的资金中收取的。马来西亚伊斯兰保险公司采取的就是这种模式。利润分享模式结构如图 6-3-1 所示。

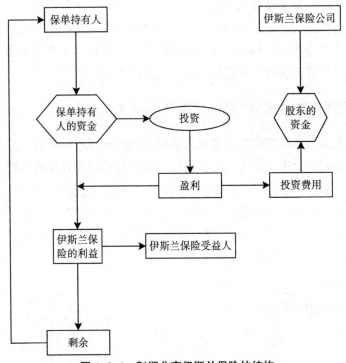

图 6-3-1　利润分享伊斯兰保险的结构

　　在利润分享伊斯兰保险的结构中，保单持有人支付保险费，并将其归入保单持有人的资金中，同时，伊斯兰保险经营者也向保险公司提供资金，并将其归入到经营者的资金中，这两类资金分类管理、严格区分。这一过程与伊斯兰保险公司的成立相同，也可以说是伊斯兰保险公司发起设立的过程。伊斯兰保险公司成立后，经营者将保单持有人的资金以符合沙利里亚原则的方式进行投资，这些投资由经营者以管理者的身份进行。如果这一投资产生利润，则利润在保单持有人和经营者之间按照双方设立公司时的协议确定的比例来分配，保单持有人的资金和股东的资金都可以获得各自的利润份额；如果出现损失，损失全部由保单持有人的资金承担。根据 Mudaraba 的原则，与投资有关的经营费用由经营者（或管理人）承担，即由股东的资金承担。但是由股东承担的费用仅限于和投资有关的管理费用，而不是整个保险公司运营的管理费用。与投资无关的伊斯兰保险公司的一般性管理和经营费用则由保单持有人支付。伊斯兰保险公司的保险利益在特定的实际损失或损害发生及保单持有人的要求权有效时，支付给保单持有人。在每一个会计期间，保单持有人提供的资金在扣除经营和管理费用以及支付了所有的要求权之后的净剩余，将变成保单持有人在公司的再投资资金；如果这一净剩余是赤字，则需要保单持有人再额外提供资金给伊斯兰保险公司。

以上经营模式可以保证伊斯兰保险业务仍然是非盈利性的。保单持有人以集体的名义接受资金并进行相应的支付。在整个业务安排中没有因为通过提高伊斯兰保险产品的价格而获益，利润仅来源于投资收益。

三、代理伊斯兰保险（Wakala-based Takaful）

在代理观念下，运营商作为参保人的代理人对保费进行管理，并且使参保人的资金通过商业行为进行筹集。运营商可以为他们的服务收取管理费用，但无权分享资金投资的利润，且无论运营商利用参保人的资金进行何种商业行为，其风险也由参保人自己承担。如果投资盈利，运营商还会另外收取一笔管理费用。基于代理观念的运营商主要提供一般伊斯兰保险和家庭伊斯兰保险。马来西亚的Ikhlas伊斯兰保险公司采用的就是这种模式。

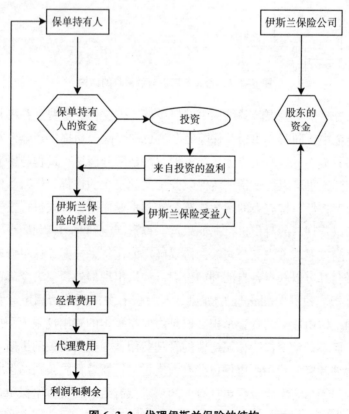

图 6-3-2 代理伊斯兰保险的结构

四、伊斯兰保险的种类

传统保险中，某一集体中的拥有共同利益的若干成员，他们为了保护集体免受灾难而聚集在一起，提供互助服务，共同应对灾难。由于灾难的发生将导致生命和财产的损失，所以传统保险公司提供两种保险服务，一种是防止灾难降临到个人身上的人身保险；另一种是防止财产受到损失的财产保险，也称为一般保险。出于相同的目的，伊斯兰保险也提供了两种类似的保险，传统保险中的人身保险在伊斯兰保险体系中叫作"家庭伊斯兰保险"，财产保险则被称为"一般伊斯兰保险"。

（一）家庭伊斯兰保险

伊斯兰保险中的家庭伊斯兰保险方案涉及了一些社会成员的相互合作，这种合作的目标是，如果他们中的任何人遭遇了灾难，则其他成员应对其提供帮助。家庭伊斯兰保险大体上可以分为三类：普通合作、附有存款的合作和基于特定群体的合作。在普通合作中，一个集体的成员相互保证向保险基金中贡献一定金额的保险费，保险费以捐款的形式贡献到集体的基金中。一旦集体中的任何成员遭受了灾难，保险经营者将根据保险协议中规定的条款，利用基金中的资金向此人或他的受益人进行赔付。在附有存款的合作中，除了集体成员的互相帮助之外，参与者还进行了一定金额的储蓄。在一段特定时间后，参保人可以取出这笔存款。因此，这种类型的保险包含两笔资金支付，一笔用于个人储蓄；另一笔用于对集体成员遭受的灾难或损失进行赔付。在基于特定群体的合作中，参与者来自各个不同的社会群体，他们希望按照族群、机构、区域等属性来订立合同。在这种情况下，各个群体的合同条款应该使其享受到最佳利益。保险费则由不同的群体和个人共同缴纳。

（二）一般伊斯兰保险

一般伊斯兰保险是一种短期合同，当参保人因灾难或不幸而蒙受物质财产损失时，伊斯兰保险经营商会按照合同对参保人进行赔偿。这意味着一般伊斯兰保险是由一个集体的若干成员基于合作精神共同出资建立的一个基金，用来为集体成员的财产提供保险，根据保险类型的划分，一般伊斯兰保险可以分为火灾伊斯兰保险、意外事故伊斯兰保险、海运伊斯兰保险和工程伊斯兰保险。

第四节 伊斯兰保险的实施方法

在前面的章节中，我们讨论了伊斯兰保险的几种不同的结构或模式，在实践中，各伊斯兰保险公司可以根据家庭伊斯兰保险和一般伊斯兰保险的具体要求采用不同的结构或模式，这样就形成了不同的伊斯兰保险体系的不同实施方法，至于具体采用哪一种方法，取决于保险经营者对伊斯兰教教义的理解和采用哪条伊斯兰教义原则，当然也有同时采用几种不同的模式而形成的综合模式。本节以马来西亚伊斯兰保险公司、Etiqa 伊斯兰保险公司和 Ikhlas 伊斯兰保险公司为例来讨论伊斯兰保险公司的实施方法。

一、一般伊斯兰保险的实施

一般伊斯兰保险与传统保险业务中的财产保险相类似，马来西亚的所有伊斯兰保险公司都提供一般伊斯兰保险服务，只是在具体操作中有一些细微的差别，例如马来西亚伊斯兰保险公司在一般伊斯兰保险的操作中使用的是利润分享和捐助原则。根据参保的险种，参保人需要向保险公司缴纳一定的金额，并与保险公司签订一份利润分享协议。与此同时，参保人还需同意将他所缴纳的金额的一部分捐献给其他受到灾难打击的人。一般伊斯兰保险的操作过程如图 6-4-1 所示。

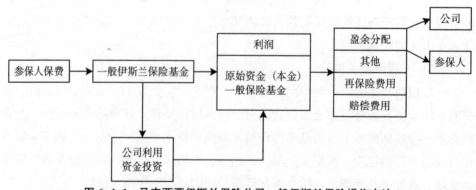

图 6-4-1 马来西亚伊斯兰保险公司一般伊斯兰保险操作方法

如图 6-4-1 所示，所有参保人的保费都会被放入一般伊斯兰保险基金中。公司利用这笔资金进行投资，投资的收益也会被放回到基金里。在一段规定的时间结束后，基金的盈余或利润会向参保人分配。在分配前，保险公司会先扣除赔偿费用、再保险费用和储备金等。保险公司不收取任何管理费，但会根据利润分享原则分配一定的利润。

Etiqa 伊斯兰保险公司在经营一般伊斯兰保险时使用的是捐助、代理和利润分享结合在一起的综合模式。捐助原则用于参保人之间彼此相互帮助；代理原则允许保险人对所提供的服务收取管理费用；利润分享原则必须基于参保人与保险公司之间的协议，参保人同意在保险合约到期时，如果基金出现盈余，则保险公司可以对尚未被参保人回收的利润抽取一定比例。例如在该公司提供的利润分享保单中有如下文字：

在保险到期后，如果一般伊斯兰保险基金中出现净盈余，且参保人在保险基金中未要求任何赔偿，也未从基金中获得任何利益，则基金的净盈余将以 50：50 的比例在参保人和保险公司之间分享。

Etiqa 伊斯兰保险公司一般伊斯兰保险的操作流程如图 6-4-2 所示。

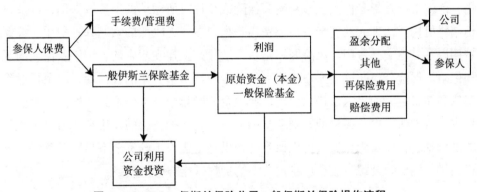

图 6-4-2　Etiqa 伊斯兰保险公司一般伊斯兰保险操作流程

Etiqa 伊斯兰保险公司的一般伊斯兰保险的经营与马来西亚伊斯兰保险公司的经营过程基本相同，只有一点不同，就是马来西亚伊斯兰保险公司中的经营者向参保人提供服务时不收管理费，Etiqa 伊斯兰保险公司会对参保人收取服务费，这点区别也主要是在 Etiqa 伊斯兰保险公司中同时采用了捐助、利润分享和代理模式。

Ikhlas 伊斯兰保险公司的操作流程与 Etiqa 伊斯兰保险公司又稍有不同。Etiqa 伊斯兰保险公司在保险初始阶段收取服务费用，但是 Ikhlas 伊斯兰保险公司则是在最后才收取服务费用，而且是在投资基金有盈余时才会收取。

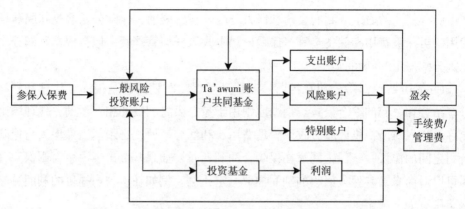

图 6-4-3　Ikhlas 伊斯兰保险公司一般伊斯兰保险操作流程

如图 6-4-3 所示，参保人首先向 Ikhlas 公司的一般风险投资账户（GRIA）缴纳保费。一般风险投资账户被分成两基金——Ta'awuni（协作或合作的意思）账户共同基金和投资基金。Ta'awuni 账户共同基金又被分成三种账户或基金——支出账户、风险账户和特别账户。支出账户包括向参保人收取的前端和后端费用。前端费用是指参保人在最初购买保险或续保时所缴纳的杂费或费用，以及付给销售机构或代理人的佣金。后端费用是指向参保人收取的索赔处理费用、续保费用以及其他交易费用。风险账户是在捐助原则上建立起来的，用于参保人的互相保险。保险公司向这个账户中注入的资金金额基于一年的投保期，以及再保险费用和储备金。如果这个账户出现任何盈余，则盈余将被分配到一般风险投资账户中。特别账户也是在捐助原则的基础上建立起来的，它的作用是作为风险账户的支持基金，以及为参保人提供保险。如果这个账户中的资金不足以对参保人进行赔付，则保险公司（股东）将发放一笔贷款以弥补这一赤字。

二、家庭伊斯兰保险的操作与实施

在传统保险中，投保人投保人身保险主要基于三个目的：一是一旦被保险人过早死亡，受益人可以获得财务上的帮助以免生活陷入困境；二是在年轻收入较高时为将来年老时进行一定的储蓄并同时提供一份保险保障；三是提前做好某种财务准备，以免将来发生意外导致残疾或因疾病而使生活陷入困境。在伊斯兰家庭保险中，出于同样的目的，伊斯兰保险公司也开办了类似的保险服务，为投保人提供各种与之相关的保险方案。家庭伊斯兰保险又可以分为家庭伊斯兰保险和集体家庭伊斯兰保险，在这里我们只讨论家庭伊斯兰保险。

以马来西亚伊斯兰保险公司为例，参保人支付的保费首先会被存入参保人账户（PA）和参保人特别账户（PSA），具体操作流程如 6-4-4 所示。

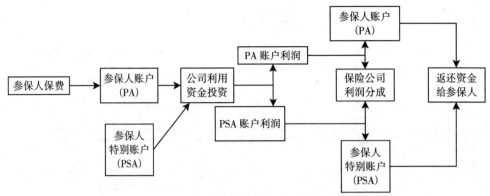

图 6-4-4　马来西亚伊斯兰保险公司家庭伊斯兰保险操作流程

从图 6-4-4 中可以看出，保险公司根据利润分享原则，利用参保人账户和参保人特别账户中累积的资金进行投资，然后按照保险公司与参保人事先确定的利润分享比例对实现的利润进行分配。参保人账户的操作基于利润分享原则，而参保人特别账户的操作则以捐助原则为基础。参保人的利润份额会存入相关账户，参保人账户和参保人特别账户的投资收益也将被分别存入这两个账户中，而且这两个账户的盈余都会分别返还给参保人。如果参保人过早死亡，则受益人有权按参保人账户的保单价值索要赔偿，而且还可以获得参保人特别账户的累积金额。如果保险期间结束，参保人没有要求赔偿，则参保人有权获得参保人账户中的金额，以及参保人特别账户中分配给他的盈余部分。如果参保人要求在到期日前提取账户中的金额，那么他只有权获得他的参保人账户的资金余额。

Etiqa 伊斯兰保险公司的操作与马来西亚伊斯兰保险公司的操作并无太大区别，只是在利润分配方式上稍有不同。马来西亚伊斯兰保险公司是基于毛利润分配的，也就是投资收益，而 Etiqa 伊斯兰保险公司则对参保人特别账户的投资利润收取服务费，只有收取了服务费后才会对利润进行分配。

Ikhlas 伊斯兰保险公司的伊斯兰保险业务是以代理模式来组织的，即参保人指定保险公司作为他们的代理人，受托管理伊斯兰保险交易。和其他的伊斯兰保险公司一样，参保人用于互相保险的费用也依据捐助原则进行操作。因此，Ikhlas 伊斯兰保险公司的家庭伊斯兰保险产品可以分为两类：一类是存款保险（Coverage with Saving）；另一类是纯粹保险（Coverage Along）。这两类保险区别不大，不过对于选择了存款保险的参保人来说，他们的保费会被存入个人投资账户（Personal Investment Acccount），而对于选择了纯粹保险的参保人来说，他们的保费会被存入个人风险投资账户（Personal Risk Investment Account）。Ikhlas 伊斯兰保险公司的存款保险操作流程如图 6-4-5 所示。

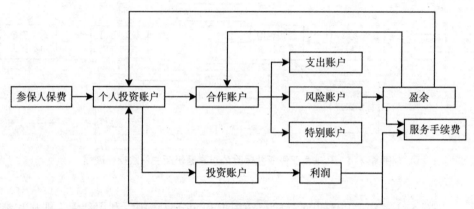

图 6-4-5　Etiqa 伊斯兰保险公司家庭伊斯兰保险（存款保险）操作流程

由图 6-4-5 可以看出，参保人的保费被存入个人投资账户中，随后保险公司所筹得资金被分配入两个账户——合作账户和投资账户。合作账户又进一步被分为三个账户：支出账户、风险账户和特别账户。支出账户主要包括保险公司因经营伊斯兰保险业务而收取的服务费用；风险账户主要包括参保人互保的费用；特别账户则用来抵补风险账户的赤字。保险公司会利用参保人存入的资金进行投资，并对投资利润收取管理费，盈余则被存入参保人的个人投资账户。

参保人的风险账户也采用了类似的操作，风险账户的任何盈余都会用于投资。保险公司会对投资利润收取管理费用，然后将盈余部分存入个人投资账户。保险到期时，保险公司会将个人账户中的存款和风险账户中的盈余返还给参保人。如果在保险期内，参保人遭遇了不测，保险公司会利用个人投资账户中的资金和风险账户中的盈余对参保人进行赔付。

三、伊斯兰再保险（Retakaful）

通过前面的讨论说明，传统保险和伊斯兰保险的根本区别在于伊斯兰保险必须符合伊斯兰教法的规定。这就是说，无论是伊斯兰保险公司的产品还是其内部运作过程都必须符合沙里亚原则。其中的一个重要原则是所有业务不能存在不确定性和赌博行为，即不能冒过高的风险，所有伊斯兰保险公司在开展伊斯兰保险业务时，必须有自己的风险管理手段和措施，同时确保自己的风险管理符合伊斯兰教法的规定，由此，再保险策略就成为直接保险公司风险管理中的最重要的一环。迄今为止，很多伊斯兰保险公司被迫进行传统的再保险，它们至今没有足够的实力满足伊斯兰直接保险者的再保险需要。鉴于当前伊斯兰再保险供给不足的情况，直接保险公司的沙里亚委员会完全接受伊斯兰保险公司缔结传统再保险合约的事实。伊斯兰再保险概念的发展和方法的普及是目前伊斯兰保险业中最重要的发展。

当前有两股力量推动了伊斯兰再保险业务的发展壮大：当地的伊斯兰再保险企业和国际大型再保险公司。前一种主要是大型伊斯兰保险公司的再保险分公司，目前已取得了令人瞩目的增长；后一种国际大型的再保险公司加强了在中东和东南亚地区保险市场的渗透。这些大型的国际再保险公司一方面通过设立伊斯兰窗口从事再保险业务，另一方面通过设立伊斯兰再保险分公司专门从事伊斯兰再保险业务。①

国际大型保险集团对再保险兴趣的增大，一个重要原因是其高增长率，这样的高增长率只有在当今的印度和中国才可以看得见。当前的伊斯兰再保险业还处在初始阶段，因此通过兼并当地或地区性的再保险公司进入市场十分困难，所以通过自己设立伊斯兰再保险公司成为重要的现实选择。

第五节　伊斯兰保险实施中需要注意的问题

一、盈余和剩余

在前面的讨论中我们知道，伊斯兰保险与传统保险存在很大的区别，其中之一就是收益的来源。传统保险公司的收益主要有两个来源，一是对投保人或保单持有人缴纳的保费进行投资所获得的投资收益；二是保险经营收益，这一收益是投保人缴纳的保费和保险公司对投保人的保险索赔、赔偿和其他保险利益支付之间的差额。显然，保险经营收益主要取决于保险产品的定价，或者说是保险费的高低。保险公司可以通过提高保费增加保险经营收益，但保费的提高并非没有限

---

① 在中东的许多国家和地区，禁止直接成立伊斯兰再保险公司，因此只能通过设立伊斯兰窗口的形式从事伊斯兰再保险业务。

制，而是要受到行业整体费率水平的影响或行业竞争的影响。同时保险公司的经营成本也会影响保险公司的收益，所以提高收益无非是两个方面：增加收益和降低成本。对于传统保险公司来讲，总收益减去总成本和费用之后的余额构成了保险公司的净剩余。保险公司的所有者对公司的剩余享有要求权。

对于伊斯兰保险公司，它也要运用保费进行投资，但其投资的资产和手段必须符合伊斯兰教法的规定。与传统保险公司相反，伊斯兰保险公司的剩余并不被认为来自于收益，也就是其收益并非来自于保险产品价格或保险费和保单持有人的要求权之间的差额。根据伊斯兰教法的规定，任何产品由于过高定价所产生的收益都必须返还给保单持有人。另外，如果产品定价过低或收取的保费太少，从而保单持有人的贡献少于保单持有人要求给付的保险赔偿及利益等，会要求保单持有人来弥补赤字。根据这一原则，保险公司或保险经营者对这一部分的盈余或赤字既没有要求权也没有义务。

以上所述伊斯兰保险公司中关于剩余的原则是通行的做法，但在实践中，马来西亚伊斯兰保险公司在运用 Mudaraba 模式于一般伊斯兰保险时对上述原则做了修改，偏离了这一原则。在这一产品计划中，保险费由市场决定，这就意味着这一计划中的保险费和传统保险公司的保费相同。马来西亚伊斯兰保险公司的盈利也是按照经营收益加上一般伊斯兰保险基金的投资收益来计算的。盈利的分配按照 Mudaraba 在保险参与人和经营者之间进行分配。从马来西亚伊斯兰保险公司盈利计算和分配方法看，与传统保险公司已经没有任何区别。因此有观点认为马来西亚伊斯兰保险公司已经转变成一个盈利分享的传统保险公司，伊斯兰保险公司的经营者就是传统保险公司的管理人，管理所有的公司事务，包括保险参与者提供给伊斯兰保险公司的资金，同时也对公司的盈亏承担相应的责任。这一模式目前被称为马来西亚修正的 Mudaraba 模式。支持这一模式的人认为这是与传统保险公司竞争带来的必然结果，而反对者则认为其完全偏离了伊斯兰保险的基本原则，不应该使伊斯兰保险与传统保险相竞争。

二、费用分摊

在 Mudaraba 模式中，要求费用必须由伊斯兰保险的受托人或经营者承担，而且是在盈余或剩余在按照事先约定的比例进行分配之后，再由保险经营者，或股东的资金来支付。从理论上以及前面的论述中知道 Mudaraba 协议一般仅适用于投资资金的管理，而伊斯兰保险在本质上是非盈利的，所以与投资相关的所有费用都应该由伊斯兰保险公司的经营者或其股东承担，由股东的投资资金支付。

与此同时，伊斯兰保险的直接经营费用则由保单持有人即由保险参与者的资金支付。但是，在马来西亚家庭伊斯兰保险中，并没有完全按照上述模式进行费用的分摊。在马来西亚家庭伊斯兰保险中费用分摊形成了两种不同的处理模式，一种是 MNI 伊斯兰保险公司模式，经营费用由保单持有人支付，但与投资相关的费用则由股东的资金支付；另一种是 Syarikat Takaful，无论是经营费用还是投资相关的费用全部由股东承担。

如果 Mudaraba 协议适用于整个伊斯兰保险业务，就像马来西亚在一般保险中被称为修正的 Mudaraba 模式，那么所有与保险业务相关的费用全部由保险经营者承担，无论是直接费用还是间接费用；而与投资有关的费用以及管理费用，都必须由股东的资金支付，而且是在利润或剩余在按照约定的比例分配之后。但在实践中，人们也许会看见费用在利润或剩余分配之前由投保人（保单持有人）支付，这也为这一模式的反对者提供了理由，因为将所有的费用由保单持有人进行支付将会使伊斯兰保险的价格更具有竞争性。

但是这一问题在代理模式的伊斯兰保险中并不存在，因为在这一模式中，保险经营者仅仅是保单持有人的代理人，所有与特定保险计划相关的费用当然全部由保单持有人承担。但是除此之外的其他的伊斯兰保险公司的一般性管理费用或经营费用则由保险经营者或伊斯兰保险公司的股东承担。

在伊斯兰保险费用的处理中，与传统保险不同的还有一项费用——付给销售机构的佣金。在保险产品的销售中，传统保险机构一般会通过保险代理人代为销售保险产品，保险公司支付给保险代理人销售保险产品的佣金。在伊斯兰保险中，有一种观点认为，保险经营者作为代理人使用外部销售机构的服务而用保单持有人的资金支付销售机构的佣金，损害了保单持有人的利益，是一种不当行为。为了公平起见，所有的费用，包括代理的佣金（保险经营者的），都不应该由保单持有人支付。同样，这一问题在代理模式的伊斯兰保险中也不存在。

三、剩余分享

在伊斯兰保险中，剩余的分享主要采取两种形式：一种是按照一定的比例以现金的形式支付给保单持有人；另一种是以应支付的收益抵减保险费。在这一问题上，伊斯兰保险公司可采取两种不同的方法：一种是假如保单持有人没有从伊斯兰保险中获得伊斯兰保险利益或没有要求伊斯兰保险公司进行任何保险赔付，那么他才有资格参与剩余的分配，或者如果保单持有人在保单到期之前已经放弃或终止了其保单；另一种是如果保单持有人向伊斯兰保险公司要求的赔偿数额少于分配的数额，则保单持有人仍有资格参与剩余的分配。从伊斯兰保险公司的股东角度看，他并没有权利分配由保单持有人的资金产生的收益，另外，伊斯兰保险公司的董事会有权决定收益在特定的或其他合适的人群中进行分配，不一定必须在保单持有人中进行分配，因为从伊斯兰保险公司资金来源上看，保单持有人投入的资金被看作是一种捐赠，因此他也可以不参与收益的分配。当然，根据董事会提议，伊斯兰保险公司可以将全部或部分收益分配给保单持有人，也可以以未分配利润的形式保留到下一年，或者用于社会福利慈善事业或者是国家发展之中。

四、资金混合

在伊斯兰保险中，往往是保单持有人的资金和代理人或保险经营者的资金一起用来进行投资。在这种情况下，虽然仍将资金划分为两种不同类型，但由于共同投资产生的费用由两类资金共同承担，保险经营者作为参与者并不仅限于经营和管理保险资金，同时还具有一些甚至在伊斯兰教法中未曾提及的责任，比如在公司的成立阶段，保险经营者要承担公司设立的一些初始成本或设立成本。这些成本真实地存在于现代公司制企业中。在公司经营出现亏损时，经营者同样有责任以慈善贷款的形式在自愿的基础上管理伊斯兰保险资金。

五、作为所有者的保单持有人

在伊斯兰保险公司中，保单持有人是真正的公司所有者并拥有所有伊斯兰金融业务。在实践中可能经常被忽略的一个问题是保单持有人在董事会中的代表人数。为了保证保单持有人的利益，保单持有人必须在董事会中拥有足够数量的董事，并且有权利对公司的交易和财务状况进行监督。

第七章　伊斯兰金融市场

　　在伊斯兰金融市场建立的早期阶段，伊斯兰银行关注的重点是提供各种不含利息的存款和融资工具。由于穆斯林向伊斯兰银行提供了存款支持，而伊斯兰银行的资金运用途径受到支付利息的限制，致使伊斯兰银行出现了严重的流动性问题。在许多情况下，由于受伊斯兰教律的限制，伊斯兰银行无法将资金融通到基于利息的金融工具中，投资机会十分有限，从而导致大量的资金在伊斯兰银行中沉淀和闲置下来，伊斯兰银行无法运用闲置资金进行投资以获取投资收益，严重影响了伊斯兰银行的运营，也影响到伊斯兰银行在全球银行业中的竞争地位。与伊斯兰金融不同，在传统金融体系中存在着这样一种机制，允许资金充裕的银行将多余的资金借贷给资金暂时出现短缺的银行，这样就形成了一个金融机构之间相互融通资金的市场。除此之外，在传统金融体系中，个人、企业、政府、金融机构等还将自己的资金投资于各种金融工具之中以获取投资收益，同时政府和企业以及金融机构为满足自身资金需要或弥补资金不足利用金融市场筹集资金。

　　鉴于伊斯兰银行所面临的问题，全球伊斯兰银行系统认为拥有属于自己的金融市场对于未来的发展十分必要。从理论上看，金融市场是借贷双方为满足自身需求进行资金借贷而形成的供求关系及其机制的总和。在金融市场中，借方为满足自身的财务需求向市场借入资金，贷方则为了盈利需要将自己多余的资金投入到市场上的金融工具中去，以获取收益。在认识到伊斯兰金融所存在的问题之后，直接参与伊斯兰金融体系的学者们开始思考应该如何建立一个伊斯兰金融市场，以及伊斯兰金融市场需要哪些机制。此外，学者们还需要研发出伊斯兰金融市场所特有的金融工具作为传统金融市场工具的替代，并认为这些金融工具应该具有以下特点：

　　a. 必有具有可流通性，也就是说，它们可以容易地变现。

　　b. 必须承载最低的风险。

　　c. 必须易于估值和定价。

由于伊斯兰金融市场仍处于发展阶段，因此这些概念引起了许多理论和实践上的问题。伊斯兰的宗教法规有时也会导致一些混乱情况和持久的争论，这些混乱和争论不仅在某一国学者中存在，甚至在不同国家中也存在。

传统的金融市场主要由货币市场、资本市场、外汇市场、衍生金融工具市场以及抵押和资产证券化市场构成。其中货币市场是短期资金交易的市场，交易工具的期限都在一年期以下，主要为市场提供流动性。资本市场主要包括债券市场、股票市场、投资基金市场和银行的长期信贷市场等，属于中长期资金交易市场。外汇市场是外汇资金交易的市场。衍生金融工具市场包括远期、期货、期权和互换市场，其最主要的特征是交易与交割的不同步性和其投资本身所具有的杠杆性。抵押和资产证券化市场主要涵盖不动产融资（如住房、建筑或其他不动产借款）和以这些融资为基础进行的资产证券化过程。基于篇幅上的考虑，伊斯兰衍生金融市场将在本章的最后一节论述。

金融市场的这几个组成部分并非在世界上任何一个国家中都同时存在。在西方经济发达国家，资本主义经济发展历史较长，金融市场也具有较长的历史，这四个市场的发育程度较高，如伦敦和纽约就是世界著名的金融中心，金融机构林立、金融市场发达、金融产品齐全。而在发展中国家和经济欠发达国家和地区，金融市场的这几个组成部分的发展程度并不相同，有些金融市场在这些国家中并不存在。

第一节　伊斯兰货币市场

一、传统的货币市场

传统意义上的货币市场是一个交易高质量短期债务工具的市场。在这一市场中，证券的期限一般都在一年以内，发行人主要为政府、大公司、金融机构，它们一般通过电子通信网络发行证券，获得短期资金。一个有效率的货币市场应该是一个具有广度、深度和弹性的市场，其市场容量大，信息流动迅速，交易成本低，交易活跃且持续，能吸引众多的投资者和投机者参与。货币市场通常由同业拆借市场、票据市场、可转让大额定期存单市场、短期政府债券市场和回购市场等子市场构成。

短期政府债券即国库券是由一国财政部门发行的有价证券。发行短期政府债券筹集到的资金主要用于弥补政府的营运开支。短期政府债券一般以贴现方式发行，即以低于面值的价格出售给投资者，到期时以面值归还本金和利息，出售价格和面值之间的差额是投资者的投资收益。由于短期政府债券在票面没有标明利息，所以也被称为零息债券（Zero Coupon）。短期政府债券的最短期限可以只有1天，最长不超过1年，主要的期限品种为1个月、3个月和6个月。

大额可转让定期存单是20世纪60年代美国花旗银行为规避利率管制而发行的一种金融工具。银行发行的可转让定期存单，在性质上仍属于债务凭证，由银行允诺到期还本付息，购买存单的投资者需要资金时可把存单出售换成现金。存单把存款和短期证券的优点集于一身，既为银行带来了便利，又为客户提供了好处。在马来西亚传统的金融市场上，可转让定期存单是由金融机构特别是大商业银行发行的，每张票据都有最低存款金额（50000林吉特）。这种存单的到期日在1年以内，利率在存单发行时即已确定，投资者需要资金时可随时在市场上将其出售，也可以将存单直接出售给存单的发行银行。

银行承兑汇票最早出现在国际贸易中，最初只是一种支付结算工具，而并不完全是一种融资工具，它的发行也常常是为了促进国际贸易的发展。银行承兑汇票由银行发行并承兑后交付给商业贸易中的卖方，卖方在汇票到期时向承兑银行要求兑付汇票上的金额。承兑银行在收到票据时经审核无误后将款项支付给持票人。这时的银行承兑汇票并没有作为融资工具进入货币市场，而仅仅执行结算工具的职能。如果持票人在汇票到期之前将票据交由银行进行贴现，银行将贴现日至到期日之间的利息扣除后剩余的款项交给持票人时，银行承兑汇票便成为了一种融资工具，但仍然没有进入货币市场，只有银行再将仍未到期的汇票贴现给其他商业银行时才进入货币市场，这也就是转贴现。

在短期政府债券和承兑汇票交易中，除了现券交易外，还有另外一种交易形式——回购。回购交易是指证券持有人在需要资金时，将自己持有的证券出售的同时，与证券购买者（资金的供给者）签订一份协议，双方同意在未来的某一时间以约定的价格再将该证券购回的协议。在这一协议中，证券的出售方为资金的需求者，也被称为回购方，证券的购买者是资金的提供者，也叫作逆回购方。回购协议从本质上看相当于以证券为基础进行的抵押借款，本金是出售证券所获得的资金，双方约定的回购价格既包括借贷的本金也包括利息。

二、伊斯兰货币市场

(一) 伊斯兰货币市场的形成和发展

伊斯兰货币市场的金融工具尚未在伊斯兰国家中真正地扩展起来，但是，伊斯兰银行已经在扩展其业务活动的广度和深度，重构传统金融工具以使其符合伊斯兰教法的要求。这种改变的原因之一是伊斯兰银行需要解决其面临的流动性问题。相关国家如马来西亚、科威特、巴林、苏丹和伊朗已采取措施支持伊斯兰银行采用资产管理工具对其资产和负债进行管理。它们为这些金融工具的发行通过了一些法律并提供了基本的法律框架，其中有两个重大事件必须提到。第一个具有里程碑意义的事件是马来西亚政府于 1983 年发行了伊斯兰债券，这种工具当时被称为政府投资凭证 (Government Investment Certification, GIC)。引入这种金融工具的目的是为日益增长的伊斯兰银行体系提供流动性。这种金融工具以伊斯兰金融中的福利贷款 (Qard Hasan) 原则为基础，无利息支付，所以该金融工具在市场上可以流通交易。2005 年，这种金融工具的概念进一步扩展，基于伊斯兰金融的回购 (Bai-al-einah) 原则进行交易，形成了政府债券的二级交易市场。另一个事件是科威特中央银行发行了为财产提供融资的无息债券。这一想法后来也被伊朗用来引入了一些以穆德拉巴 (Mudaraba) 为基础的参与债券。现在，这些金融工具已经在金融市场上部分地替代了传统的金融工具。

在通过货币市场提供基于伊斯兰教义的可转让的金融工具发展方面做出重大贡献的国家是马来西亚。这些做法后来也被印度尼西亚所效仿。1994 年，马来西亚建立了一个伊斯兰银行同业拆借市场，它由三个主要部分组成：①伊斯兰金融工具的银行间交易；②伊斯兰银行间投资；③银行间票据交换系统。由于票据交换系统——RENTAS 系统 (资金和证券的实时电子兑换系统) 在 1993 年被统一化，因此伊斯兰银行间票据交换系统不再被当成伊斯兰银行同业拆借市场的一个组成部分。目前伊斯兰银行同业拆借市场仅由两个部分组成：伊斯兰金融工具的银行间交易和基于利润分享原则的银行间投资。

(二) 伊斯兰货币市场工具

货币市场是短期金融工具交易的市场，伊斯兰货币市场也不例外，与传统货币市场工具不同的是伊斯兰货币市场工具必须符合伊斯兰教义的规定。

1. 常见的伊斯兰货币市场工具

利润分享凭证 (Mudaraba Certificaties) 这一凭证代表了持有人在一家公司或一个投资项目中永久的所有权，但持有人没有权利参与公司或项目的经营管理。

股本参与凭证（Musharaka Certificaries） 这一凭证在所有方面与前面的利润分享凭证都相同，但有一个与其显著不同之处是股本参与凭证的持有人有权利参与公司或项目的经营，也就是具有投票权。

股本参与定期融资凭证（Musharaka Term Finance Certificaties） 这种凭证赋予持有人在一个特定的时期临时拥有公司或项目的所有权，其持有人是否拥有经营管理权要看发行时的发行条款的规定。

以上几种伊斯兰金融市场工具虽然形式上是货币市场工具，但大多数情况下一般被视为资本市场工具。

2. 其他货币市场工具

成本加成与生产销售凭证（Murabaha and Istisna Certificaties） 是一种源于Mudaraha 合约或者是 Istisna 合约的债务凭证。这一债务凭证与传统金融市场上的零息债券相似，发行时以贴现方式发行，到期时按照票面金额偿还，赎买与销售价格之间的差额是投资者投资该凭证的收益。根据伊斯兰教法规定，资金借贷不能涉及利息，因此债务的全部或任何其中的一部分都不能单独进行交易。由于这一凭证缺乏一个活跃的二级市场，在市场上对投资者的吸引力是有限的。在马来西亚，成本加成与生产销售凭证可以在国内的二级市场上交易，所以非常流行。

延期交割销售凭证（Salam Certificaties） 源自延期交割销售合约，这一合约要求商品购买者提前支付购买商品的款项，但商品的交割要等到将来一个双方商定的时间进行。提前支付的资金可以代表对应商品的债务凭证。但是出于同样的原因，延期交割销售凭证也不能在市场上进行交易，应用范围十分有限。

3. 伊斯兰债券的构建（Sukuk Structures）

伊斯兰债券是指由有形资产支持并符合伊斯兰教法规定的债券。从概念上看，伊斯兰债券类似于传统金融中的资产支持证券（ABS），但与之不同的是伊斯兰债券不能完全由债务来支持。传统的伊斯兰债券具有不同的期限，它们通常被划分到资本市场或货币市场工具中，这取决于其期限结构。马来西亚伊斯兰债券市场是世界上最活跃的伊斯兰债券市场。伊斯兰债券的内容将在"伊斯兰债券市场"一节中专门介绍。

三、马来西亚伊斯兰银行间货币市场（Islamic Inter-bank Money Market，IIMM）

马来西亚伊斯兰银行间货币市场是伊斯兰银行之间相互交易所有基于伊斯兰教义的金融工具的市场。伊斯兰银行间货币市场于 1994 年引入马来西亚，其主要目的是为伊斯兰银行提供流动性管理和调整其资产组合的工具。伊斯兰银行间货币市场为资金盈余银行和资金短缺银行之间创造了一种流动性机制，从而有利于金融体系的稳定。在引入之初，IIMM 就被构造成一个提供稳定短期投资途径的市场。通过 IIMM，所有的金融机构，包括伊斯兰银行都可以参与其中来满足其资金需求。IIMM 的功能与传统金融体系中的货币市场类似，中央银行可以将商业银行的存款以再贷款的形式提供给其他银行。在 IIMM 交易的金融工具主要有基于盈亏共担的银行间投资和伊斯兰金融工具的银行间交易。

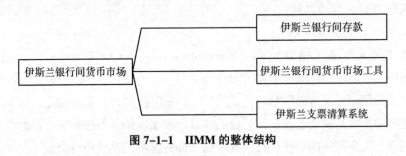

图 7-1-1　IIMM 的整体结构

四、马来西亚伊斯兰货币市场工具

（一）盈亏共担银行间投资（Mudaraba Inter-bank Investment，MII）

MII 是这样一种机制，资金短缺的伊斯兰银行业金融机构（被投资行）从资金盈余的伊斯兰银行业金融机构以盈亏共担的形式融入资金，投资期间从隔夜到12 个月不等，回报率取决于被投资行年度利润分配前的总利润。盈亏共担的比例由双方商定，但被投资行在协议签订时并不保证回报率，回报率只有在投资结束时才知道。投资结束时，偿付投资本金，同时，被投资行还支付给投资行运用该资金经营所获利润的一个份额。IIMM 与传统货币市场中的大面额可转让定期存单（以下简称 CD）十分相似。伊斯兰银行购买这一证券的目标主要是为了维持足够的流动性并同时获取一定的投资收益，而发行者则主要是为解决短期的流动性不足。

（二）信托银行间承兑（Wadiah Inter-bank Acceptance）

信托银行间承兑是马来西亚央行和伊斯兰银行业金融机构之间的交易。伊斯兰银行业金融机构将剩余资金置于马来西亚央行的保管之下，马来西亚央行则以保管人的身份负责保管这些资金，但并没有义务支付特定的回报，即使支付给伊斯兰银行的红利也被看作是一种礼物性质的。信托银行间承兑给予马来西亚央行很大的灵活性，因此马来西亚央行可以接受这些资金但并不需要支付回报，也不必将这些资金进行投资。在流动性操作中，央行可以运用信托银行间承兑从IIMM运用隔夜货币或固定期限的依托承兑吸收过多的流动性，反之则可以购买市场上的信托银行间承兑。

（三）政府投资债券（Government Investment Issues，GII）

在第一家伊斯兰银行于 1983 年在马来西亚开业时，伊斯兰银行不能购买和交易马来西亚政府债券、马来西亚国库券或其他有利息的工具，但是伊斯兰银行有强烈的持有流动性证券满足自身流动性需求和进行短期投资的需求。为满足这一需求，马来西亚国会于 1983 年通过了《政府投资法案》（Government Investment Act），允许发行无利息的凭证，也就是后来的政府投资凭证（Government Investment Certificates，GIC），又改称为政府投资债券。

该债券首次发行是基于福利贷款（Qard Hasan）的基础之上的，投资者向政府提供无息贷款，当债券到期时，政府会按一定比例向投资者分发礼金。不过当时的基于福利贷款原则的 GII 不能在二级市场交易，因为福利贷款原则上禁止二级市场交易。为了使 GII 能够在二级市场交易，马来西亚中央银行先是开设了一个窗口方便市场参与者通过央行购买或出售证券，价格由马来西亚央行设定。自 2001 年 6 月起，政府投资债券的理论基础被换为销售与回购（Bai-al-einah）原则。在此原则下，马来西亚央行代表政府销售政府拥有的资产，随后通过一个招标程序购回这些资产，回购的价格等于债券的名义价值加上利润。名义价值即为政府投资债券的面值，在债券到期时支付，而利润是根据中标者的加权平均收益率确定，每半年支付一次。

在马来西亚，GII 的发行由马来西亚央行的投资操作与金融市场部负责，有时马来西亚央行会主动邀请金融机构认购政府投资债券。每张债券的面值都是 100 万林吉特，最低购买量也是 100 万林吉特。这种金融工具的认购仅限于金融市场上的成员，如拥有伊斯兰分支机构的商业银行、伊斯兰银行、商业银行和贴现行等。GII 的交易采用无纸化方式，在认购时，金融机构也需要支付佣金和印花税等费用，债券到期时，政府会向持有人支付议定的价格。

2001 年 6 月，马来西亚发行了三年期以销售和回购原则为基础的政府投资债券，到 2003 年年末，政府投资债券的发行达到了 20 亿林吉特。2005 年，马来西亚政府发行首批基于利润的政府投资债券，这种 5 年期的债券每半年向投资者发放一次利润。2005 年 6 月 17 日，马来西亚修改了《1983 年政府投融资法案》（即以前的《1983 年政府投资法案》），使政府投资债券的发行限额从 150 亿林吉特上升到 300 亿林吉特。到 2008 年 2 月 18 日，政府投资债券的未偿金额达到了460亿林吉特。

（四）马来西亚央行可转让票据（Bank Negara Negotiable Note，BNNN）

马来西亚央行可转让票据是马来西亚央行向货币市场上的金融机构发行的一种短期伊斯兰金融工具，于1999年首次发行。它是一种基于销售与回购原则的存款票据。马来西亚央行以招标的方式销售其持有的资产（通常是在马来西亚证券交易所上市的一批股票），票据的票面金额通常为100万林吉特，金融市场成员以投标的方式购买这些资产（票据），购买价格低于票据的票面金额。同时，马来西亚央行同意票据到期时以每张100万林吉特的价格回购这些票据，票面金额与实际购买价格之间的差额是投资该票据的收益。

在马来西亚，可转让票据的发行时机和发行量由央行决定，金融机构在招标截止日期前向央行投资操作和金融市场部提交标书，央行只需注册它的买家姓名和认购总额等信息，中标后，买家按中标价格向央行支付现金。根据债务销售原则，这些票据可以在二级市场上交易，交易价格取决于交易时间和票据的到期日等因素。为了进一步刺激票据的交易，马来西亚央行在交易上采用了做市商制度，指定了一些主要经纪商从事票据的做市，市场参与者可以根据做市商的报价进行交易。

2001年、2002年和2003年发行的马来西亚央行可转让票据的金额分别为10亿林吉特、20亿林吉特和10亿林吉特，交易量分别为12亿林吉特、22亿林吉特和88亿林吉特。到2003年底，这些票据的未兑付金额为30亿林吉特。

根据《1958年马来西亚中央银行法案》（Central Bank of Malaysia Act，1958）修正案，BNNN被马来西亚货币票据（Bank Negara Money Note，BNMN）所取代，所有即将到期的马来西亚央行可转让票据也将逐步被马来西亚央行货币票据所取代。BNMN的最长到期时间也从1年延长到了3年，而且也以贴现的方式发行。

马来西亚央行可转让票据在伊斯兰金融中充当了传统金融中的短期政府债券的角色，并且基于以下三个方面的原因而具有极大的吸引力：一是这些票据没有违约风险；二是流动性强且二级市场深度好；三是以贴现的方式发行。同时与传统金融市场中央银行进行公开市场操作对象一样，马来西亚央行可转让票据也成为马来西亚央行进行公开市场操作的对象，金融市场成员可以通过马来西亚央行收紧或注入流动性的行为来判断市场流动性的变化。

（五）伊斯兰承兑汇票（Islamic Accepted Bills）

伊斯兰短期商业汇票，又称为无息承兑汇票（Interest-free Accepted Bill），于 1992 年首次引入马来西亚，它是建立在成本加成和债务销售原则的基础上，通过向贸易者提供有吸引力的伊斯兰金融产品来促进采购和销售行为，并鼓励和促进国内外贸易的金融工具。这种金融工具与传统金融工具中的银行承兑汇票十分相似，因此也可以用于非伊斯兰的违禁商品的进出口以及国内贸易提供融资。

伊斯兰银行为进口或国内采购行为提供的融资建立在成本加成原则之上。根据这一原则，银行相当于指定客户作为自己的代理人，代表银行采购自己所需要的商品，银行则向卖方支付货款，然后以分期付款的方式将商品销售给客户，在客户申请支付货款时，伊斯兰银行向客户开出伊斯兰汇票并承兑，由此成为伊斯兰承兑汇票，到期时由伊斯兰银行保证向卖方支付货款，同时客户向银行支付货款，客户的付款期最长为 200 天。根据双方事先商定的条件，客户应在到期日向银行支付商品的采购成本以及利润，这种汇票就代表了客户承诺在到期日按照汇票中规定的利润率向银行进行支付，而由伊斯兰银行承兑后就变成了伊斯兰承兑汇票。

一般来说，伊斯兰承兑汇票以贴现债务销售的方式进行，在汇票到期前，卖方（汇票持有人）可以将其背书转让，到期时汇票的承兑行将向合法的票据持有人进行支付。与此同时，客户也需按照约定向银行进行支付。

伊斯兰承兑汇票的交易包含了一个证券化过程：银行购买了客户对于债务的权利，而这种债务通常以承兑汇票的形式被证券化。这种债务一旦被证券化后就可以基于债务销售的原理在二级市场上进行交易，交易价格与传统金融市场中银行承兑汇票贴现金额的计算相同。它的价格也取决于汇票的票面金额、利润率的高低以及到期时间的长短等因素。伊斯兰承兑汇票是一种在二级市场上交易非常活跃的金融工具。2008 年，共有价值 70.2 亿林吉特的此类汇票在二级市场上交易，这表明在国际贸易中，基于伊斯兰教义的伊斯兰承兑汇票正在成为越来越受欢迎的金融工具。

（六）伊斯兰可转让工具 （Islamic Negotiable Instruments）

伊斯兰可转让工具有两种形式，第一种是伊斯兰可转让存款工具 （Islamic Negotiable Instrument of Deposit，INID）。它基于盈亏共担的原则，客户将资金存入伊斯兰银行，在将来一个确定的时间由伊斯兰银行向客户支付 INID 名义价值加上事先确定的分红。这种工具于 2000 年首次发行，最初利用的是延期付款销售的原则，后来也可以在利润分享和销售与购回原则的基础上发行。每张存款凭证的最低金额一般是 50000 林吉特。伊斯兰可转让存款工具可以在二级市场上交易，价格一般由凭证的面值、期限等因素决定，如果利用了利润分享或盈亏共担，则还应考虑银行的利润率。除可以采用销售与回购原则销售外，还可以采用招标的方式进行销售。伊斯兰可转让存款工具的发行方式首先要获得马来西亚央行的批准，发行通常由一家金融机构的资金部门执行，金融机构的各分支机构只充当客户与该机构总部资金部门的联系纽带，存款工具到期时，金融机构总部资金部门向存款工具的持有人支付本金和利息。客户可以在到期前在二级市场上将其出售或直接出售给发行银行，但到目前为止，伊斯兰可转让存款工具在金融市场上尚未得到充分利用。第二种是可转让伊斯兰债务凭证（Negotiable Islamic Debt Certificate，NIDC）。在这一交易中，伊斯兰银行将其资产按事先确定的一定比例销售给客户，客户以现金的方式按照约定的价格进行购买，随后，或在到期之前，银行再以本金价值加上利润的价格从客户手中购回这一资产份额。

（七）基于利润分享原则的银行间投资

基于利润分享原则的银行间投资是马来西亚央行在 1994 年首次实行的，当时货币市场刚刚被引入到马来西亚银行体系中。银行间投资是一种基于利润分享原则的投资机制，它使赤字金融机构能够从盈余金融机构那里获得投资。这种金融工具具有以下几个特点：

（1）投资期限从隔夜到 12 个月不等。

（2）每笔投资的最低金额为 50000 林吉特。

（3）收益率基于毛利率，即接受投资的银行将利润分配到新一年投资之前的毛利润率。

（4）利润分成比率可由投资双方商定。

（5）双方就利润分成进行协商时，投资方银行并不知道确切的收益数额，收益额只有在投资结束时才能确定（不过马来西亚央行在 1996 年 2 月做出规定：最低收益率应为政府投资债券的收益率加 5%）。

在投资期结束时应该向投资者或资金提供者分配多少利润，可以按以下公式计算：

$$Y = \frac{P \times R \times T \times K}{36500}$$

其中，Y 表示付给投资人的利润额；P 表示投资金额；R 表示接受投资银行统一将利润分配到新一年的投资之前的毛利润率；T 表示投资的总天数；K 表示利润分成比率。

基于利润分享的银行间投资在伊斯兰同业拆借市场上非常活跃，2007 年和

2008年货币市场上此类金融工具的金额分别为2710亿林吉特和2240亿林吉特。

在马来西亚货币市场工具中，除以下几种之外，还有伊斯兰私人债务证券（Islamic Private Debt Securities）和抵押贷款协议（Rahn Agreement）等。伊斯兰私人债务证券于1990年被引入马来西亚，是一种基于延期付款加成销售原则、成本加成销售原则和盈亏共担原则的一种符合伊斯兰教法的货币市场金融工具。在抵押贷款协议中，贷款人基于抵押贷款原则提供贷款给借款人，借款人以其购买的证券作为贷款的抵押，如果借款人到期不能归还贷款，贷款人有权出售抵押债券并用其收入归还贷款。抵押贷款的收益被认为是一种礼金并且由银行间货币市场上的平均利润率水平决定。抵押贷款也可以在传统金融市场上非常流行的回购协议的形式进行，但回购协议在伊斯兰银行中的运用仍十分有限。中央银行则运用这一工具进行流动性管理的公开市场操作。

五、伊斯兰货币市场与传统货币市场的区别

前面我们已经讨论了当今伊斯兰货币市场的作用以及伊斯兰金融机构在货币市场中使用的金融工具，同时也讨论了在对伊斯兰教法的不同理解下提供的不同的伊斯兰货币市场产品和服务，特别是马来西亚伊斯兰货币市场产品的情况。由以上讨论可以看出，伊斯兰货币市场工具与传统货币市场工具之间既存在着区别，同时也具有一定的联系。基于以上几种伊斯兰货币市场工具，表7-1-1总结了其与传统货币市场工具之间的区别，同时也指出这些问题所带来的伊斯兰货币市场乃至资本市场上的监管问题。

表7-1-1　伊斯兰货币市场工具与传统金融货币市场工具区别

伊斯兰货币市场工具	目标	非伊斯兰证券等价	流行程度
伊斯兰债券构建	为由实物资产和金融资产作抵押的债务提供一个二级市场和流动性	资产支持证券	高
利润分享银行间投资（MII）	银行间借贷	可转让定期存单	中等
信托银行间承兑	便于中央银行与伊斯兰银行之间的流动性管理	伊斯兰银行在中央银行的准备	中等
马来西亚央行可转让票据	管理伊斯兰银行体系的流动性	短期政府债券	高
伊斯兰承兑汇票	对外贸易融资	银行承兑汇票	中等
伊斯兰可转让存款工具（INID）	为定期存款提供收益	具有固定到期日的定期存款	高
抵押贷款协议	流动性管理	回购协议	低

资料来源：M.Kabir Hassan and Mervyn K.Lewis. Handbook of Islamic Banking. Edwaed Elgar Pubishing Limited，2007.

第二节　伊斯兰债券市场

一、什么是伊斯兰债券

伊斯兰债券（Sukuk，通俗地讲也就是 Islamic Bond）是当前伊斯兰金融业中最为活跃和吸引人的领域，自 2001 年开始到目前一直保持着两位数以上的强劲增长率。一方面忠实于伊斯兰教法的投资者由于受到禁止利息的约束想寻找能够替代传统金融中借款利息的投资工具；另一方面发行人也在寻找通过可靠途径筹集资金的可行性。因此伊斯兰债券的发行在伊斯兰金融体系中就显得十分重要。

"伊斯兰债券"（Sukuk）这个词语是阿拉伯语"Sakk"的复数形式，原意是法律上的工具、契约或证书的意思。每一个文件代表了一个与伊斯兰教法相符的签约或转让的权利和义务（Shanmugam 和 Aahari，2009）。也就是说每一份证书标明的是对一份资产标的物的占有的数额或在某一份资产组合中所占有的份额，而证书本身代表了对资产份额的所有权。通过发行 Sukuk 筹集资金，按照事先确定的资产项目进行投资，然后该资产标的物便接受委托管理，投资证书的持有者根据各自的投资比例获得信托资产中的股份，投资者有权享有资产标的物所占份额获得的利润。这样，复数词"Sukuk"后来就逐渐演变成了伊斯兰借贷进而变为伊斯兰债券的代名词。

伊斯兰金融机构会计和审计组织（AAOIFI）对伊斯兰债券的定义是："伊斯兰债券是平等地代表一个资产组合中合格的现在或将来的资产、收益权、服务或商业活动中的非股利所有权收益的金融证券。"简单来说，伊斯兰债券就是代表了资产所有权的伊斯兰金融或证券（IFSB，2009），它不但是一种对资产产生的现金流具有要求权的伊斯兰投资凭证，而且是一种对资产的所有权具有要求权的伊斯兰投资凭证。伊斯兰债券的持有者拥有商业活动所产生的收益和风险的份额，而不是仅仅获得投资本金的一个固定利息。因此伊斯兰债券与传统的以获取固定或浮动利息的债券不同。另外，由于伊斯兰债券投资者拥有资产的所有权，也就是一种证券化的资产（Jobst、Kunzel、Mills 和 Syed，2008），但其与传统金融中的资产支持证券也不相同。在伊斯兰教法中，单纯的债务交易被认为是非法的，也就是说，在伊斯兰债券中，债务的销售或应收账款等单纯现金的销售不符合教法的规定，伊斯兰债券中的标的资产必须是真实可靠的资产所有权或用益权的转让，简单地将信贷资产组合中的资金流包装成证券不符合伊斯兰教法的规定。

伊斯兰金融机构会计和审计组织（AAOIFI）列出了 11 种主要的可运用伊斯兰债券融资技术的标的资产，如表 7-2-1 所示。

表 7-2-1　伊斯兰会计和审计组织（AAOIFI）列出的伊斯兰债券的标的资产

标的资产
1. 资产标的物的租赁权
2. 财产用益权
（1）现有资产标的物的用益权
（2）具有详细规定的将来可支配的资产标的物的用益权
3. 指定服务商提供的服务
4. 服务商提供的具体规定了的、在将来兑现的服务
5. 延期交割合约（Salam）
6. 订单销售合约（Istisna）
7. 购买合约
8. 资产标的物的租赁权
9. 合伙投资
（1）盈亏共担合约（Musharaka）
（2）利润分享合约（Mudaraba）
（3）代理合约（Wakala）
10. 农业合约
（1）Muzarah
（2）Musaqa
（3）Mugarasa
11. 许可权

注：农业合约中的三种合约是三个阿拉伯语，经向阿拉伯语专家请教，不能确定其含义，在 AAOIFI 的文件中也没有找到解释，所以保留其原来形式。

二、伊斯兰债券市场

虽然伊斯兰债券属于新型的金融工具，但与其他伊斯兰金融市场的发展一样，伊斯兰债券市场也取得了巨大的发展。2001 年伊斯兰债券的全球发行量就达到了 20 亿美元以上，到 2012 年年底超过 1000 亿美元达到 1210 亿美元。其中 2011~2012 年的增长率达到了 64%。

虽然从全球金融体系的总量来看，伊斯兰金融产品的总值还不到全球的 1%，伊斯兰债券市场所占的比例更是微不足道，但是伊斯兰金融资产特别是伊斯兰债券的增长率却备受关注。特别是海湾地区的沙特阿拉伯、阿联酋、卡塔尔、巴林增长潜力巨大。其他的穆斯林人口众多的国家如马来西亚、印度尼西亚、巴基斯坦、印度和孟加拉国也具有极大的增长潜力。特别是马来西亚伊斯兰债券的发展引领了整个伊斯兰债券的发展，独树一帜。

表 7-2-2 是按国家和年度细分的 2001~2009 年全球伊斯兰债券的发行情况。

表 7-2-2 按国家和年度细分的全球伊斯兰债券发行情况表（2001~2009 年）

单位：百万美元

年份 国家	2001	2002	2003	2004	2005	2006	2007	2008	2009	总计
巴林	100	200	2030	454	1113	418	1137	891	1405	5947
科威特						200	200			400
沙特			500	415	500	800	5683	1874	2567	12348
卡塔尔			700			270	300	138		1407
阿联酋				1165	950	8245	10417	6159	3950	30866
巴基斯坦		6			600	180	1065	214	192	2257
马来西亚	680	761	4037	4957	7311	15060	26529	5897	12477	77744
印度尼西亚		19	64	84	60		193	681	1555	2656
文莱						580	222	31	107	940
德国				123						123
英国					261					261
美国						167			500	667
苏丹	184	5	543	700	1283	1872	2427	2509	3221	12744
开曼群岛						710	635		500	1845
新加坡	33								102	135
总计	997	991	6110	7898	12077	28502	48808	18392	26584	150360

资料来源：Junaid Haider, Muhammad Azhar. Islamic Capital Market: Sukuk and Its Risk Management in the Current Scenario [M]. Umea School of Business, 2010.

2001~2009 年，马来西亚总共发行了 77.744 亿美元伊斯兰债券，在所有国家中居首位，其次是阿联酋，总共发行了 30.886 亿美元，位居第二，如图 7-2-1 所示。

伊斯兰债券与传统债券的不同之处就是其要符合伊斯兰教法的规定的要求，因此伊斯兰债券的设计都是按照伊斯兰教法认可的伊斯兰金融合约设计的，图 7-2-2 是按不同类型区分的伊斯兰债券的发行情况。

推动伊斯兰债券市场发展的第一个重要原因是众多投资者的投资组合构成中持有大量的且持续增加的伊斯兰债券。在伊斯兰债券市场发展起来之前，伊斯兰

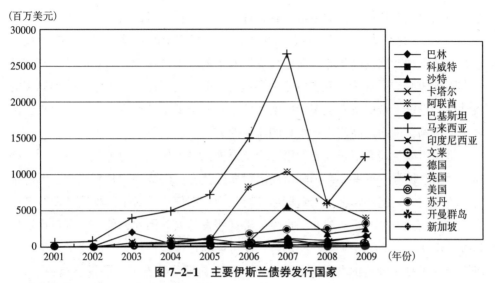

（百万美元）

◆	巴林
■	科威特
▲	沙特
✕	卡塔尔
✳	阿联酋
●	巴基斯坦
┼	马来西亚
✕	印度尼西亚
○	文莱
◆	德国
★	英国
◎	美国
◉	苏丹
✳	开曼群岛
✤	新加坡

图7-2-1　主要伊斯兰债券发行国家

资料来源：IIMF-Sukuk Analysis（2009）。

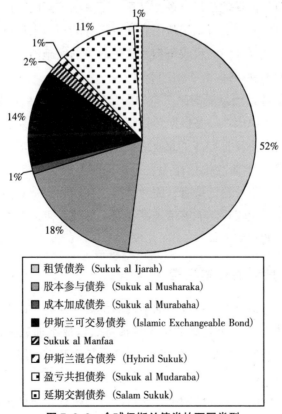

□ 租赁债券（Sukuk al Ijarah）

▨ 股本参与债券（Sukuk al Musharaka）

▨ 成本加成债券（Sukuk al Murabaha）

■ 伊斯兰可交易债券（Islamic Exchangeable Bond）

▨ Sukuk al Manfaa

▨ 伊斯兰混合债券（Hybrid Sukuk）

▨ 盈亏共担债券（Sukuk al Mudaraba）

▨ 延期交割债券（Salam Sukuk）

图7-2-2　全球伊斯兰债券的不同类型

资料来源：IIMF-Sukuk Analysis（2009）。

金融市场上没有任何类似的金融工具，许多伊斯兰投资者的投资组合中包含了大约 60%~70%的不动产项目，投资者可以从中获得固定的收益。但是伊斯兰投资组合中的不动产比例高于非伊斯兰投资组合中的不动产比例，后者的不动产比例只有不到 30%。因此为了获得既定的利润，同时也为了保持投资组合达到期望的流动性，投资者希望持有更多的伊斯兰债券从而降低不动产投资在伊斯兰投资组合中的比例，进而提高其资产组合的流动性。

推动伊斯兰债券市场发展的第二个重要原因是市场上出现了越来越多的非穆斯林伊斯兰债券发行者。在国际市场上伊斯兰债券已经成为一种新兴的、低成本的融资方式，它能够将常规的短期债务转化为长期信贷。对于非穆斯林发行者而言，中东地区丰富的石油美元一直吸引着这些发行人，因此，他们只有对投资项目按照伊斯兰教法的要求做一些调整，便可以满足穆斯林投资者的要求，于是市场上出现了越来越多的非穆斯林发行商。这对伊斯兰债券未来的发展至关重要。2008 年英国政府已经为伊斯兰债券二级市场制定了必要的框架性条件，从而为非穆斯林国家伊斯兰债券的二级市场交易奠定了基础。当时英国的财政大臣布朗宣布，伊斯兰债券的发行商可以用他们有纳税义务的利润来进行伊斯兰债券的息票支付，这样可以减轻他们的税收负担。这一政策的实施消除了伊斯兰债券在与传统债券竞争中的不利条件。

推动伊斯兰债券市场发展的第三个原因是伊斯兰银行大量持有伊斯兰债券。这主要有两个方面的原因：一是伊斯兰银行本身就参与了伊斯兰债券的发行；二是由于巴塞尔新资本协议Ⅲ提高了商业银行流动性资本的要求。为了满足巴塞尔资本协议Ⅲ的规定，伊斯兰银行作为发行机构时不能完全向客户出售伊斯兰债券，而是将其中的一部分自己持有，因为其无法在国际上持有传统资产。所以伊斯兰债券就成为伊斯兰银行既能够带来高利润又能遵守伊斯兰教法规定，并且有利于满足监管要求的现实选择。

三、伊斯兰债券的基本结构

现在伊斯兰债券市场上有各种不同结构的伊斯兰债券，比如以租赁为基础的伊斯兰债券，以参与合伙为基础的伊斯兰债券、以成本加成为基础的伊斯兰债券、以订单销售为基础的伊斯兰债券和以延期交易为基础的伊斯兰债券等基本种类，也有可变伊斯兰债券、多币种伊斯兰债券和混合伊斯兰债券等各种新型的伊斯兰债券。在这些伊斯兰债券结构中，又可以分为两种，一种是比较简单的没有组建特殊目的载体（Special Purpose Vehicle, SPV）的结构；另一种是组建了以

SPV 为媒介的伊斯兰债券结构。

（一）基于租赁原则的债券（Sukuk-al-ijara）

基于租赁原则的债券是最早受到伊斯兰学者的讨论和建议的伊斯兰融资模式之一，也被认为是最理想的伊斯兰债券结构。Sukuk-al-ijara 有时也被称为租赁债券或者租赁凭证。在不组建 SPV 的情况下，融资人（投资者）先采购一批客户需要的资产，然后将资产出租给客户以获取租金收入。承租人（债券发行人）需要周期性地向融资人支付租金。租金的支付频率可以是每月一次、每季一次、半年一次或一年一次，直到租期结束。由于承租人的租金支付责任是规律性的，所以可以将其证券化。资产所有人可以持有这种在租金基础上建立起来的债券，也可以在二级市场上交易。图 7-2-3 是没有 SPV 时的基于租赁原则的伊斯兰债券的结构。

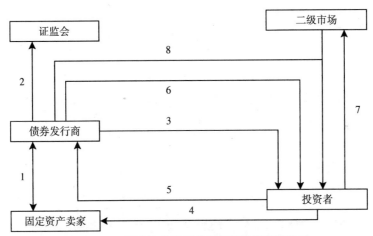

图 7-2-3　固定资产购买的租赁债券发行结构图

注："1"表示申请人（债券发行人）讨论并确定准备购买的固定资产并与固定资产专家联系商定采购的条件。"2"表示发行人向马来西亚证监会提出申请，以获得债券发行批准。批准与否取决于是否满足证监会设定的各项条件。"3"表示发行人与融资人或投资者进行讨论，并向融资人得出请求，然后双方就融资条件达成协议，融资条件包括发行成本以及预告确定的支付给投资者的利润率。"4"表示融资人（投资者）需根据发行人与固定资产卖家之间订立的协议进行采购并支付货款。"5"表示融资人根据先前议定的租金和其他条件，将资产出租给发行人。"6"表示一旦双方就交易安排达成书面协议，发行需发行债券。租金的支付可以根据双方的协议按月、季、半年或一年支付。"7"表示收到债券后，融资人可以根据债务销售原则在二级市场上交易这些债券。"8"表示债券到期时，如果融资人仍持有债券，则发行人应向融资人进行分期偿付。

如果发行人是为了获得营运资本，也可以利用租赁债券进行融资。在这种情况下，发行人首先要确定将哪些资产出售，然后将其出售给融资人。融资人以现金买下这些资产并出租给发行人，并按期支付租金。这时，发行人发行与租金价值相等的债券，并利用租金进行债券本金偿付并支付事先约定的利润率。

马来西亚第一支租赁债券是由希加里能源创投有限公司（Segari Energy Ventures Sdn Bhd）在 1997 年 9 月 30 日发行的，发行金额为 5.215 亿林吉特。该公司分四次对持有人进行了偿付：2002 年 3 月 31 日偿付了 1.16 亿林吉特；2003 年 3 月 31 日偿付了 1.245 亿林吉特；2004 年 3 月 31 日偿付了 1.57 亿林吉特；2005 年 3 月 31 日偿付了 1.24 亿林吉特。

在利用 SPV 的租赁债券结构中，交易的发起方（发行人）首先将一份标的资产出售给专门为债券发行而设立的 SPV，SPV 通过发行债券为标的资产的出售融资，然后 SPV 将该资产出租给发行人，每期的租金与 SPV 需要向投资者支付的金额相等。利用 SPV 的租赁债券结构在过去被广泛应用，特别是国有的发行人。图 7-2-4 是利用了 SPV 的基于租赁原则的伊斯兰债券的发行结构。

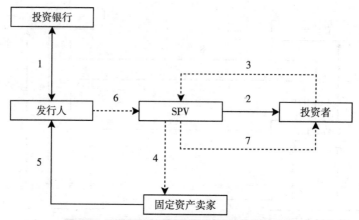

图 7-2-4 利用了 SPV 的租赁债券发行结构图

注：① "1"表示 Sukuk 发行人就债券发行事宜咨询投资银行，组建 SPV；"2"表示 SPV 发行债券给投资者；"3"表示 SPV 从投资者处筹集资金；"4"表示 SPV 支付给固定资产卖家货款；"5"表示 Sukuk 发行人以 SPV 代理人的身份交割固定资产，固定资产卖家将固定资产交割给 Sukuk 发行人；"6"表示 Sukuk 发行人从 SPV 处取得资产并按合约规定支付租金给 SPV；"7"表示 SPV 扣除自己和管理费后将租金支付给投资者。②虚线为资金流动。

在发行租赁伊斯兰债券时，需要考虑以下几个问题：一是债券的发行量要受到作为基础资产的标的资产价值的限制，因此伊斯兰债券的发行不如传统债券灵活；同时，一旦债券发行以后，作为标的资产的基础资产也不能挪作他用。二是关于 SPV 的建立。在建立 SPV 时，除了考虑基本的法律、税收等因素外，还应考虑作为基础资产的标的资产的性质对 SPV 的法律地位的影响。在海湾地区，只有当地人才能拥有不动产，所以将 SPV 建成本地公司是较好的选择。

在租赁债券交易中，投资者在实现其资产流动性的同时获得了投资收益，债券发行人为其资产购买筹集到了资金，这似乎是一个双赢的结局。然后有不少沙里亚学者认为，基于租赁原则的伊斯兰债券的结构与合同双方达成的协议（Bay-inah）交易结构相似，也就是说一件物品被出售后再被同一方购回在伊斯兰教法中是明令禁止的。甚至有一些学者认为，SPV 在将资产再次出租之前应该拥有该资产的所有权，就如上文中发行人是以 SPV 代理人的身份进行资产的交割，而不是直接将资产交割给发行人。

（二）股本参与（合伙）伊斯兰债券（Sukuk-al-musharaka）

在早期伊斯兰债券的发行中，更多地采用结构相对简单的租赁结构，但是由于租赁结构中债券的发行量取决于标的资产的价值，所以租赁债券显得不够灵活，这时，以盈亏共担为基础的股本参与伊斯兰债券出现了。股本参与伊斯兰债券在结构上采用伊斯兰金融中的盈亏共担模式，交易双方的关系类似于合伙关系。根据伊斯兰会计和审计组织对盈亏共担债券的定义，"股本参与伊斯兰债券是一种代表 Musharaka（合伙）权益所有权的投资债券。合伙协议是一种发行人和发起者之间共同投资的协议，双方依附于合伙协议的商业计划从事符合伊斯兰教法的投资活动，任何获自合伙企业的利润均按照双方商定的比例进行分配。"[1]盈亏共担伊斯兰债券的结构如图 7-2-5 所示。

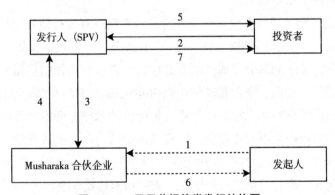

图 7-2-5　盈亏共担债券发行结构图

注："1"表示发起人根据合伙协议向合伙企业投入资金与 SPV 建立合伙关系；"2"表示 SPV 发行债券给投资者；"3"表示合伙企业从 SPV 处筹集资金；"4"表示合伙企业按照合伙协议的规定从实现合伙企业实现的利润中支付债券的息票和本金给 SPV；"5"表示 SPV 将收到的息票和本金支付给投资者；"6"表示同时发起人按照合伙协议的规定分得合伙企业的利润；"7"表示 SPV 扣除自己和管理费后将租金支付给投资者。

----

[1] Academy for International Modern Study（2009）.

在实际操作中，特别是根据合伙协议的规定，还应该有一个运营代理人来从事合伙企业的运营。在实际中运营代理人一般由发起人充当，在合伙企业达到一定收益后开始向投资者支付息票。盈亏共担伊斯兰债券从本质上看实际上是债券投资者与交易发起人共同组建一个合伙企业，双方按照协议规定分享利润和分担损失。

(三) 利润分享伊斯兰债券 (Sukuk-al-mudaraba)

利润分享伊斯兰债券通常也被称为 Muqarada 债券，是伊斯兰债券中最基本的筹集权益资本的工具。这种债券在租赁债券、成本加成债券、销售购回债券、订单销售债券等其他结构的债券不能采用时用来筹集权益资本。当投资于项目中的资金收益固定时，利润分享债券是固定收益债券；如果收益是可变的，则是变动收益利润分享债券。关于利润分享伊斯兰债券，伊斯兰国家组织的伊斯兰教法学者委员会曾对其有明确的定义和解释，本书主要采用其决议对其进行的解释。以下是对该决议的引用：

利润分享债券是一种筹集权益资本的债券。对于资本提供者，利润分享债券是资本提供者的一种投资，债券单位价格取决于单位发行数量及利润分享资本的分红。利润分享债券注册在其持有者名下，代表持有者对 Musharaka 资本中的普通资产。这种金融工具叫作利润分享债券 (Muqarada Sukuk Bond, MSB)，利润分享债券具有如下基本要素。

MSB 代表一种普通所有权并且使其持有者有权享有发行债券为其融资的特定项目中的份额。所有权的期限 (Duration) 由利润分享协议下投资项目或商业活动的期限决定。关于利润分享债券的所有权，持有人有权根据伊斯兰教法的规定享有出售、赠送、质押、继承和其他代表 Muqarada 资本的利润分享债券的权利。

利润分享债券合约建立在公开债券销售通告的基础上即招募说明书的基础之上。债券的募集资金由投资者提供，同意认购被认为是接受该合约。公开的通告应该包括伊斯兰教法规定的所有利润分享合约的条件，并且应该包括与资本确认、比例及利润分配等与伊斯兰教法相一致的所有明确信息。

利润分享债券在特定的募集期结束之后允许投资者在债券市场通过出售或交易债券自由转让其所有权，在投资者进行利润分享合约时这一权利已被赋予投资者。

自由处置或交易债券必须遵守以下规则：

(1) 如果 Muqarada 资本在募集期结束后项目开始运营前仍处于现金状态，债券的交易必须以现金的形式进行，而且必须遵守 Sarf 原则。

（2）如果这一资本仍处于债务状态，债券的交易必须基于伊斯兰债务交易的原则：债务对债务。

（3）如果这一资本处于货币、债务资产和利益状态，必须按照市场公认价格进行交易。

在利润分配方面必须严格遵守以下原则：

（1）受托人接受资金并且负责管理项目和商业活动事务，利润分享债券投资实现的利润根据协议在投资者和受托人之间进行分配。

（2）受托人和投资者资产所有权的份额与其参与的项目或公司的总资产的份额相一致。

（3）不允许保证一次性支付固定的利润总额。

（4）受托人有权根据自己不断提出的价格购买其他人提出出售的债券。

（5）Mudariba 被认为是普通基金或项目资产的受托人。如果受托人因疏忽或被证明不诚实而导致损失，应对损失承担责任。

关于债券的保证，以下几点必须提及：

（1）允许政府承诺赔偿项目中的损失。然而这种保证应该包括在一个单独的合约中，不应该包括在受托人和投资者之间签订的利润分享的主合约中。

（2）不允许发行人保证利润分享资本（投资者不承担任何债券价值的损失）或保证投资者获得一个固定的利润数额。

（3）允许受托人与投资者达成协议将利润的一定数量或一定比例留出来作为储备提供保护或弥补项目经营进程中的任何损失。

（四）延期交割伊斯兰债券（Sukuk-al-salam）

延期交割债券可以由 SPV 创造出来并进行销售，向投资者筹集的资金预先付给 SPV，同时 SPV 承诺在将来交割商品。所有伊斯兰教法对延期交割的要求都可以应用到延期交割债券中，比如在有效销售时间内买方的全额支付，标的资产的标准化特性，标的资产的清晰的数量、质量、交割时间和地点的详细说明等；同时，在交割时，SPV 可以指定一个代理人在市场上以比购买价格更高的价格销售规定数量的商品。销售所得的款项分为两个部分：一部分即购买价格与销售价格之间的差额是 SPV 的利润，SPV 在扣除掉自身的管理费后将其作为债券投资者的收益支付给投资者，作为投资者持有债券息票的支付；另一部分即当时的购买价格作为债券的本金偿付给投资者。在延期交割债券中，与基本的延期交割合约一样，在到期交割时商品的市场价格可能上升也可能下降，所以投资者将会面临商品价格变化的价格风险。

为了消除价格风险，在延期交割债券中安排了一个第三方，单方面承诺在将来也就是到期交割时按照预定的价格购买 SPV 出售的商品，这样就锁定了未来商品出售时价格变动的风险。一般情况下，做出单方面承诺的第三方是债券发行人生产商品的消费者，一旦做出承诺，就对第三方产生约束力。在大多数情况下，这个第三方是政府，特别是在政府发行债券的时候更是如此。比如，巴林政府曾经发行的 BMA 伊斯兰延期交割债券就是由巴林政府充当第三方对购买当时指定的标的资产铝承诺购买的。

根据伊斯兰教法中对于延期交割的要求，在真正拥有商品之前不能出售，即出售必须是在真实拥有的基础上的出售。在延期交割伊斯兰债券中，在商品交割之前，债券的持有人并不真正拥有商品，所以投资者在交割之前也不能出售持有的债券，这制约了延期交割债券的流动性，也使其对投资者缺乏吸引力。

（五）订单销售债券 (Sukuk al-istisna)

1. 延期付款销售和成本加成债券

基于延期付款和成本加成原则的债券（又称 BaIDS）是最早引入马来西亚的伊斯兰金融工具之一，需要资金采购固定资产的企业可以使用这种方法进行融资。马来西亚吉隆坡国际机场有限公司（KLIA）是最早发行这种债券的国有企业，该公司在 1996 年发行了价值 22 亿林吉特的此类债券，用来为吉隆坡国际机场的建设融资（Osman，2001）。此次发行由马来西亚政府担保。在私人部门，Houlon 公司通过 1997 年和 1998 年两次发行延期付款销售债券，募集到了 1.5 亿林吉特的资金。发行周期为三年。延期付款销售债券的发行流程如图 7-2-6 所示。

2. 成本加成销售债券

在传统金融市场中，零息债券（Zero-coupon Bond）发行时通过招标的方式以一个低于面值的折扣价格发行，到期偿还时按照面值偿还。在二级市场上这些债券也以低于面值的价格转让和交易，随着到期时间的临近，市场价格以一个固定的速度向面值回归。这一发行和交易的过程在伊斯兰教中是被允许的。它适用公开竞价交易原则。1997 年，马来西亚证监会教义咨询委员会第十次会议批准了零息债券的使用。在传统金融市场上，零息债券的到期收益率就是即期利率，这一利率也成为其他金融工具定价时使用的一个基础。当时马来西亚金融业迫切需要为企业债券的定价提供一个参考，而零息债券这种融资方式正是马来西亚所需要的（Hussain，1997）。在这种情况下马来西亚国库控股公司（Khazanah National）应运而生。当时马来西亚成立这家国营机构的目的要使它成为一个发行

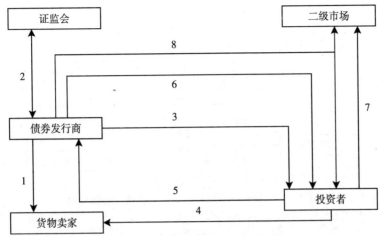

图7-2-6 延期付款债券发行结构图

注："1"表示申请人（债券发行人）讨论并确定想要从买家那里购买哪些资产，设定购买的各项条件。"2"表示发行人向马来西亚证监会提出申请，在批准后发行债券。"3"表示发行人与融资人或投资者进行讨论并提出融资请求。双方就发行成本和投资人的预定收益等融资条件进行讨论并达成协议。"4"表示融资人或投资者代表发行人进行采购，并根据发行人和货物卖家之间订立的条件支付货款，或者客户被指定为发行人的代表采购货物。"5"表示融资人（投资者）以延期付款的方式将货物销售给发行人，销售价格等于货物的采购价格加利润。"6"表示发行人发行债券作为延期付款的凭证；如果债券持有人要求周期性地获得收入则还应发行次级债券，作为息票的支付，债券的资本部分则被称为初级债券。"7"表示根据延期付款销售原则，投资者可以在二级市场上出售债券。"8"表示到应向债券持有人支付利润时，发行人向次级债券持有人支付利润，债券到期时发行人偿付初级债券发行，履行本金偿付的责任。

伊斯兰基准债券的合适机构。国库控股公司于1997年9月发行了第一只伊斯兰债券——国库控股债券，该债券就采用成本加成的方式，面值10亿林吉特，发行周期3年。到2009年2月18日，市场上未清偿国库控股债券的总金额达到了33.5亿林吉特。这种债券的基本发行流程和结构如图7-2-7所示。

除以上几种常见的伊斯兰债券的基本结构形式外，伊斯兰债券还有几种特殊的形式。其中比较特殊的形式就是被称为混合债券（Hybrid-sukuk）或联营债券（Pooled-sukuk）的伊斯兰债券。这种债券的基本特征就是运用了不止一种伊斯兰金融的融资模式，比如在租赁债券中除运用租赁原则外还运用了订单销售或购买原则，但是在混合的资产标的物中至少有51%的成分是通过租赁融资技术进行的。

四、伊斯兰债券的其他结构

（一）可变伊斯兰债券

在伊斯兰债券发行中一个里程碑式的事件是迪拜港口海关自由贸易区公司（PCFC）发行的迪拜环球港务伊斯兰债券（Dubai-port-world-sukuk），该债券针

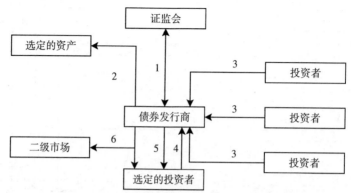

图 7-2-7　无息成本加成债券的发行和流通结构图

注："1"表示发行人向马来西亚证监会提出发行债券的申请。"2"表示发行人需要确定将哪些资产销售给融资人，并敲定资产的回购价格。发行人将在未来的某个特定日期（即债券到期日）支付回购价格。"3"表示发行人邀请若干融资人（投标人），这些融资人将对已确定销售的资产提出购买要约，如果中标，则必须在发行期开始时进行支付。"4"表示发行人会挑选出报价最高的融资人，中标者需与发行人执行两项协议。第一项协议涉及债券的现金销售，销售价格就是中标者所投资的采购价格。第二项协议则涉及回购，即融资人基于成本加成原则将债券重新卖给发行人。债券的回购价格包含成本和利润的因素。"5"表示资产的原始所有人或发行人将向融资人发行成本加成证券或债券，为了使这些债券能够在二级市场上交易，它们可能会根据双方协议，被分成若干小额面值的证券或债券。"6"表示债券到期时，发行人将向融资人或债券持有人支付债券面值。

对的是港口或自由贸易区等位于迪拜的重要基础设施。该债券项目计划发行 28 亿美元，是当时最大的伊斯兰债券发行项目。在经过四次超额认购之后，发行量最后增加到创纪录的 35 亿美元。债券的期限为两年，息票支付的利率为 7.25%，比当时两年期美元 LIBOR 还高 250 个基点。该债券的特殊之处主要是其可转换条款的设定。规定在债券到期后，若是公司上市成功，投资者将获得与可转换债券 30% 票面价值相等的公司股票；如果上市不成功，息票的支付利率将追加到 10.125%。迪拜港海关自由区公司发行的伊斯兰债券的第二个特殊之处在于发行伊斯兰债券的目的并不像传统的伊斯兰债券针对的是某一个项目或资产，而是针对将来企业的业务和发展进行融资。所以迪拜港世界伊斯兰债券也被称为伊斯兰局部可变债券。

　　债券的发行是以股本参与或利润分享（Sukuk-al-musharaka）结构为基础，加上债券的可变条款使得该债券的结构较为复杂。图 7-2-8 展示了该债券的交易结构。

　　迪拜环球港务公司和迪拜港口海关自由贸易区公司构成了一个股本参与式合伙企业，由 PCFC 聘任代理人负责合伙企业的管理工作，如果合伙企业的盈利超过其需支付的投资者分红及必要的管理费用，按照合约的规定，多余的部分应分给公司的管理层作为对其工作业绩的奖励。对投资者来说，他们的回报率封顶只

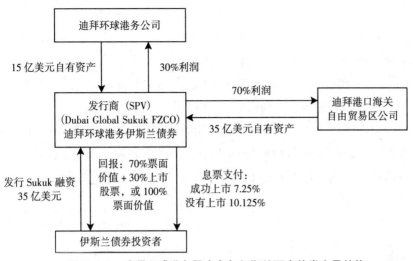

图 7-2-8　迪拜环球港务股本参与伊斯兰可变债券交易结构

有 7.25%（在母公司没有上市的情况下只有 10.125%）。

除了股本参与合约外，合伙企业也可以根据内部的商业计划决定筹集资金的使用，投资者无权过问，因此在债券招募说明书中无法明确指出合伙企业会将资金投向哪些资产。当然，为了能够使合伙企业获得固定的收益，通常会在合约中规定合伙企业的管理层必须将资金投放到足以支付投资者息票的资产中，如果在合约执行中无法实现投资者息票的支付，管理层有义务更换收益率更高的资产。

关于股本参与债券的发行是否可行，教法委员会的意见高度一致。债券的发起方往往用实物投资，如果在这一交易中以租赁为基础的资产占到 51% 以上，这种债券就可以在二级市场上交易。同时，这种债券到期会转换成公司的股份，公司的教法委员会也会谨慎地分析转换成股份的可行性。在一般情况下，交易发起方在债券到期后按发行商及债券投资者所持债券的票面价值用现金进行回购。但在该债券中的安排并不是对票面价值进行 100% 的现金回购，而以 30% 的票面价值转换为公司的股份，所以从传统的角度看，这一债券具有可转债券的某些特征。但是在伊斯兰教法中，禁止在合约中明确地规定在将来获得股份的条款，如果有则被认为是非法的。为了规避这种禁令，实际交易中运用了一种具有约束力的承诺手段，即融资方向投资者做出承诺，在股票上市以后按不同的价格回购股票。

（二）股本参与协议黄金债券

迪拜五金和商品中心黄金债券（DMCC Gold Sukuk-al-musharaka）是在股本

参与基础上进行了一些改进和创新的伊斯兰债券，由位于迪拜的专门进行金属和原材料交易的自由贸易区的迪拜五金和商品中心发行，主要为公司内的一个大型不动产项目融资。该债券具有几个显著的特征，一是为了降低筹资成本，扩大了投资者范围，将投资者从中东地区扩展到海湾国家以外的地区。在 2 亿美元的发行总额中，投资者 44%来自中东，41%来自亚洲，15%来自欧洲，投资者多元化。二是投资者获得的报酬可以是以 LIBOR 为基础的 LIBOR+60 bp，也可以选择等值的黄金。这种独特的设计引起了投资者极大的兴趣。三是投资者不仅可以获得 LIBOR+60 bp 的基本利润率收益，还可以将此债券作为股本，与企业共同获得合约中规定的分红。

作为交易的发起方，DMCC 公司成立了 SPV——Gold Sukuk DMCC，主要负责伊斯兰债券的发行。迪拜五金和商品中心和 SPV 共同组建了一个股本参与合约合伙企业。迪拜五金和商品中心以资金和不动产的形式投资入股，而 SPV 则以发行筹集到的 2 亿美元资金入股参与到合伙企业中。股本参与协议黄金债券的发行和交易结构如图 7-2-9 所示。

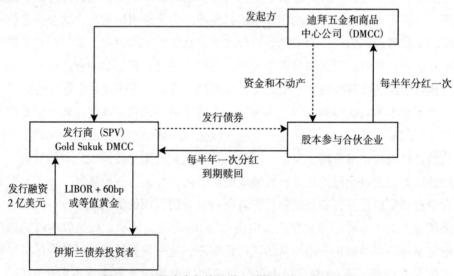

图 7-2-9　股本参与协议黄金债券发行交易结构图

（三）多币种购买合约债券

以购买合约为基础的多币种伊斯兰债券最早是由巴林的 Arcapita 公司发行的。在这项发行交易中，发行商 SPV 将原材料出售给交易的发起方，而 SPV 通过发行伊斯兰债券来获取投资者的资金用于购买原材料。债券的持有者就是原材料的所有者，如果原材料被转售，他们可以得到货款。多币种购买合约债券的交易结构如图 7-2-10 所示。

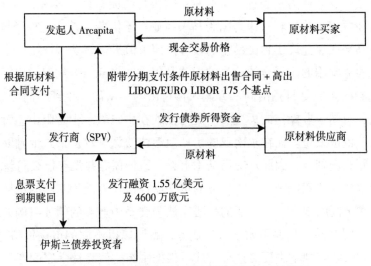

图 7-2-10　多币种购买合约债券发行交易结构图

多币种伊斯兰债券的不同之处是它的发行分为两部分，到 2010 年为止分别发行了 1.55 亿美元和 4600 万欧元的债券。投资者的息票支付是以 3 个月期的伦敦银行同业拆借利率和欧洲银行同业拆借利率（LIBOR/EURO LIBOR）加 175 个基点进行的。如果 SPV 到期没有支付能力，投资者可以要求发起方进行赔偿。同时，Arcapita 通过债券的发行也扩大了投资者范围。在 1.55 亿美元和 4600 万欧元的融资总额中，投资者约 50% 来自欧洲，38% 来自中东，12% 来自亚洲。在所有投资者中，只有 20% 的投资者是伊斯兰金融服务业的从业者，其余的投资者均来自传统的投资者。

在原材料购买合同交易中，交易的对象并非像我们所想象的那样直接交易原材料，而根据相应的存货凭单进行交易，这种现象在伊斯兰债券发行交易结构中十分普遍。在实践中，这种交易机制也适用于对伦敦金属交易所（LME）交易商品的购买活动，所以许多伊斯兰教法学家批评它进行虚拟交易以规避利息禁令不是没有道理的。

根据伊斯兰法律，以购买合约为基础的伊斯兰债券只能在一级市场进行交易，不能在二级市场上交易，即不能以偏离面值的价格进行交易。原因是如果允许在二级市场上进行交易，支付义务（债务）也会随着债券的出售而发生转移，即下一个购买原材料的人将承担对债券持有者的支付义务。在伊斯兰教法中，约定期限的债务禁止进行交易，因此如果允许债务交易必然后涉及利息的支付。在购买合约伊斯兰债券中，如果允许债务以偏离面值的价格进行交易，那么高于面值的部分很容易被认为是利息。虽然对于购买合约债券有诸多的限制，但在马来西亚这种债券却十分流利，这是因为马来西亚对于伊斯兰教法的解释与中东国家不同，在马来西亚允许实物交易中的债券按照市值进行交易（贷款除外）。

马来西亚常用的购买合约债券的形式是以 Bay-inah（合约双方之间达成的协议）为基础的。原材料是由同一方购入再售出的，从而产生了不同金额的债务。也正是这种由同一方操作的买进卖出交易模式在中东教法学者眼中违背了伊斯兰教法，因此也被禁止。而在东南亚的伊斯兰教法流派则仅从形式上判断，并不从交易的实际意图判断，因此从交易结构上看，这种债券并没有什么问题。

在中东和东南亚地区，对于债务的可交易性以及以此为基础的伊斯兰债券的发行也存在不同的观点。东南亚的教法家认为交易中产生的债务（例如虚拟的原材料购买合同交易）只要不属于贷款业务，就可以以不同的市场价格进行交易，但中东的教法学家则坚决反对这种模式。根据中东主流教法学家的意见，这类伊斯兰债券只有在不断滚动的过程中进行，即在每一个滚动期内必须根据某个参照值（如 LIBOR），即伦敦同业拆借利率重新调整利润率。从伊斯兰的角度看，在下一个滚动期进行调整被认为合法，是因为上一个期间已经结束，债务已经结清，重新调整相当于建立了一个新的债务关系。

从以上中东地区和东南亚地区教法学家对购买合约伊斯兰债券的不同认识可以看出，马来西亚对于伊斯兰教法的解释更为灵活，因此伊斯兰债券的发行量也更大。但是严格遵循伊斯兰教法的投资者对马来西亚发行的伊斯兰债券并不十分感兴趣。

资料链接：巴林的 Arcapita 银行是成立于 1996 年的第一伊斯兰投资银行（First Islamic Investment Bank），是一家国际性的投资银行，拥有四项主要业务线：公司投资、不动产投资、资产基础投资（Asset-based Investment）和风险资本投资。Arcapita 银行是领先的国际投资公司，其办公室设在亚特兰大、伦敦、新加坡和巴林。它目前已完成了 62 项交易，在跨私人资本、资产为基础的交易、不动产和商业投资资本线的企业价值上总计超过 200 亿美元。

2012 年 3 月 8 日，Arcapita 银行宣布，由于不能按期偿还 3 月 28 日到期的 11 亿美元债务，将根据美国《破产法》第 11 章进行破产保护和重组。这是巴林第一家申请破产保护的银行，也是继海湾投资银行之后第二家宣布遭遇重大困难的银行。银行表示，申请破产保护是为了避免为还债而贱卖资产。该银行债务总额达 22 亿美元，其中 6 亿美元属于巴林的金融机构，主要包括央行 2.551 亿美元，巴林国家银行 1.322 亿美元，以及其子公司巴林湾 1.155 亿美元。目前银行管理的资产总额 74 亿美元，主要在美国及欧洲地区，其中包括其自有资产 25 亿美元。2013 年该公司宣布摆脱了破产境地。

发行多币种购买合约伊斯兰债券的 Arcapita 投资公司是 B.S.C. (c) Arcapita 银行的投资资本分支机构，该银行与杰出企业家进行合作，以建立领导市场的公司。Arcapita 投资公司瞄准了跨美国保健、信息技术和产业技术领域的朝阳产业。

五、伊斯兰债券市场未来发展及面临的问题

(一) 违约

虽然大部分伊斯兰债券的发行都由政府机构或是由与政府关系密切的机构进行担保，至少在海湾地区是如此，所以通常情况下伊斯兰债券的违约很少发生，但有相关人士指出，有严重违约隐患的伊斯兰债券大约占整个债券发行总量的 5%~8%。原因在于许多伊斯兰债券的融资主要投向了房地产项目，而自 2008 年金融危机以来这些项目的前景十分堪忧。如果真的出现了违约会如何呢？

在传统金融中，如果出现违约，贷款人可以通过以下几种途径实现自身权益的保护：一是加速收款，使债券提前到期；二是变卖抵押物用来偿债；三是如果设立了担保，可以要求担保人履行偿付责任。但是对于伊斯兰债券则无法使用加速收款以使债务提前到期的做法，因为从本质上看，伊斯兰债券与传统债券不同，它并不是一种贷款工具，而只是一种书面凭证，证明持有人有某一项业务中所持有的资产份额。在伊斯兰债券交易中，交易发起方必须投入实物资产，该资产构成租金和参与者分摊损益的基础。如果出现 SPV 无力支付的情况，并不一定马上将资产抵售给债权人。为了避免这种情况出现，通常情况下在标的资产所产生的现金流中断、息票支付遭到破坏之后，由发起人 SPV 提供一定程度的经济支持，例如信用增强担保或债券发行担保。除此之外，另一种常用且合理的方法是利用 SPV 的看跌期权（Put Option）。在违约的情况下，SPV 可以将基础资产

（租赁合约中）或合伙企业份额（利润分享或股本参与合约中）按事先约定的价格卖给发起方以获得资金（伊斯兰债券到期时也会发生同样的情形，只是出现违约后这一情形出现的时间提前了）。即使在 SPV 违约的情况下，在交易中保护投资者利益的管理人仍然可以对其强制执行看跌期权以保护投资者利益。

执行看跌期权时的价格即执行价格（Exercise Price）应包含全部债券到期时的金额及到期前仍然必须支付的息票金额。这时伊斯兰债券投资者的地位与传统债券投资者的地位相似。这种针对违约情况的看跌期权从根本上改变了伊斯兰债券的风险责任，也直接影响了伊斯兰债券的信用评级。如果没有看跌期权的话，主要风险就在于作为基础的标的资产的保值性和流动性。如果有看跌期权，风险就转移到发起方，发起方在看跌期权生效后必须履行支付息票和支付本金的责任。

2009 年，根据《华尔街日报》和《金融时报》的报道，一家名为"The Investment Dar"的科威特投资公司发行 1 亿美元伊斯兰债券和另一家名为东喀麦隆煤气公司（East Cameron Gas）发行的 1.7 亿美元伊斯兰债券——这两项债券都出现了违约，人们才意识到违约问题在伊斯兰债券中的重要性。由于伊斯兰债券的结构较传统债券更为复杂，所以，这样的状况对于法院和律师来说是一种挑战，对于新兴的伊斯兰债券市场也是一种挑战。

（二）二级市场流动性

伊斯兰债券的发行量在过去几年中增长很快，但二级市场上的成交量一直很少。创造一个流动性高的二级市场非常有利于伊斯兰债券市场的进一步发展，有助于扩大伊斯兰债券市场的认可度。二级市场的建立大大增强了投资者的灵活度，使他们有机会在特殊情况下中断自己的投资。现在，伊斯兰债券二级市场的交易都以场外交易的形式进行，在迪拜和伦敦证券交易所，大约只有 20%~25% 的交易留下了交易记录，市场交易低迷，买家多卖家少。

造成二级市场交易流动性低的原因是：

第一，投资者的行为。在伊斯兰债券投资者中，伊斯兰银行是最大的投资者，其持有伊斯兰债券的比例在所有投资者中是最高的。作为伊斯兰债券最大买家的伊斯兰银行通常是将债券买入后持有到期，而并不是在到期之前出售以获得买卖价差收入，在一定程度上开创了买入持有这一风气之先河。很多地区的伊斯兰金融业既缺乏有资质的伊斯兰债券定价和交易的专业人才，也没有高效的债券交易清算条件，在资产所有权发生转移后无法快速高效地进行伊斯兰债券的转移。此外，由于许多伊斯兰债券都是以美元或欧元为发行货币，但并不是所有的欧元伊斯兰债券都具备欧元清算资格，所以，建立一个跨国界的清算机制也能推动和活跃二级市场的交易。

第二，伊斯兰债券的发行者。债券的发行者没有对二级市场的激活起到正面作用。只有不断扩大伊斯兰债券交易的多样性，丰富债券的期限品种，短期、中期、长期并举，伊斯兰投资组合的管理者才有机会开发出符合伊斯兰教法的投资组合。

第三，伊斯兰债券构建时所使用的融资技术。如前文所述，并不是所有的伊斯兰债券都可以在二级市场上交易，与伊斯兰债券相关的伊斯兰融资技术是决定其是否能够参与二级市场交易的关键因素。大部分伊斯兰学者认为与现金债务有关的交易只能以票面价值进行，而这类债券不能像传统债券那样可以自由地在二级市场上进行交易。在伊斯兰债券中，使用租赁技术和利润分享技术构建的伊斯兰债券可以在二级市场上自由交易。与此相反，使用购买合约、成本加成或延期交割等融资技术的伊斯兰债券不能在二级市场上交易。因为在伊斯兰教法中，这些交易不是通过具体的资产标的物进行，而是完全借助融资技术生产实物资产，所以这些债务（没有实物基础）不能构成交易的基础，也不能在二级市场上交易。当然并不意味着以这些融资技术为基础构建的伊斯兰债券就完全不能在二级市场上交易，如果在发行时将允许交易和不允许交易的融资技术结合起来，该禁令也存在松动的可能。

（三）伊斯兰债券的定价

伊斯兰债券的定价也是未来伊斯兰债券发展中面临的挑战之一。由于传统债券是以利息为基础，所以其定价的基础也是市场利率，在国内是各国的基准利率，如美国的联邦基金利率等，在国际上则是以国际市场上的利率作为定价的基础，如欧洲货币市场上的伦敦银行间同业拆借利率即 LIBOR。但是伊斯兰债券不能以利息为基础，且伊斯兰债券都是由基础资产支持的金融工具，其定价应该以基础资产的收益率或利润率为基础，伊斯兰债券的利润率应该围绕基础资产的利润率上下波动，从而反映出基础资产的真实价值。但是在伊斯兰世界目前还没有一个这样的基准利润率。穆斯林经济学家和伊斯兰教法学家目前还没有找到一个可以替代传统金融中利率的稳定可用的利润率指标，所以在实践中，伊斯兰金融机构采用伦敦银行间同业拆借利率（LIBOR）作为伊斯兰债券定价的基准。但需要指出的是，虽然在实践中使用 LIBOR 作为伊斯兰债券定价的基准，但这也成为伊斯兰教法学家批评伊斯兰债券的地方。抛开禁止利息的伊斯兰律令不说，使用 LIBOR 作为定价的基准也存在问题。例如，在以租赁为基础的伊斯兰债券中，投资者作为伊斯兰债券的持有者被认为从基础资产的租金中获得回报，然而，在实践中回报并不完全反映基础资产的租金水平，而是和当时的市场利率相关。例如，假定有两种资产完全不同的资产，它们在实践中的租金水平也不相同，但是以这两类资产为基础的伊斯兰债券的定价，由于以相同的市场利率如 LIBOR 为基准，则它们具有相同的回报。从伊斯兰视角看，这完全不可接受，即使仅从商业意义的观点看也不可接受。因为假如基础资产在使用中租金水平提高了而国际市场上的利率水平却下降了，由于伊斯兰债券的回报并没有反映基础资产的回报而反映当前的利率水平，那么投资者的回报水平没有提高反而下降了，从伊斯兰角度看这显然无法接受。

以上事实充分说明了伊斯兰债券在定价中存在的问题——缺乏一个可以定价的类似于传统金融中的 LIBOR 的基准利润率。当然在这方面伊斯兰金融界并不是无所作为。马来西亚中央银行（Bank Negara Malysia）就是一个先行者，马来西亚政府定期发行不同期限的伊斯兰债券，以此提供基准利润率曲线供投资者选择，当然也包括短期的伊斯兰债券——伊斯兰国库券（Islamic Treasury Bills）。在德国，也有一个十年期借贷的利润率作为参考。但这仍然不够，在短期内伊斯兰教法学家虽然并不完全赞同使用 LIBOR 来为伊斯兰债券定价，但由于暂时没有其他的替代，在实践中也只能以此作为替代。但从长期看，如何构建一个可供伊斯兰债券定价的基准利润率曲线对伊斯兰债券来说面临着巨大挑战。

（四）伊斯兰债券的信用评级

在伊斯兰债券近几年的发展中，一个关键的成绩是伊斯兰债券市场上信用评级使用的增加。如果在伊斯兰债券发行时，至少有一家国际性信用评级机构给予评级，就能够大大提高伊斯兰债券的发行量。但是在伊斯兰债券的信用评级中存在的一个问题是所有的传统的信用评级机构都在使用传统的方法对伊斯兰金融工具，包括伊斯兰债券进行评级，没有考虑伊斯兰金融机构和工具所具有的特征。如果将伊斯兰金融机构和工具的特征考虑进来，伊斯兰金融工具的信用评级结果可能会更好。例如，传统的信用评级机构在对伊斯兰债券进行信用评级时，主要关注发行人提供的保证或提供的在债券到期时，按预先约定的价格购买资产的承诺上。约定的购买价格应正好等于在伊斯兰债券到期承诺执行时，债券应偿还的本金的金额加上应支付的息票的金额。这样就使交易的风险由基础资产的风险转变成了发行者的信用风险。

在关注伊斯兰债券的信用评级时，也会产生这样一个问题：除了发行商的商业信誉之外，该不该将债券对伊斯兰教法的符合程度也纳入评级对象中？目前市场上较为流行的观点是，对伊斯兰教法的符合程度应先由发行商的伊斯兰教法委员会进行认定，最终将认定结果提交给评级机构参考即可。评级机构关注的重点是发行商是否有能力履行其招募说明书上的合同义务。在马来西亚，专门成立了伊斯兰信用评级机构负责对伊斯兰金融工具进行信用评级，这时就将伊斯兰债券是否符合伊斯兰教法的规定纳入评级的范围。

就伊斯兰债券评级而言，通常是先判断发行的债券是否包含了利润分享协议，是否包含了发行商自有资本的成分，或者如前文所述发行人是否通过购买承诺做出类似于保证的承诺，如果做出了类似的承诺，则该债券被称为"有保证的伊斯兰债券"，有保证的伊斯兰债券的评级一般与发行商的评级保持一致，如果债券的发行符合一定的条件，评级可能会更高。

随着伊斯兰债券市场的发展，伊斯兰债券的结构日益复杂，这些复杂的交易结构会导致在评级时遇到某些方法上的困难，尤其是以租赁技术设计的结构以及那些依靠租金率作为其利润来源向投资者支付息票的结构。这种模式评级的难点在于对到期时购回资产的市场价值的评估。在伊斯兰债券到期时，发行商必须购回当初出售给 SPV 的资产，这种回购义务即使在 SPV 出现违约的情况下仍然有效。因此评级机构不仅要研究回购承诺的法律效力和可执行性，也要充分考虑发行人在 SPV 违约时是否还愿意认可自己的回购义务。如果发行人是国有机构，则这种回购承诺更容易实现。

(五) 伊斯兰债券对伊斯兰教法的符合程度

Sheikh Taqi Usmani 是最德高望重的伊斯兰教法学者之一，同时他也是伊斯兰金融机构会计和审计组织的伊斯兰教法委员会的主席，2008 年年初他就在一篇论文中对许多常见的伊斯兰债券的结构特征提出了质疑。在 Usmani 看来，约85%的已经发行的伊斯兰债券从严格意义上讲都不符合伊斯兰教法的规定。在伊斯兰金融机构会计和审计组织的伊斯兰教法委员会上，不同学者之间爆发了激烈的争论，会后，伊斯兰会计和审计组织提出了伊斯兰债券发行中的六项要求：[①]

（1）可交易的伊斯兰债券，必须由债券所有者拥有所有权利和责任，能被合法地按伊斯兰教法原则以实际有形资产、用益权或服务拥有或出售；并且与

---

① 以下部分是 2008 年 2 月 13~14 日伊斯兰金融会计和审计组织召开的教法委员会后，提出的伊斯兰债券的六项基本要求，本书在引用中有删减。

AAOIFI 的伊斯兰教法标准（17）的第（2款）①② 和第（5/1/2）③ 款规定相符。管理人发行伊斯兰债券必须确认伊斯兰债券登记簿中的资产所有权已转移。

（2）对于可交易的伊斯兰债券，不能代表应收账款或债务，除贸易或财务实体出售所有的资产和具有现存责任的投资组合，其中既可以有一些债务，也可以有实物资产或用益权，但并非有意为之，并且与在 AAOIFI 财务文件中提到的伊斯兰教法标准（21）的指导方针相一致。

（3）在实际收益低于预期收益时，不允许伊斯兰债券的管理人以基金经理、合伙人或投资代理人的身份向债券持有人提供贷款。但为弥补某种可能的损失而建立储备账户则被允许，并在债券招募说明书中说明。根据 AAOIFI 伊斯兰标准（13）的第（8/8）④ 款，在 Mudaraba 中，允许以记账方式分配预期收益，或为债券持有者的目的获得项目融资。

（4）不允许基金管理人、合伙人或代理人在债券到期和灭失时从债券持有人手中以名义价值回购资产，但允许在 Musharaka 和现代公司中根据 AAOIFI 伊斯兰准则第（3/1/6/2）⑤ 款和第（2/2/1）款⑥ 以及第（2/2/2）款⑦ 关于保证的规定，

---

① 这是伊斯兰教法标准或其他准则的书写惯例，"AAOIFI 的伊斯兰准则（17）的第（2）款"是 AAOIFI 伊斯兰教法标准的第 17 项第 2 条，第 17 的（5/1/2）为第 17 项的第 5 条第 1 款的第 2 部分，下同。

② 第（2）款中伊斯兰债券的定义：投资伊斯兰债券是一种等价值证书，它代表有形资产、用益权和服务的所有权的全部份额或特定项目及特定投资业务的资产的所有权，然而实际上是在认购结束收到伊斯兰证券价值的凭据后为筹集资金的目的而发行的伊斯兰债券。

③ 第（5/1/2）款中允许为证券化有形资产、用益权和服务而发行证明书，并把它们划分为相等份额以它们的价值发行，对于拥有的有形债务，不允许以交易为目的对其证券化。

④ 如果 Mudaraba 经营实现了利润则基金管理人有权分配利润。然而这种权利也不是绝对的，这要受到为保护资产而暂时保留利润的影响。允许以记账方式在各方之间分配已实现的利润，当实际的或推定的估价发生，利润分配应该重新修正。最终利润分配应该基于 Mudaraba 资产的出售价格，即实际估计，也允许以推定的价格分配利润，这种估价基于资产的公平价值。应收账款应该与现金等价或以净可实现价值衡量。例如应减至或有负债。在应收账款计量中，时间价值和由于支付时间的延长及对当前价值的贴现都不应该考虑。

⑤ 允许合伙人发行具有购回保证的债券，在经营期内或到期清算时以沙里亚资产的市场价值或购买日双方商定的价值购回债券；但不允许承诺以票面价值购买沙里亚资产。

⑥ 第（2/2）款为信托合约中的保证。第（2/2/1）款不允许在信托合约如代理合约和存款合约中规定个人或证券发行人的保证。因为这种保证违反信托合约的本质，除非这一规定是为了保证给付由于错误行为、疏忽或合同违约造成的损失。在 Mudaraba 和 Musharaka 信托合约中寻求设立保证的禁令更加严格，因为不允许在 Mudaraba 和 Musharaka 合约中要求管理人或基金经理或合约合伙人中的任何一方承诺保证资本或利润，而且也不允许这些合约以保证投资的形式进行营销和经营。

⑦ 第（2/2/2）款不允许在同一时间内将代理人与个人保证人纳入同一合约中（如同一方既作为代理人同时又作为保证人），因为这种结合与合约的本质相冲突。除此之外，由担任代理人的一方提供保证，就一项投资而言，就变成了以利息为基础的贷款了，因为除了投资的收入之外，投资资本是有保证的（就如同投资代理人接受了一笔贷款并偿还一个额外的金额，而这等同于利息）。但是如果保证没有在代理合约中规定，代理人自愿在代理合约之外为客户提供保证，代理人的地位由此变成了保证人。在这种情况下，即使代理人被解除职务，其仍应作为保证人对其保证负责。

以资产净值、市场价值、公平价值为基础或购买时双方商定的价格进行回购。众所周知，伊斯兰债券的管理人是资本的保证人，保证名义价值不受损失，以防由于其玩忽职守、遗漏或未遵从投资者的要求而造成损失，无论其作为基金经理、合伙人还是代理人。

（5）在承租人不是合伙人、投资管理人或代理人的情况下，允许租赁债券的承租人在债券灭失时以名义价值购买租赁资产。

（6）教法监管委员会不应该限制伊斯兰国家颁布的法规在许可伊斯兰债券结构方面发挥的作用。所有与实际交易相关的发行合约和文件都必须由他们仔细审查，他们应该监督法规实施的实际含义，确保在每一个阶段上操作的完成与伊斯兰教法标准中要求的伊斯兰指导方针相符。伊斯兰债券的投资收入和其他收入转变成资产，使用符合伊斯兰教义的投资方法之一，必须确保符合 AAOIFI 伊斯兰教义标准（17）的第（5/1/8/5）[①] 款的规定。

此外，教法委员会建议伊斯兰金融机构减少包含与债务相关的经营，并且为了达到伊斯兰目标增加真实的以盈亏共担为基础的合伙业务的经营。

第三节　伊斯兰股票市场

由于伊斯兰教义禁止借贷过程中收取利息，所以对于那些希望按照伊斯兰教义进行投资的投资者来说，股票投资提供了一个重要的投资渠道。

在传统金融理论中，股票是由股份有限公司发行的用于证明股东身份和据以领取股息的所有权凭证。公司的所有人即股东和公司的关系取决于股东所持有的公司股票类型。虽然股东是公司合法的所有者，但是股东并不对公司所有的行为全部负责，比如公司的债务。股东只以自己在股份公司中的出资为限对公司的债务承担有限责任。

股份有限公司发行的股票一般分为两种：普通股和优先股。股份有限公司发行的股份绝大多数都是普通股，也是发行量最大的股票。普通股的股东享有一般意义上股东的权利。和普通股不同，优先股的股东通常享有一些优先权，如优先

---

① 招募说明书必须说明已实现的资金的投资及投向的资产，并说明资金将按照符合教法的投资模式转换成资产。

分配股息和公司的剩余财产，但在投票权等其他一些权利上则受到限制。优先股股东的收益即红利以固定股息率的方式优先于普通股股东进行支付，对于普通股股东来说，红利的支付则取决于公司的董事会。由此可见，优先股在股息的支付上和固定收益证券具有相似的特征，但由于优先股是所有权凭证，又具有股票的特征，所以优先股是介于债权和股权之间的一类证券。优先股的类型一般有两种：累积型和非累积型。累积型优先股的股东对公司的红利具有持续要求权，即任何因公司亏损或其他原因而未向股东支付的红利都必须累积起来以便将来一并支付；相反，非累积型优先股只会收到当年的股利，不能要求再支付以前年度未支付的红利。

在传统金融中，股票的发行和交易是基于有限责任的概念建立起来的，即公司的股东只以自己向公司的出资对公司的债务承担有限责任。有限责任实际上与伊斯兰教的利润分享原则有关。根据该原则，如果一家公司所遭受的损失并非由于企业家的过失或疏忽所导致的，那么他就不应该为企业的损失承担责任。不过，在伊斯兰教法的原始资料中，并未提及诸如在传统公司法中公司的所有人与公司的关系问题，穆斯林学者和乌里玛们（Ulama，指伊斯兰国家有名望的教法学家和教义学家）也从来没有讨论过这个问题（Usmani，1992）。不过，伊斯兰学者们相信，有限责任的概念与"法人"或独立实体的概念有关。由于伊斯兰教法接受法人的概念，因此伊斯兰银行处理股票和股份交易是被允许的。

无论是从传统角度看还是从伊斯兰角度看，股票都代表了一种所有权或财产权利，这些证券不同于货币。因此所有权的转让只涉及了这些证券的客体，而不是其本身，因为从法律的观点看，这些证券仅仅是权利的证明。伊斯兰教法允许共同所有制，因此对股票的销售、典当和捐赠行为都是合法的，在买卖股票的过程中，只是所有权发生了改变，人们用现金或其他付款方式购买的就是这种价值。

一、伊斯兰股票投资的特点

从伊斯兰角度看，股票投资及其他以参股形式进行的投资是值得期待的投资方式，因为发行股票募集的资金直接投资用于达到生产性目的。虽然企业的借款也具有同样的生产性的目的，但是，只有用自有资本购买股票或参股才能与企业的成功经营直接联系起来。企业的错误决定会引起股息降低、交易所行情下跌，并导致股票贬值。在股份公司中，股东或出资人的地位比债权人低，债权人在债务到期时可以按债务的面值收回投资，即使在企业无力支付全部债务本金时，债权人也可以在股东之前以企业资产清偿收回其债务本金的全部或一部分。然而股东要想收回其投资，只有通过市场出售其持有的股票，但股票价格的易变性可能会使股东的投资无法全部收回。所有股东承担了企业经营的绝大部分风险，债权人只承担有限的风险。伊斯兰经济学家大力支持由参股带来的风险转移，因为这样就明确了一点，提供资金的出资人与负责经营管理的经营者必须共同承担风险，而债权人的风险在于血本无归或只收回部分投资，但这种风险已经被企业的商业信誉和高风险的回报抵消了，并且也无须分担企业经营的风险。

由前面对伊斯兰债券的论述中可以看出，伊斯兰债券与传统债券有着本质的区别，但在股票市场中，股票的发行与交易与传统金融中股票投资没有本质区别。但由于伊斯兰教对某些特定的行业持反对态度，所有伊斯兰股票投资者的投资范围要受到伊斯兰教法的约束而存在一定的限制。根据伊斯兰教法的规定，股票投资存在着两类限制：一是对发行股票的公司所处行业限制；二是对公司财务数据上提出的要求和限制。

（一）行业限制

伊斯兰股票投资者不能涉及的行业是伊斯兰法律中明文禁止的行业，具体行业见表7-3-1。

表7-3-1　伊斯兰法律禁止投资的行业

行业	行业
国防	银行
酒类生产及葡萄酒	保险公司
食品生产	保险经纪
娱乐产品	安全及事故保险
烟草	再保险
食品零售/批发	生命保险
电视/广播/娱乐	房地产控股及开发
媒体	消费融资
赌博	特殊融资
酒店	投资服务
娱乐服务	抵押融资
饭店及酒吧	

如果企业主营业务涉及以下的行业，那么该企业的股票不适宜于按伊斯兰教

法进行投资，这一点几乎没有异议：①

（1）制售酒类。

（2）制售猪肉和猪肉制品。

（3）传统金融服务业（银行、保险、通过经纪人进行的传统金融产品与服务）。

（4）娱乐业（赌博/博彩、音乐/电影/色情/酒店）。

（5）广告和媒体（报纸除外）。

（6）制售武器和装备（不受欢迎）。

按照行业的分类标准，每个企业的经营行为都可以归入某个特定的行业，一旦企业所从事的行业与表 7-3-1 所列的行业一致，则这些企业的经营行为不被伊斯兰教法认可，忠于伊斯兰教法的投资者也不能投资于该企业或行业。因此在伊斯兰国家，许多行业被禁止公开发行股票，也禁止股票在市场上公开交易。这样，投资者的投资范围会受到很大限制。即使通过了教法上的行业限制这一关，并且其他业务行业也被认定为符合教法的规定，但还要通过第二道障碍——财务数据限制，伊斯兰投资者才可能购买该企业的股票。

（二）财务数据限制

在企业通过了行业限制的筛选之后，还要对符合教法规定的企业继续进行研究，看企业的财务数据是否在排除之列。在实际业务中，对于企业是否符合规定的财务数据要求，各伊斯兰金融机构并没有统一的标准，每一家伊斯兰财务数据研究公司和伊斯兰会计和审计组织都有各自的标准。

表 7-3-2　各机构规定的财务数据限制标准

机构审查标准	AAOIFI（伊斯兰金融机构会计和审计组织）	DJ（道琼斯）	S&P（标准普尔）	FTSE（富时指数）	摩根士丹利资本国际
负债程度	标准 21，3/4/2：长期+短期债务<30%总资产	总债务/市场资本<33%	债务/自有资本的市场价值（12 个月平均）<33%	债务/总资产<33%	债务/总资产<33%
流动资金 1	标准 21，3/18：取决于企业相关经营，现金部分未作量化规定	应收账款/市场资本（12 个月平均）<33%（原来 45%）	应收账款/自有资本的市场价值（12 个月平均）<49%	应收账款和现金<50%	应收账款<70%总资产

① 烟草的制售是否符合伊斯兰教法的规定，学者们仍然没有达成一致意见。

机构审查标准	AAOIFI（伊斯兰金融机构会计和审计组织）	DJ（道琼斯）	S&P（标准普尔）	FTSE（富时指数）	摩根士丹利资本国际
流动资金2	标准21，3/18：取决于企业相关经营，现金部分未作量化规定	（现金＋附息债务）/市场资本（12个月平均）＜33%	（现金＋附息债务）/市场资本（12个月平均）＜33%	（现金＋附息债务）/市场资本＜33%	（现金＋附息债务）/市场资本＜33%
不符合教法的最大盈利比例	不符合沙利亚的利润（包括利息收入）＜总利润的5%	无具体说明	不符合沙利亚的利润（不包括利息收入）＜总利润的5%	不符合沙利亚的利润（不包括利息）/总利润＜5%，总利息利润＜总利润的5%	无具体说明
资本净化	不符合规定利润必须剔除（股东义务），企业是否考虑亏损不在考虑之列	股息不能重复投资	股息－净化的股息（不符合沙利亚的利润/总盈利）	5%的股息作为净化费	股息调整系数：（总利润－利息利润）/总利润

注：①"标准21，3/4/2"是伊斯兰金融机构会计和审计组织及伊斯兰教法对于规定的通行表述，意思是第21项第3条第4款第2部分，下同。②流动资金1和流动资金2分别从两个不同的方面进行衡量，流动资金1主要侧重于现金，而流动资金2主要侧重于附息债务。

资料来源：作者查阅相关资料后整理所得。

　　虽然各机构都规定了符合沙里亚原则的财务数据指标标准，但是伊斯兰教法学者之间对于这些指标仍然存在很大的争议。下面以标准普尔体系的各项指标为例对其进行分析。在所有的财务指标中，最没有争议的一项是企业负债程度，几乎所有的机构者一致认为企业债务与自有资本的12个月的平均值的比例不能超过33%。

$$\frac{外来资本}{自有资本的市场价值} < 33\%$$

　　此外，在流动资金比率中，对企业持有现金及附息债务的规定意见也比较一致，现金及附息债务不能超过过去12个月的自有资产平均市场价值的33%，由供货和服务产生的债务不能超过49%。

$$\frac{现金＋附息的外来资本}{自有资本的市场价值} < 33\%$$

$$\frac{供货和服务产生的债务}{自有资本的市场价值} < 49\%$$

　　但是，伊斯兰教法学者对不符合伊斯兰教法的销售额占总销售额的比例应该是多少存在很大的争议。因为在今天的经济中，无论是大企业还是中小企业，都在进行多元化经营，经营领域涉及各个行业，每个企业都可能存在不符合伊斯兰教法规定的一些业务，也就是说，一个企业中既会有符合伊斯兰教法规定的业务，也存在不符合教法规定的业务。因此，伊斯兰教法学者提出了一种折中的建议：只要企业不符合伊斯兰教法的业务产生的销售额低于总销售额的 5%（这里面不允许存在利息收入），投资者就可以购买该企业发行的股票进行投资。

$$\frac{\text{不符合沙利亚的销售额}}{\text{总销售额}} < 5\%$$

上述这些规定给伊斯兰投资者带来了一定的困难。实力雄厚的机构投资者可以运用大量的数据和资源进行筛选，以便确定哪些企业符合教法规定，值得投资；但对于个人投资者，可能就会存在很大的问题。另外，仅凭外在的财务数据调查来确定企业是否符合教法的规定也并不是一件容易的事。

除了财务数据的标准之外，一些国家的法律还运用一种净化机制净化受到禁止性业务活动污染的投资。净化活动通常由投资者个人进行，尽管在有些情况下伊斯兰基金也会代替他们的投资者进行净化活动。比如，一些伊斯兰教法禁止的支付利息收入的账户的部分收入包括在了公司的总收入之中，这部分收入的比例作为股息支付给投资者时必须将其作为慈善捐赠，不能支付给投资者，这被称为净化或股息净化。

在马来西亚，上市公司符合教法规定的业务由一个中央机构进行监管。审查与鉴别上市公司是否符合伊斯兰教法的规定，由马来西亚证监会的教义咨询委员会进行，证监会依据教法咨询委员会的决定每两年更新和公布一次符合教法规定的上市公司的名单。利息、赌博、受禁产品及其相关产品是使股票不被伊斯兰教所容许的三个主要因素。尽管如此，如果某些行为同时涵盖容许行为和不容许行为，而且两种行为所创造的混合贡献度处于一个可容忍的水平，同时不被容许的行为只代表了所有行为的一小部分，且不超过委员会所设置的基准，则人们仍然可以对这些行为进行投资。马来西亚证监会伊斯兰教义咨询委员会设定了以下四个基准，用以确定容许和不被容许行为的混合贡献度的可容忍水平。

（1）5%的基准（不被容许的行为的贡献不超过混合贡献度的 5%）：用来衡量显然是被禁止行为的混合贡献度水平，例如涉及利息、赌博、酒和猪肉的行为。

（2）10%的基准：用来衡量含有 Umum Balwa（表示普遍发生且难以避免的窘境）性质的行为的混合贡献度水平，如传统银行中的固定存款利息收入，这个基准也用来衡量与烟草有关的行为。

（3）20%的基准：用于衡量不符合伊斯兰教义行为的混合租金收入的贡献水平。例如某一场所涉及赌博、售酒等伊斯兰教义禁止的行为，那么该场所的租金收入就属于所谓"不符合伊斯兰教义行为的混合租金收入"。

（4）25%的基准：这一基准点所衡量的行为大体上是被伊斯兰教义所接受的，并且带有公共利益的性质，但是有些其他因素可能会影响这些行为对伊斯兰教义的恪守，例如宾馆和度假设施、股份交易、股票经纪以及其他一些行为。这些行为可能还会涉及一些其他不被伊斯兰教义所容许的行为。

在其他一些国家，对上市公司是否符合伊斯兰教义规定的审查服务通常由私人部门进行，而不是由政府当局进行。比如在印度，Parsoli 公司和 IBF-net 共同发起成立了第一个包含符合沙里亚原则的伊斯兰股票指数——Parsoli IBF-net Equity（PIE）。① 在中东地区，私人金融机构和投资公司自己筛选符合伊斯兰的上市公司。道琼斯和富时指数根据自己的沙里亚委员通过的符合教法的股票编制伊斯兰股票价格指数，追踪其经营绩效。

二、符合沙里亚的股票投资情况

一些股票指数的提供者意识到穆斯林国家投资者对符合伊斯兰教义的金融投资项目不断高涨的热情。除了第一家引进全球伊斯兰股票指数的道琼斯外，标准普尔、《金融时报》以及一些当地公司都开始提供各种伊斯兰股票指数，给投资者提供投资参考。凡是其股票能够被这些指数所接纳的企业，都符合上面提到的伊斯兰教义标准。道琼斯和标准普尔在行为的选择上遵循的都是同一个标准，但在分析企业财务指标时运用的标准却不尽相同。只要企业中的非沙里亚业务的利润可以保持在总利润的 5%以下，标准普尔能够接受少量的不合法业务，而道琼斯却不采用这种通融方式。在对待销售货物和提供服务所产生的债务占自有资本平均市场价值的比例这一问题上，道琼斯比标准普尔的标准更为严格，道琼斯规定该比例不得高于 33%，而标准普尔规定的上限为 49%。对于想借助于这些指数来确定投资目标的投资者，应该明白这些差别所在。道琼斯提供的伊斯兰指数有80余种，从最初的全球道琼斯伊斯兰市场指数（DJIM），到道琼斯伊斯兰欧洲指数，再到一些今天已不再使用的指数，如道琼斯伊斯兰市场指数下的新兴市场消费者商品指数和道琼斯伊斯兰持续能力指数。这些指数反映的是现有的常规指数，只是将那些有待于排除的企业股票清除了出去。图 7-3-1 是标准普尔 500 伊斯兰指数（S&P500 Sharia）的行业分布，表 7-3-3 是其与标准普尔 500 指数（S&P500）在整体上的对比情况。

---

① 资料来源：www.parsoli.com。

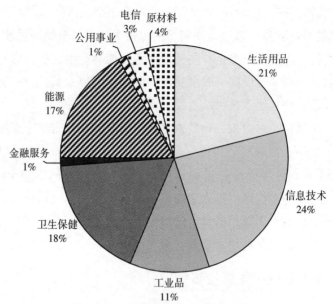

图 7-3-1 S&P500 Sharia 的行业分布

表 7-3-3 S&P500 与 S&P500 Sharia 公司数量与市场筹资额比较

	S&P500	S&P500 Sharia
公司数量（家）	500	276
市场筹资额（十亿美元）	13.6	8.2

表 7-3-4 是 1998~2003 年巴林和马来西亚遵循伊斯兰教法的股票的情况。

表 7-3-4 马来西亚和巴林沙里亚股票市场筹资额及其占比

单位：百万美元

年份	巴林		马来西亚	
	市场筹资额	占总市场筹资额的比例（%）	市场筹资额	占总市场筹资额的比例（%）
1998	411.8	6.13	55982.8	56.00
1999	462.7	6.46	70082.4	48.00
2000	647.3	9.77	65129.3	54.70
2001	612.9	9.30	75131.60	59.20
2002	603.2	7.98	76426.32	57.55
2003	621.2	6.40	102926.32	57.70

资料来源：Islamic Capital Market Fact Finding Report.

在对伊斯兰股票价格指数进行研究后发现，只有其中一小部分指数涉及穆斯林国家的股票市场，大部分指数反而主要针对全球资本市场，尤其是美国、欧洲及亚洲市场，只是排除了不符合沙里亚要求的企业。这其中的原因主要在于阿拉伯国家的经济发展水平整体还不高，但是由于当地丰富的石油和天然气贸易为这些国家带来了可观的收入，在当地投资途径缺乏的情况下，这些来自中东阿拉伯国家的投资者的资金成为了美国、欧洲股票市场主要的资金来源之一。

在"9·11事件"之后，阿拉伯国家投资者的资金大量逃离美国市场，投资于欧洲、亚洲和本国市场。再加上近年来石油、天然气贸易收入不断增加，导致资金不断流入阿拉伯证券市场，推高了阿拉伯国家的证券市场。2004年迪拜和沙特的证券市场分别上涨了124%和103%。仅2005年上半年，针对14个阿拉伯国家证券市场的阿拉伯货币基金综合指数（Arab Monetary Fund Composite Index，AMF综合指数）就上涨了105%。约旦安曼的证券市场更是上涨了185%，迪拜和利亚得的证券市场也都上涨超过了130%。[①] 这些表面繁荣并没有坚实的实体经济的支撑，只是靠热钱的流入才得以繁荣。在这一期间，阿拉伯证券市场股票发行量激增，且每一只IPO的发行量都达到了原计划的好几倍。沙特阿拉伯有一半成年人都购买了新发行的Bank al Bilad股票，RAK Properties和Aabar Petroleum的发行量甚至超过原计划的百倍以上。

经济过热的情况到2005年年末才开始缓解，当地资本市场市值到2006年年末平均降低了43%。在AMF综合指数明显回落的同时，全球资本市场却出现了增长，如S&P500就增长了14%。但是，尽管如此，阿拉伯证券市场在过去十几年的发展仍然令人瞩目。整个市场市值从1996年的约1080亿美元增长到了2006年的8810亿美元。到2010年6月末，57个伊斯兰会议组织成员国的符合伊斯兰教法的6655家上市公司的市场筹资额高达18600亿美元。表7-3-5是其中最活跃的28个主要伊斯兰会议组织国家截至2010年6月末的股票市场情况。

表7-3-5　28个主要伊斯兰会议组织国家股票市场

股票市场		上市公司数量（家）	市场筹资额（百万美元）	市场筹资年增长率（%）	一般市场指数（BMI）	BMI年增长率（%）
沙特阿拉伯（Tadawul）	Saudi Arabia	143	327608	1.81	(TASI) 6324	3.3
布尔萨马来西亚Berhad	Bursa Malaysia Berhad	967	305674	7.61	(KLCL) 1310	2.93
印尼股票交易所	Indonesia Stock Exchange	391	245631	15.83	(JAK Composite) 2868	13.12

----

　　① 米歇尔·加斯纳，菲利普·瓦克贝克.伊斯兰金融：伊斯兰的金融资产与融资［M］.民主与建设出版社，2012.

续表

股票市场		上市公司数量（家）	市场筹资额（百万美元）	市场筹资年增长率（%）	一般市场指数（BMI）	BMI 年增长率（%）
伊斯坦布尔证券交易所	Istanbul Stock Exchange	339	240212	5.67	(ISE 100) 56421	6.81
多哈证券市场	Doha Securities Marke	43	100148	13.73	(QE Index) 6982	0.33
科威特股票交易所	Kuwait Stock Exchange	215	93102	−1.4	6529	−6.8
埃及交换	Egyptian Exchange	279	73273	−18.25	(CASE) 6285	1.23
卡萨布兰卡股票交易所	Casablanca Stock Exchange	76	65504	1.03	MADEX 9856	16.45
阿布达比	Abu Dhabi	64	61290	4.84	2511	−2
德黑兰证券交易所	Tehran Stock Exchange	363	60292		46934	0.4
迪拜金融市场	Dubai Financial Market	66	56229	−11	1528	0.94
尼日利亚股票交易所	Nigerian Stock Exchange	215	39477	28.97	25527	22.56
卡拉奇证券交易所	Karachi Stock Exchange	605	31134	−4.66	(KSE100) 9471	0.9
拉合尔证券交易所	Lahore Stock Exchange	511	30448	−8.1	2887	1.9
安曼股票交易所	Amman Stock Exchange	258	28150	−10.12	2342	−7.57
哈萨克斯坦证券交易所	Kazakhstan Stock Exchange	79	17258	−23.83	(KASE) 1463	−17.26
马斯喀特证券市场	Muscat Securities Market	132	16794	−4.73	(MSM30) 6100	−9.1
巴林股票交易所	Bahrain Stock Exchange	43	14929	−6.7	BHSE AII 1399	−4.08
纳斯达克迪拜	NASDAQ Dubai	5	13366	−10.4	DUAE Index	13.76
贝鲁特股票交易所	Beirut Stock Exchange	12	11461	3.23	1541	−1.6
突尼斯证券交易所	Tunisia Stock Exchange	54	8737	−0.01	4972	15.84
萨拉热窝	Sarajevo	524	5621	13	(SASE) 957	−9.1
达卡证券交易所	Dhaka Stock Exchange	292	4970	131	Gen Index 6252	139.24
巴尼亚	Banja Luka	873	2877	9.7	776	9.3
巴勒斯坦的证券交易所	Palestine Securities Exchange	41	2364	−18.7	Pasisi Index 489	−22.6
伊拉克证券交易所	Iraq Stock Exchange	43	2090	2.9	114	109

续表

股票市场		上市公司数量（家）	市场筹资额（百万美元）	市场筹资年增长率（%）	一般市场指数（BMI）	BMI年增长率（%）
大马士革股票交易所	Damascus Stock Exchange	14	1810	—	—	—
吉尔吉斯股票交易所	Kyrgyz Stock Exchange	8	62	−69.9	89.1	−8.2

注：①由于业务活动不活跃、规模太小或数据不可得，表中不包括以下 10 个市场：塔什干股票交易所、巴库股票交易所、乌干达股票交易所、莫桑比克股票交易所、地拉那股票交易所、阿尔及利亚股票交易所、伊斯兰堡股票交易所、吉大港股票交易所、Bourse Regionale Des Valuers Mobilieres 以及喀土穆股票交易所。由于以上原因他们没有建立资本市场，表中也没有包括其他 19 个 OIC 国家。②为了便于对照，将各交易所的英文名称放在了表格中。③"一般市场指数"一列用了相关指数在国际上的简称，相关含义读者自行查阅。
资料来源：伊斯兰国际信用评级机构（IRRA）。

必须说明的是，在阿拉伯国家中，国有经济占了很大的比重，在石油和天然气行业及大部分石油化工企业都有上市的国有企业。在阿拉伯证券市场中，金融服务业和电信企业的份额最高。图 7-3-2 是 2010 年 6 月底 OIC（伊斯兰国家会议组织）国家中上市公司按市场融资额计量的行业分布情况。

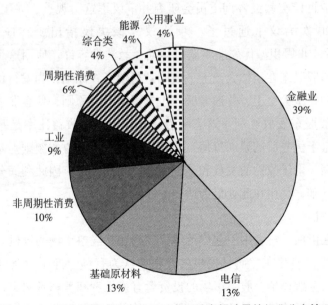

图 7-3-2　OIC 国家中上市公司以市场融资额计量的行业分布情况

三、需要说明的问题

(一) 优先股

在传统资本市场上，公司既可以发行普通股，也可以发行优先股，投资者根据自己的风险偏好来决定应该购买哪一种股票。但是在伊斯兰资本市场上，严格遵循伊斯兰教义的投资者不能购买优先股，这是由于优先股在发行之初就已经设定了一个股息率，投资者的收益是按照固定的股息率计算的一个固定收益。从这一点上说，虽然优先股属于权益证券的范畴，但它同时又具备了债券的一些特征，从性质上看是介于权益与固定收益证券之间的一个品种。而在投资中获得一个固定的收益是伊斯兰教义所禁止的。但是伊斯兰学者建议使用一种替代方法，指出可以利用优先股红利是基于一个预先设定的利润率的概念来发行优先股。由于此处涉及的仅仅是利润率，而不是固定的支付额，因此基于这种概念发行的优先股便不会与伊斯兰教义相冲突了 (Manna, 1990)。这意味着优先股股东事先并不知道自己将获得多少年度红利，而红利的数额是由企业的利润决定的。因此高额的利润得以转化为高额的红利。

马来西亚证监会教义咨询委员会研究并审议了这一观点，并于1999年7月14日的第20次会议上通过了一项决议，该决议指出，在应用弃权原则 (Tanazul) 后，非累积型优先股将获得伊斯兰教法的容许。使用这个概念的前提条件是，普通股股东在全体大会上一致同意行使弃权原则，为发行优先股铺平道路。在此后的每次大会上，普通股股东也要行使弃权原则，使企业能够根据净利润率向优先股股东发放红利。这意味着优先股股东的收益比率是基于企业利润的，而并非基于优先股的票面价值。而投资者所获得的收益额则是基于他们所持有的股票数额。由于收益的发放和分配由企业利润决定，因此利润分享原则作为发行股票的基础，是用在此处最为适当的沙里亚原则。

(二) 投机

另一个在伊斯兰学者中引起广泛争议的问题是股票市场的投机。在传统资本市场中，投机普遍存在，而且投机的存在被认为有利于抑制股票价格的过度波动。根据经典金融理论，股票市场的投资者有投机者和套利者两类，理性套利者可以有效判断市场价格是否被高估或低估，并进行套利以获取利润，同时使股票价格回归到其价值。但在这一过程中，处于信息劣势的投机者由于其理性程度相对较低，加之获取信息的成本较高，在交易过程中不能按照证券的内在价值进行投资，只是通过对证券价格走势的判断进行低买高卖获取投机性收益。这种行为相当于在证券市场上制造噪音，所以投机者也被称为噪音制造者。由于噪音制造者交易行为的存在，为理性套利者更加准确地判断证券价格制造了障碍，使其不能完全发挥其信息优势，这在一定程度上保护了处于信息劣势的中小投资者。

但是在伊斯兰金融中，伊斯兰教义禁止投机，因为它涉及赌博。然而对于股市的投资问题，目前还没有任何决议，因为很难给投机定位。股票持有人的投资收益有两种类型：资本收益或资本利得，即买卖价差和红利。资本利得是投资者将股票以低价买入然后再以高价卖出所获得的收益，而红利则是企业派发给投资者的现金收益或股票收益，其基础是公司的利润，因此股票投资者获得的红利收益不会引起投机问题。但是股票的资本收益自然引发关于伊斯兰资本市场和股票交易的几个问题：例如，一名伊斯兰资本市场的参与者，他在昨天买入股票，又在今天卖了出去，这种做法是否符合伊斯兰教义？股票的买卖是否会被当作赌博？投资者是真的对企业的某种权利进行买卖吗？

尽管学者们将投机与赌博联系在一起，但在马来西亚，其证监会教义咨询委员会却并不认同这种观点。根据其伊斯兰教义咨询委员会1997年10月16~17日的第十届全体会议的规定，投机或许是被允许的。尽管伊斯兰教法学家们从来都没有讨论过投机问题，但投机也许可以和伊斯兰教的公开竞价交易原则（Bai Muzayadah）联系起来。不过伊斯兰教义不允许股票市场中的欺诈和操纵行为。此外，伊斯兰国家还出台了一些法规，列出了哪些股票是穆斯林可以投资的、哪些股票穆斯林禁止投资。

第四节 伊斯兰投资基金

一、传统的投资基金

（一）传统基金的起源

投资基金是证券市场发展的必然产物，在发达国家已有上百年的历史。最早的基金诞生于何时并没有一致性的看法。一些人认为，1822年由荷兰国王威廉姆一世创立的私人信托投资基金可能是世界上最早的基金。但另一些人则认为将不同投资者的资金汇集起来进行分散投资的思想最早在1774年就由一位叫凯威特（Ketwich）的荷兰商人付诸实践，其所创办的一只信托基金名称中就包含着

"团结就是力量"的含义。但无论如何，封闭式的投资信托基金是在后来的英国生根发芽、发扬光大的，因此目前人们更多地倾向于将 1868 年英国政府成立的"海外及殖民地政府信托基金"（The Foreign and Colonial Government Trust）看作是最早的基金。

1868 年，英国经过第一次产业革命后，生产力得到极大发展，殖民地和贸易遍及世界各地，社会和个人财富迅速增长。但由于国内资金积累过多，投资成本日益升高，促使许多商人纷纷将个人财产和资金转移到海外。由于投资者本身缺乏国际投资知识，对海外投资环境缺乏了解，于是萌发了集合众多投资者的资金，委托专人经营和管理的想法。这一想法得到了英国政府的支持，于是由政府出面组成投资公司，委托具有专门知识的理财专家代为投资，让中小投资者可以分享国际投资的丰厚收益，并分散风险。于是，早期的投资信托公司便应运而生。

投资基金于 1868 年在英国达到鼎盛时期。同年 11 月，英国组建的"海外和殖民地政府信托"组织在英国《泰晤士报》刊登招股书，公开向社会发售认股凭证，以分散投资于国外殖民地的公司债为主，它是公认的设立最早的投资基金机构。该基金跟股票类似，不能退股，亦不能将基金单位兑现，认购者的权益仅限于分红和派息两项。

苏格兰人富来明是投资信托的先驱者。他从美洲大陆考察归来时，认为美国铁路建设迫切需要资金，且获利丰厚。1873 年他创立了"苏格兰美国投资信托"，开始替中小投资者办理对新大陆的铁路投资，发行"受益凭证"3000 单位，每一单位 100 英镑。结果受益凭证被抢购一空，原因是当时英国的统一公债利率已降低到 2%，而富来明则提出了 6%的保息，自然受到社会公众的热烈欢迎。

早期的英国投资基金是非公司组织，在投资者和代理人之间，通过信托契约的形式规定双方的权利和义务。因此，契约型投资基金是最早出现的投资基金形态。公司型投资基金的产生始于 1879 年英国《公司法》颁布后。投资基金开始脱离原来的契约形态，发展成为股份有限公司组织，这是信托投资历史上一次大飞跃。公司型投资基金是依据股份有限公司的有关法律设立的一种投资基金形式。它与一般的企业股份有限公司一样，通过发行股票的方式募集资金，但其投资对象是证券和金融产品，投资收益由股东分享。

1870~1930 年，英国共成立了 200 多个基金公司。1931 年，英国出现了世界第一只以净资产值向投资者买回基金单位的基金，它成为现代投资基金的里程碑。1943 年，"海外政府信托契约"组织在英国成立，该基金除规定基金公司应以净资产值赎回基金单位外，还在信托契约中明确了基金灵活的投资组合方式，标志着现代投资基金发展的开始。基金的成熟与发展经历了从以封闭式基金为主，到封闭式与开放式并存，最终过渡到以开放式基金为主的历程。

投资基金起源于英国，却盛行于美国。第一次世界大战后，美国取代了英国成为世界经济的新霸主，从资本输入国一跃变为主要的资本输出国。随着美国经济的大幅增长，日益复杂化的经济活动使得一些投资者越来越难以判断经济动向。为了有效促进国外贸易和对外投资，美国开始引入投资信托基金制度。1926年，波士顿的马萨诸塞金融服务公司设立了"马萨诸塞州投资信托公司"，成为美国第一个具有现代面貌的共同基金。在此后的几年中，基金在美国经历了第一个辉煌时期。到20世纪20年代末期，所有的封闭式基金总资产已达28亿美元，开放型基金的总资产只有1.4亿美元，但后者无论在数量上还是在资产总值上的增长率都高于封闭型基金。20世纪20年代每年的资产总值都有20%以上的增长，1927年的成长率更超过100%。

然而，就在美国投资者沉浸在"永远繁荣"的乐观心理中时，1929年全球股市的大崩盘使刚刚兴起的美国基金业遭受了沉重的打击。随着全球经济的萧条，大部分投资公司倒闭，残留的公司也难以为继。但比较而言，封闭式基金的损失要大于开放式基金。此次金融危机使得美国投资基金的总资产下降了50%左右。此后的整个20世纪30年代中，证券业都处于低潮状态。面对大萧条带来的资金短缺和工业生产率低下，人们投资信心丧失，再加上第二次世界大战的爆发，投资基金业一度裹足不前。

危机过后，美国政府为保护投资者利益，1933年制定了《证券法》，1934年制定了《证券交易法》，之后又专门针对投资基金于1940制定了《投资公司法》和《投资顾问法》。《投资公司法》详细规范了投资基金组成及管理的法律要件，为投资者提供了完整的法律保护，为日后投资基金的快速发展奠定了良好的法律基础。

第二次世界大战后，美国经济恢复强劲增长势头，投资者的信心很快恢复起来。投资基金在严谨的法律保护下，特别是开放式基金再度活跃，基金规模逐年上升。进入20世纪70年代以后，美国的投资基金又呈现爆发性增长。在1974~1987年的13年中，投资基金的规模从640亿美元增加到7000亿美元。与此同时，美国基金业也突破了半个多世纪内仅投资于普通股和公司债券的局限，于1971年推出货币市场基金和联储基金；1977年开始出现市政债券基金和长期债券基金；1979年首次出现免税货币基金；1986年推出国际债券基金。到1987年底，美国共有 2000 多种不同的基金，为将近 2500 万人所持有。由于投资基金种类多，各种基金的投资重点分散，所以在 1987 年股市崩溃时期，美国投资基金的资产总数不仅没有减少，而且在数目上还有所增加。

20 世纪 90 年代初，美国股票市场新注入的资金中约有 80%来自基金，1992 年时这一比例达到 96%。1988~1992 年，美国股票总额中投资基金持有的比例由 5%急剧上升到 35%。到 1993 年，在纽约证券交易所，个人投资仅占股票市值的 20%，而基金则占 55%。截至 1997 年底，全球约有 7.5 万亿美元的基金资产，其中美国基金的资产规模约 4 万亿美元，已超过美国商业银行的储蓄存款总额。1990~1996 年，投资基金增长速度为 218%。在此期间，越来越多的拥有巨额资本的机构投资者，包括银行信托部、信托公司、保险公司、养老基金以及各种财团或基金会等，开始大量投资于投资基金。目前，美国已成为世界上基金业最发达的国家。

（二）作为中介的基金

在传统的投资基金中，作为金融中介的投资公司从个人投资者手中汇集资金再将其广泛投资于各种有潜力的证券或其他资产。隐藏在投资公司背后的关键理念是汇集资产。对于投资公司设立的资产组合，每位投资者都有与其投资额成比例的索偿权。于是，投资公司便为小投资者联合协作获得大规模投资利益提供了一种机制。

根据美国 1940 年的《投资公司法》，将投资公司分成单位投资信托与管理投资公司两类。单位投资信托的资产组合基本上是固定的，因而被称为无管理的投资。而管理投资公司之所以有这样的称谓，是因为它们所投资的资产组合的证券不断被买卖，投资组合是受管理的。有管理的投资公司还可以进一步分为开放型和固定型，开放型公司就是我们通常所说的共同基金。①

单位信托的资金都投资于一个固定的投资组合之中。为了成立一个单位投资信托，信托的发起人会购买一个证券资产组合并将其存入信托中。之后，单位信托销售其份额或单位，这些份额或单位被称为可赎回的信托凭证。投资组合中所有的本金和收入都由基金的受托人（银行或信托公司）支付给基金持有人。单位投资信托不需要很多的积极管理活动，它的资产组合的构成是固定不变的，所以这些信托被称为无管理的基金。单位信托往往投资于相对单一的资产类型，例如

---

① 在英国，信托投资公司相当于美国的封闭式共同基金，英国的单位信托则与美国的开放式共同基金相似。

一个信托可能投资于市政债券，而另一个则可能投资于公司债券。投资组合的单一性与无须积极管理是密切相关的。单位信托为投资者提供了一个购买资产组合中某一系列特定类型的工具。

管理型投资公司分为开放式与封闭式两种类型。这两种公司的董事会都由股东选举产生，并聘用一家管理公司对资产组合进行管理。在许多情况下，管理公司就是组织基金的那家公司。比如美国的富达管理与研究公司就是许多富达共同基金的发起人，负责管理基金的资产组合。在其他情况下，共同基金也会聘请一位外部的资产组合管理人，如先锋公司聘用了韦林顿管理公司担任它的韦林顿基金的投资顾问。

开放式基金可以随时以资产净值赎回或发行基金股份，当开放式基金的投资者想要变现其基金份额时，他们就以基金的资产净值把股份再卖给基金。而封闭式基金则不能赎回或发行股份，封闭式基金的投资者想要变现，必须将股份出售给其他投资者。封闭式基金的股份在有组织的交易所中进行交易，投资者可以像买卖其他股票一样通过经纪人进行买卖，所以其价格以其市场上的交易价格进行，而不是像开放式基金那样以其基金资产的净值购买。

有一些中介，它们不像投资公司那样具有正式的组织和规范化的管理，然而它们的服务功能却与投资公司相似，综合基金公司、不动产投资信托公司和对冲基金公司是其中比较重要的三个。

综合基金公司是汇集投资者资金的合伙制企业，由管理公司如银行或保险公司组织、管理并收取费用。在美国，综合基金的典型合伙人为信托或退休账户。综合基金在形式上与开放式基金相似，但综合基金发行基金单位而不是基金股份，这些基金以单位资产净值进行交易。银行或保险公司可以提供大量不同的综合基金。

不动产投资信托公司与封闭式基金公司相似，主要投资于不动产或有不动产担保的贷款。除发行股份外，它们也通过银行借款、发行债券或抵押来筹集资金。不动产投资信托有两种基本类型。产权信托直接投资于不动产，而抵押型信托则主要投资于抵押与工程贷款。不动产投资信托一般由银行、保险公司设立，并且像投资公司那样提供服务并收取费用。

对冲基金公司和共同基金公司一样，汇集私人投资者的资金并由基金管理公司负责投资。但对冲基金公司通常以私人合伙的形式存在，也几乎不受证监会监管。它们一般只对富人开放，而且大量使用一些共同基金管理人不能使用的投资策略，比如大量使用衍生工具、卖空交易和财务杠杆。

(三) 传统基金的类型

每一种基金都有自己的投资策略，并记载在其招募说明书中。根据投资策略的不同，基金通常可以有以下几种类型。

(1) 货币市场基金。投资于货币市场证券，如商业票据、回购协议或大额可转让定期存单等。货币市场工具具有流动性好、安全性高的特点，但收益比其他证券低。货币市场一般只允许经过批准的机构投资者进入，个人投资者无法进入货币市场，因此货币市场基金为投资者进入货币市场提供了重要渠道。

(2) 股权基金。主要投资于股票，资产组合管理人出于谨慎也可能持有固定收益证券或其他类型的证券。[①] 在美国，股权基金通常将基金资产总值的 4%~5% 投资于货币市场或其他高流动性资产上以满足基金份额在赎回时的流动性要求。根据股票性质的不同，通常可以将股票分为价值型股票和成长性股票。价值型股票通常是收益稳定、价值被低估、安全性较高的股票，同时价值型股票的市值与账面价值的比 (市净率) 较低。成长性股票是收益增长速度快、未来发展潜力大的股票，其市值与账面价值比较高。专注于价值型股票投资的基金被称为价值型股权基金，而专注于成长性股票投资的股权基金被称为成长性股权基金。

(3) 行业基金。专门投资于某个特定行业，如基础资源行业基金、电信行业基金以及房地产基金等。由于行业基金的投资范围仅限于某一个特定的行业，相对于其他股权基金而言，其分散化程度相对更低，因此风险也比其他的股权基金更高。但行业基金的管理人希望通过集中于某一行业的投资获取超过整体市场的回报。

(4) 债券型基金。主要投资对象是固定收益证券。然而这一市场还可以进一步细分。如各种基金可以专门选择投资于公司债券、国库券、抵押证券或市政债券。许多基金也按到期日进行分类，分为短期、中期和长期，也有按照发行者信用高低不同进行的分类。

(5) 国际基金。大多数基金的投资对象都仅限于国内的金融工具，但国际基金则对投资进行了更广泛的分散化，其投资对象涉及不同国家，实现在全球范围内分散投资，分散化程度更高。由于全球各个国家的经济周期性波动并不完全一致，因此，国际基金可以获取比国内基金更高的潜在收益。

(6) 平衡型基金。这类基金被设计成备选对象供投资者投资整个资产组合时

---

① 各个国家对股票基金或股权基金的定义不完全相同，我国是以股票投资占基金资产总值的比例在 80% 作为股票型基金的划分标准。

选用，被称为平衡型基金，在我国又被称为混合型基金。这些基金以相对稳定的比例持有权益和固定收益两类证券。生命周期基金属于平衡型基金，其资产组合涵盖了从激进型到保守型的各类证券。

（7）指数基金。指数基金试图跟踪某个市场指数的业绩。指数基金主要有两种类型，一种是完全复制的指数基金，另一种是部分复制指数基金。完全复制指数基金购买的证券与指数中证券的个数相同，每个证券的投资比例也与用于计算指数的权重相同。基本目标是为了获得与市场相同的业绩。部分复制指数基金则是在坚持以指数投资为基本原则的前提下，对指数中所包含的证券进行数量和比例上的调整，以期望在跟踪指数的前提下获得比指数更高的回报。

（四）对传统基金的伊斯兰评价

在基金投资中，基金管理人的首要任务是利用现有证券创建一个最优投资组合，但是并不是所有的证券都符合沙里亚规定，所以并不是所有传统基金都可以被伊斯兰市场接受。

（1）债权基金。传统的债权基金无论是固定利率还是浮动利率、是零息还是附息、有还是没有选择权，由于它们都包含有利息，所以不会被接受。伊斯兰基金经理不允许创建一个以传统债务证券为基础的投资组合，所有的债权基金，包括债券型基金、货币市场基金、垃圾债券基金等都被排除在伊斯兰基金管理之外。

（2）股权基金。在前面关于伊斯兰股票市场的讨论中我们知道，在伊斯兰市场上并没有与传统金融中的普通股相同的金融工具。但是大多数伊斯兰教法学家的观点倾向于赞成对传统的普通股施以一定的限制和条件而对其加以利用。首先，因为股票代表了股东按其设计的投资比例在公司的所有权，公司本身也可以从事符合沙里亚的业务活动。其次，股东的所有权利益与公司的实际资产相关而不与债务或货币相关，使股东持有股票并不存在包含利息的问题。最后，公司既不以利息为基础借款，也不将公司的剩余保留在与利息相关的账户中。当然，在现代公司股票市场上严格遵循相关标准构建股权基金投资组合将十分困难。因此，当代的教法学家们发展起来了一些更为"宽松"的标准来确定哪些股票被允许，下文中我们将会论及这些标准。

（3）对冲基金。对冲基金通常采用杠杆进行交易，并主要投资于各种衍生产品。但是伊斯兰基金管理人不能进行传统的远期、期货、期权和互换等具有这些特征的其他更复杂的金融产品。不过，对冲基金的卖空与套利策略则可以被伊斯兰基金管理人采纳。

（4）REITs。REITs 是不动产投资信托，它也是投资基金的一种，其投资对象主要是房地产等不动产。REITs 将不动产与股票的特征很好地结合起来，在伊斯兰金融市场上被普遍接受，当然，它们并不用于有息的借贷活动。

二、伊斯兰投资基金的结构及其种类

在传统金融业中，投资基金已经发展成为私人客户和机构财富积累和财富管理的重要工具。同样，在伊斯兰金融体系中，投资基金的重要地位也在日益上升，特别是穆斯林国家中新兴的中产阶级，他们在积极寻求安全存放财富和累积财富的机会。伊斯兰金融机构会计和审计组织（AAOIFI）其第 14 号标准的附录B[①] 将投资基金归为法律许可的伊斯兰金融工具。虽然 AAOIFI 并不是一个官方的沙里亚标准化组织，但是日前在伊斯兰金融领域，所有的伊斯兰金融机构都必须遵循其规定，因为这些规定至少都是从沙里亚的角度出发，规定了什么行为或操作被许可执行。在下文中，我们将介绍几种最重要的伊斯兰投资基金，并对其与传统投资基金进行比较。除了典型的固定利率基金和房地产基金之外，还将关注在伊斯兰金融领域引起投资者极大兴趣的预防风险基金。

（一）利润分享/股本参与＋成本加成模式基金 （Mudaraba/Musharaka＋Murabaha Fund）

利润分享＋成本加成模式基金主要由两部分构成。第一部分是利润分享结构，通常被用在股权基金中并且可以随着投资者在基金管理中的参与程度的不同而转换为股本参与模式的基金。在股权基金中，基金的投资者或者委托人向基金投入资金或持有基金的份额，基金再将资金投向符合沙里亚的股票以获得股息和资本收益，然后再向基金的股东或持有人分配实现的利润。在这一结构下，基金公司或管理人承担了基金的管理职能，投资者则承担了资金提供者的角色。基金管理人在提供专业化管理服务的同时获得一定的管理报酬，管理报酬与分配给投资者的利润一样，也是一个事先规定的比例，因此，只有基金产生盈利时基金管理人才能获得报酬。在传统基金中，基金管理人的报酬是基金资产净值的一个百分比，特别是在封闭式基金的情况下，基金管理人的报酬相对固定。但是，在伊斯兰金融中，基金管理人的报酬固定不变不符合伊斯兰教法的规定，不被允许。

第二部分是成本加成结构，这一结构与利润分享的不同之处在于募集资金的使用。在以利润分享为基础的股权基金中，募集的资金主要用于购买符合伊斯兰

---

① 由于篇幅所限，此附录未摘录，请读者自行查阅。

教法的股票，在成本加成结构中，募集的资金主要用于购买商品，然后再以成本加成的方式销售出去。销售一般以延期支付的形式进行，延期支付收到的款项作为投资的收入和利润，实现的利润在基金投资者之间进行分配。至于利润如何分配，是定期进行分配还是按照不同的比例进行分配，则根据具体基金的结构来选择。

利润分享+成本加成的基金结构可以单独分成利润分享基金结构和成本加成利润结构，将两者结合起来实际上是一种混合形式的基金结构，如图 7-4-1 所示。

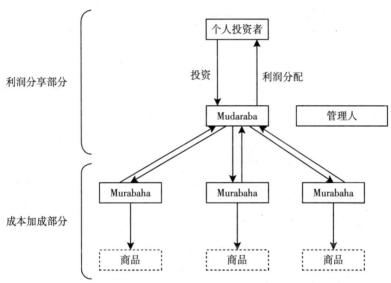

图 7-4-1 利润分享/股本参与 + 成本加成模式的基金结构

资料来源：Sanjoy Bose, Robert W. McGee. Islamic Investment Funds: An Analysis of Risk and Returns [D]. Florida International University, 2008.

（二）租赁基金结构

由于租赁结构是构造伊斯兰债券时经常采用且十分流行的结构，所以也被用来构造伊斯兰基金。在租赁基金中，投资者投资形成租赁基金，然后将募集资金投资于一个专门设立的 SPV，SPV 是专门为基金发行和管理投资者的基金而设立在离岸免税区的机构。SPV 将发行基金股份募集到的资金主要投资于不动产、汽车以及其他设备形成的资产池，再将这些资产出租给其实际使用人（承租人）。资产的实际使用者定期向 SPV 支付租金，承租人定期支付的租金构成了基金投资者的收入，SPV 定期将租金以利润的形式分配给基金投资者。基金投资者以其在基金总额所占的比例享有利润分配的权利。在基金发起设立时，每一个基金投资者在认购一定的基金份额后都会收到代表其投资权利的凭证，证明其有权利获得基金收益。这种凭证和伊斯兰债券（Sukuk）相似。由于这些"伊斯兰债券"代表了基金份额持有者对基金实际资产的所有权而不是债务，所以这些凭证可以在二级市场上流通交易。任何一个投资者在二级市场上购买了这种凭证，就享有和初始持有人同样对基金实际资产的所有权。"伊斯兰债券"的价格由市场决定，通常由其盈利性决定。租赁伊斯兰债券的管理人（SPV）的管理费可以是一个固定的总额，也可以规定为租金的一定比例，租赁基金结构如图7-4-2所示。

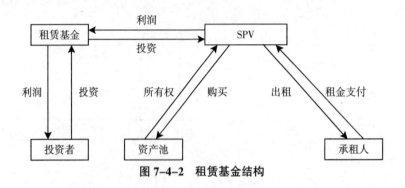

图 7-4-2　租赁基金结构

（三）伊斯兰股权基金

伊斯兰股权基金的创设过程包括两个步骤：第一步，基金的发起人以利润分享（Mudaraba）合约为基础，向投资者发行基金凭证或基金股份募集资金；第二步，基金管理人将募集到的资金以符合伊斯兰教法规定的可变收入模式，如利润分享、股本参与等形式投资到普通股中，并以在投入企业中所占的股本的份额获得收益。基金公司收到投资企业支付的利润后，再根据与投资者签订的利润分享协议向投资者分配利润。根据利润分享合约模式的伊斯兰股权基金的结构如图7-4-3所示。

以利润分享为基础的伊斯兰股权基金最终的投资对象是符合伊斯兰教法的股票投资组合。同样，在这一结构中，如果将投资对象变为固定资产，如房地产或不动产等，则成为伊斯兰基金中的房地产基金或其他形式的基金。

在伊斯兰股权基金中还有一种结构，这种结构是以伊斯兰模式中的代理模式（Wakalah）为基础构建的。在这样的模式中，基金公司相当于股票持有人的代理人，基金公司通过发起阶段在代理合约中约定的费用提取管理基金的报酬或管理费。管理费的总额可以是一个固定的金额，也可以是基金资金总额的一定比例，如基金公司每年可以提取基金总额2%的管理费。从总体上看，这种报酬模式是符合传统金融中基金管理人的报酬模式的。但在伊斯兰金融中，如果这种模式变

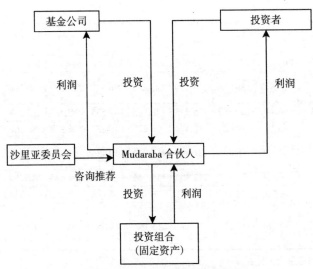

图 7-4-3　伊斯兰股权基金结构

成真正的金融实践，就必须在基金募集说明书中明确说明管理人的报酬支付模式，以便获得沙里亚委员会的认可。

在伊斯兰金融中，基金公司都有自己的沙里亚委员会为基金投资提供咨询。沙里亚委员会的主要任务是审查计划中的投资是否符合伊斯兰教法的规定并做出审批，主要包括：基金基本概念合法性的审批、基金管理人就某些伊斯兰金融工具和金融技术的合法性问题进行咨询。接受教法委员会评估的资产必须能够根据伊斯兰教法的规定以市场价值进行交易。

伊斯兰股权基金在伊斯兰金融中的历史并不长。第一支伊斯兰股权基金成立于 20 世纪 80 年代的美国，当时是为清真寺后期工程募集资金。从 1993 年起，基金的数目持续增长，从 1993 年的九种增长到 2008 年底的 300 种以上，年复合增长率达到 24%。特别是在 2000 年引入了道琼斯伊斯兰市场指数以及富时全球伊斯兰指数等各种伊斯兰股票价格指数之后，伊斯兰股权基金出现了跨越式增长。表 7-4-1 是马来西亚基金业发展情况的统计，从中可以看出马来西亚伊斯兰基金的发展情况。

表 7-4-1　马来西亚基金业发展情况统计

项目 ＼ 年份	2004	2005	2006	2007	2008	2009	2010	2011	2012
基金管理公司的数量（家）	36	36	38	39	39	39	39	40	40
发起设立的基金数量（家）	273	323	387	484	532	541	564	587	589
一传统基金	208	244	295	360	392	397	412	423	420

年份 项目	2004	2005	2006	2007	2008	2009	2010	2011	2012
—伊斯兰基金	62	79	92	124	140	144	152	164	169
流通中的基金单位总额（十亿）	118.627	139.386	153.719	206.835	236.392	273.879	289.366	316.411	351.578
—传统基金	106.472	120.762	135.245	170.563	187.535	217.031	233.158	255.199	281.713
—伊斯兰基金	13.155	18.624	18.474	36.272	48.857	56.848	56.208	61.212	69.865
基金的资产净值（NAV）（十亿）	87.385	98.485	121.410	168.029	130.436	191.706	226.812	249.459	294.851
—传统基金	80.624	89.998	112.309	151.244	114.318	169.626	202.768	221.599	259.490
—伊斯兰基金	9.761	8.487	9.101	16.785	16.118	22.080	24.044	27.860	35.361
NAV占马来西亚证券交易所筹资额的比例（%）	12.10	14.17	14.31	15.19	19.65	19.18	17.79	19.42	20.12

注：表中的货币单位均为林吉特。

资料来源：马来西亚证监会，转引自 Nurasyikin Jamaludin, Malcolm Smith, Paul Gerrans. Mutual Fund Investment Choice Criteria A Study in Malaysia [J]. International Journal of Education and Research, 2013, 1 (14).

（四）伊斯兰房地产基金（Islamic REITs）

伊斯兰房地产基金也被称为伊斯兰不动产投资信托（Real Estate Investment Trust, REITs）。马来西亚证监会对伊斯兰房地产基金的定义是"无论是直接拥有还是间接通过主要资产是房地产的目的公司进行投资，投资于房地产的资产至少占其总资产的比例达50%以上的一种投资工具"（Security Commission, 2005b）。在不同国家，对基金资产投资于房地产的比例的规定各不相同。比如在美国，要求基金总资产的70%以上投资于房地产。在韩国和新加坡，投资于房地产的比例最低也要达到70%以上（Vincent, 1990）。由此可见，REITs是一个实体，它将投资者的资金集中起来，形成一个资产池，然后再将资金通过购买、管理和出售房地产获取收益。

2005年11月21日，马来西亚证监会颁布了伊斯兰REITs必须遵循的沙里亚原则、规则及其他指导原则（Security Commission, 2005b）。规定沙里亚合规性评估由伊斯兰教法委员会负责监管伊斯兰REITs，以保证REITs的投资、存款、融资决定，获取与处置不动产、租金收取等业务活动的各个方面都符合伊斯兰教法的规定。同时要求教法委员会确保所有的基金都按照证监会规定的沙里亚原则进行管理和经营。沙里亚委员会评估伊斯兰REITs主要由以下几个方面的内容构成。

1. 不允许的租金业务

由于REITs投资者的收入主要来自于资产的租金收入，所以必须保证租金的来源符合要求。马来西亚伊斯兰教法咨询委员会对不允许的租金收入进行了详细的描述：以利息为基础的金融服务；赌博业或博彩业；非许可产品的生产和销售；传统保险业；娱乐业；烟草或烟草制品的生产和销售；不符合沙里亚教规的证券经纪和股票的销售；酒店和度假胜地等。除此之外，伊斯兰教法委员会可以使用自己的标准来判断其他业务是否符合教法的规定。

2. 对于混合业务的处理

如果在承租人所经营的业务中，核心业务符合伊斯兰教法的规定，但是有一小部分业务不符合教法的规定，根据要求，也要对其中不符合规定的部分进行特定的处理。其中最重要的方法就是对其中来自非沙里亚业务部分的比例进行限制，通常规定这部分的比例不能超过 REIT$_s$ 总量的 20%（以最近财年为准）。在实际业务处理中，教法委员会会建议基金经理不要投资超过 20% 为非伊斯兰的业务活动。

3. 对禁止性租金比例的计算方法

在实践中，通常有几个得到公认的方法用于对承租人混合经营活动中禁止性业务租金比例的计算。这些方法包括经营场所的使用空间，服务时间以及其他伊斯兰教法委员会认可的方法。比如说超市，在计算禁止性活动如酒类销售的租金比例时会根据酒类销售所占的面积占整个超市面积的百分比来确定酒类销售在整个超市销售中所占的比例。如果这一比例在 20% 以下，则整个超市的租金的收入仍然符合规定。

但是，20% 的标准并不适用于将已经成为 REIT$_s$ 租赁资产的不动产再出租给新的承租人的情形，因为这时并不知道来自新承租人的租金中禁止性业务的比例到底是多少。然而如果新承租人所经营的业务如果很明显全部为禁止性业务，那么这时将不动产出租给新承租人则被认为是违反了 20% 标准的规定，不能被接受。

4. 风险管理

伊斯兰 REIT 和传统的 REIT 的不同之处除了伊斯兰 REIT$_s$ 具有符合沙里亚教规的投资特征之外，还在于投资者的收益来源以及基金的管理原则不同。伊斯兰 REIT$_s$ 具有潜在的对伊斯兰投资者的吸引力是因为其具有的高收入、与股票的低相关性以及对抗通胀的特征。根据 Forest（1994）、Lin 和 Yung（2006）的分析，高分红收入是吸引投资者的一个主要原因。高分红收益一定与较高程度的收入确定性相伴，这是因为 REIT$_s$ 出租资产所取得的租金收入在一个特定的租期内相对稳定。而且，马来西亚证监会要求当年收益的 90% 必须分配给投资者，这就使投资者获得了非常可观且稳定的收入，因此 REIT$_s$ 吸引了包括养老基金和退休基金在内的大型机构投资者的参与。

5. 马来西亚伊斯兰 REITs 案例——Al'-aqar KPJ REITs

Al'-aqar KPJ REITs 被认为是世界上第一支伊斯兰 REITs，它于 2006 年 6 月 28 日在马来西亚成立，为拥有和投资于伊斯兰不动产而设立的。在其成立之时，拥有并投资于马来西亚 KPJ 医疗服务有限公司及其所属的六家医院的资产，这些资产都经过了指定的伊斯兰教法委员会的认可，资产总值 4.81 亿林吉特。这些取得的资产被回租给 KPJ 医疗服务有限公司及其分支机构。Al'-aqar KPJ REITs 的收入完全依赖于 KPJ 公司的收入。KPJ 及其下属机构是一个专注于医疗行业的集团公司，其资产组合及业务主要包括医院管理、医疗技术服务、医院发展和委托管理、护理与医疗职业持续教育、病理服务、中央治疗及零售药店等(KPJ RE-IT，2006)。

为了保护持有人的利益，Amanah Raya 有限公司被指定为托管人，由 Damansara REIT 管理人负责基金的管理。根据证监会的要求，委托人应积极监督基金管理人，确保基金持有人的利益始终得到保护。

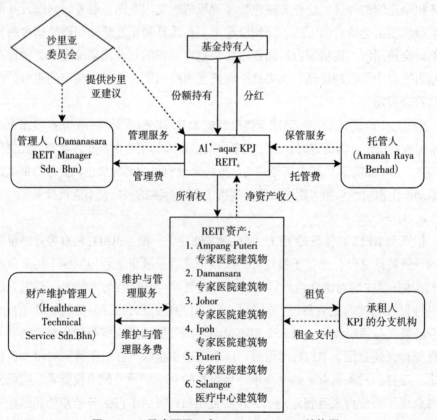

图 7-4-4　马来西亚 Al'-aqar KPJ REITₛ 结构图

第五节 伊斯兰衍生金融市场

一、传统的衍生金融工具

衍生产品（Derivatives）是指由某种更为基本的变量派生出来的产品。衍生产品的标的通常就是某种交易资产的价格，因此衍生产品的价格由交易资产的价格决定，如股票的价格及股票价格指数、汇率、利率等金融资产的价格以及其他普通商品的价格。在传统金融市场中，通常有四种主要的衍生产品：远期、期货、期权和互换。这些衍生产品都以合约的形式出现在市场中，即交易双方或多方就某一交易事项签订的一类特殊合约。这种合约与基础资产如股票交易的合约有所不同，即衍生产品的交易将交易与基础资产的交割分离开来，交易是现在达成的但资产的交割要等到将来的某一个规定的时间。

远期合约（Forward Contract）是一种交易双方约定在未来某一确定时间，以当前确定的价格买卖一定数量的某种资产或商品的合约。合约中所规定的价格被称为远期价格，是交易双方在当前时刻对未来即期价格的预期，无论将来资产或商品的价格如何变动，买卖双方都只按照远期价格进行资金清算和资产交割。这样对于买方锁定了资产购入的成本，而对于卖方则提前锁定了资产或商品出售所获得的收益，对于远期交易双方，规避了成本和收入的不确定性以及价格变动带来的风险。

期货合约（Futures Contract）本质上是一种交易所交易的标准化的远期合约，也表示在未来某一确定的日期买入或卖出资产或商品的一种承诺。虽然期货合约和远期合约在性质上是同一类合约，但由于期货合约在交易所交易而远期合约则主要在场外交易市场交易，所以两者之间仍然具有十分明显的差异。首先，期货合约是标准化合约，具有明确的交割日期、地点和程序，而远期合约则是非标准化合约。其次，期货合约的结算是每日进行的，即盯市（Marking to Market），远期合约是到期结算。最后，远期合约只能在到期时进行交割和资金清算，但期货合约由于每天在交易所交易，所以交易双方可以在到期之前通过相反的交易将原先的头寸了结掉，从而不必在到期时再进行交割。

期权合约（Option Contract）在衍生金融工具中是相对比较特殊的一类，在期权合约中，期权买方通过向期权卖方支付一定的期权费（Premium）购买了在将来某一确定时间或某时期内按确定的价格买入或卖出资产或商品的权利，因此期权合约是一种权利合约，本质上与远期和期货合约不同。在期权合约中，期权的买方拥有权利，但这一权利可以执行也可以放弃。期权可以是欧式期权也可以是美式期权，这一名称与地理集团毫无关系，只与期权的执行时限有关。如果期权多方在期权到期之前的任意时刻都可以行使权利，则该期权为美式期权；如果期权多方只能在期权到期时行使权，则该期权为欧式期权，由此可见，美式期权相对于欧式期权更为灵活。根据期权买方对未来标的资产价格走势的判断不同，期权可以分为看涨期权（Call Option）和看跌期权（Put Option）。期权合约中规定的价格被称为执行价格（Exercise Price）或敲定价格（Strike Price），如果用 X 表示期权合约的执行价格，用 S 表示标的资产的市场价格，则对于看涨期权，如果S>X，则该期权为实值期权，期权多方行使期权或将期权出售获取收益，收益为S–X；反之，如果 S<X，则该期权为虚值期货，期权多方将弃权。对于看跌期权而言，则正好相反，如果 S<X 时，该期权为实值期权，S>X 时该期权为虚值期权。

互换合约（Swap Contract）是交易双方达成的在将来交换一系列现金流的合约，在合约中双方约定现金流的互换时间及现金流数量的计算方法。通常情况下现金流的计算会涉及利率、汇率及其他市场变量将来的价值。远期合约可以被看作是一种单期的互换合约，而互换合约则是多期的多个远期合约。在市场上比较流行的互换合约主要有利率互换和货币互换。利率互换合约是双方交换利息流的合约，其中一方支付的利息以固定利率计算而另一方支付的利率以浮动利率计算。在国际金融市场上，浮动利率主要为 LIBOR。在利率互换合约中，合约买方支付固定利率利息，收取以 LIBOR 计算的浮动利率利息，如果将来市场利率上升，则获得以浮动利率与固定利率差计算的利息贴现值的收益，而卖方则收取固定利率利息支付浮动利率利息；如果市场利率上升，则卖方亏损，其亏损额恰好等于买方的盈利。货币互换则是交易双方交换以不同货币计算的固定利息流的合约。以各自货币看，货币互换中的利息总是相等的，但将一种货币兑换为另一种货币时由于市场汇率的变化，则可以给交易双方带来盈利或亏损。因此货币互换主要用来对汇率风险进行管理，而利率互换则主要用于对利率风险进行管理。

二、传统衍生金融工具的发展

衍生金融产品已经存在了很长时间，特别是期货合约，已经存在上千年了，其中大多数是关于农产品的。现在大家普遍认为远期合约最早起源于公元前580

年古希腊亚里士多德讲述的出生于希腊米利都的哲学家泰勒斯的故事。据说，泰勒斯具有丰富的天文学知识，他运用自己的天文学知识预测第二年橄榄将会取得大丰收，因此他在橄榄收割前先将橄榄压榨机租下来，等来年橄榄大丰收时再将这些机器以市场利率租借出去，由于第二年橄榄大丰收，橄榄压榨机的需求大增，市场租金率远高于泰勒斯当时的租金率，因此泰勒斯从中获得了大量的收益。这其实就是一份关于橄榄压榨机的远期合约。第一份相对比较正式的远期合约出现于 1637 年的伦敦皇家交易所（The Royal Exchange in London），是荷兰郁金香球茎的远期合约。第一份"期货"合约通常可以追溯到 1650 年日本大阪淀屋大米市场，这一合约已经具有了现代标准化期货合约的一些基本特征，但目前学者们仍不清楚这些合约是否已经具有了现代期货合约交易中的每日结算制度。

在衍生金融产品发展的历史上，另一个重要事件是 1848 年成立了芝加哥交易所（Chicago Board of Trade，CBOT）。由于芝加哥所在的中部密歇根湖地区是美国主要的粮食产区，逐渐地芝加哥发展成为地区性的谷物生产、加工、储存和销售中心。由于粮食生产的季节性，芝加哥的粮食储运设施在粮食收获季节不能满足粮食供给大量增加带来的对储运设施的需求；与此相反，在粮食生产淡季则又出现大量的储运设施闲置的情形。粮食储存设施使用的季节性不均衡导致谷物价格大幅波动，给谷物生产者带来了巨大的价格变动风险。因此芝加哥的谷物交易商创造了一种叫作将至合约（To-arrive Contract）的交易形式，合约规定农民可以在自己农场或者谷物储存设施中保存自己的谷物并且在随后的几个月中交易给芝加哥交易所。这种将至合约被证明是对谷物价格进行保值和投机的一种非常有用的设计，芝加哥的农民和交易商很快就意识到销售和交割在转移与谷物价格相关的风险方面的重要性并不相同。谷物可以现在销售但交割可以在将来的任意一个时间进行。于是，到 1865 年该将至合约逐渐演变成为标准化的合约，这就是世界是第一份真正的商品期货合约。到 1925 年芝加哥交易所成立的第一家期货结算所负责期货交易的清算。1922 年美国联邦政府颁布谷物期货法（The Grain Futures Act）对期货交易进行监管。

在 20 世纪 70 年代之前存在的各种衍生产品市场中，基础资产均为普通商品，金融衍生产品还没有出现。当代的金融衍生产品出现于 1972 年，芝加哥商品交易所（Chicago Mercantile Exchange，CME）为了应对国际汇率日益频繁的变动，创造了国际货币市场（International Monetary Market，IMM），并推出了当时七种主要货币的货币期货交易，这也是金融资产首次成为期货合约的标的资产。1975 年 10 月 20 日芝加哥农产品交易所（CBOT）创造了利率期货合约，推出了国民抵押贷款协会（GNMA）抵押存款凭证的期货合约，最初该合约获得了成功，但不久逐渐失去交易，CBOT虽几次对其进行修改以使该产品恢复活力，但都没有成功，最终放弃。1977年8月22日，CBOT又推出了第一份美国中期国债（Treasure-bills）期货合约，该合约是最为成功的利率期货合约，到目前为止仍是CBOT利率期货合约的主力合约。随后CBOT又推出了长期国债（Treasure-bond）期货合约，该合约曾经是交易量最大的期货合约。1982年2月，堪萨斯农产品交易所（Kansas City Board of Trade，KCBT）推出了第一个股票价格指数期货合约——价值线平均综合指数期货合约；两个月以后，CME也推出了最为成功且广受欢迎的标准普尔500股票价格指数期货合约。

期权交易在进入交易所交易之前，在场外存在了相当长的时间。到1972年，芝加哥期权交易所（Chicago Board Options Exchange，CBOE）成立，标志着现代期权交易的诞生。非常巧合的是，同年，费雪·布莱克和迈伦·斯科尔斯的革命性的期权定价公式同时公布，B-S期权定价公式为期权交易奠定了坚实的基础，也使交易所的期权交易得到了长足的发展。1983年CBOE创造了股票指数期权，最初是CBOE 100指数期权，后来变为比较流行的S&P100，S&P100现在仍是最活跃的期权交易品种。

第一份互换合约出现在20世纪80年代初，这次著名的互换交易发生在世界银行与国际商业机器公司（IBM）间，它由所罗门兄弟公司于1981年8月安排成交。自20世纪80年代以后，互换交易和其他衍生金融交易的场外交易市场迅速发展。传统的互换合约主要是货币互换和利率互换，其他的互换合约见表7-5-1。

表 7-5-1　主要的互换合约类型

利率类型＼货币种类	在相同货币之间	在不同货币之间
固定利率对固定利率	—	货币互换
固定利率对浮动利率	利率互换	货币利率互换
浮动利率对浮动利率	基准利率互换	卡特尔互换

尽管在这之前也存在远期、期货和期权的场外交易市场，但是自20世纪80年代开始的金融自由化使利率、汇率及其他金融资产的价格大幅波动，使各国公司逐渐认识到通过衍生金融工具转移风险和对金融资产价格波动带来的风险暴露进行管理的必要性，这刺激了场外衍生品市场的发展。虽然2008年金融危机之

后全球衍生品市场的交易规模出现了缩减，但 2014 年上半年总市场价值仍然达到了 17.423 万亿美元，具体情况见表 7-5-2。

表 7-5-2　全球场外（OTC）衍生品交易总规模

单位：十亿美元

	名义未平仓合约				总市场价值			
	12	6	12	6	12	6	12	6
	2012 年	2013 年	2013 年	2014 年	2012 年	2013 年	2013 年	2014 年
全部合约	635685	696408	710633	691492	24953	20245	18825	17423
外汇合约	637358	73121	70533	74782	2313	2427	2284	1722
远期与外汇互换	31718	34421	33218	35190	806	957	824	571
货币互换	25420	24654	25448	26141	1259	1131	1186	939
期权	10220	14046	11886	13451	249	339	273	213
利率合约	492605	564673	584799	563290	19038	15238	14200	13461
远期利率协议	71960	86892	78810	92575	48	168	108	126
利率互换	372293	428385	456725	421273	17285	13745	12919	12042
期权	48351	49396	49264	49442	1706	1325	1174	1292
权益连接合约	6251	6821	6560	6941	600	692	700	666
远期和互换	2045	2321	2277	2433	157	206	202	191
期权	4207	4501	4284	4508	443	486	498	475
商品合约	2587	2458	2204	2206	347	384	264	269
黄金	486	461	341	319	42	80	47	32
其他商品	2101	1997	1863	1887	304	304	217	237
远期和互换	1363	1327	1260	1283	—	—	—	—
期权	739	670	603	604	—	—	—	—
信用违约互换	25068	24349	21020	19462	848	725	653	635
单一名称工具	14309	13135	11324	10845	527	430	369	368
多种名称工具	10760	11214	9696	8617	321	295	284	266
指数产品	—	10163	8746	7939	—	—	—	—
其他	41815	24986	25496	24810	1808	779	724	670
全部信用暴露	—	—	—	—	3612	3784	3033	2842

注：①表格中的"6"是指上半年，"12"是指下半年；②表格中的部分数字各部分加总后与总数并不完全相同，这是由于采用十亿美元作为统计单位而四舍五入的结果；具体数字见国际清算银行《2014 年 OTC 衍生品统计报告》中各部分的统计数据。

资料来源：国际清算银行衍生品交易统计。

在传统金融中，我们可以从不同的角度思考衍生金融工具，一个是功能性角度，即谁在使用衍生金融工具？为什么使用它们？使用它们的目的是什么？另一个是分析性角度，即当我们观察金融市场时，如何解释我们所观测到的现象？出于对伊斯兰衍生金融工具比较的目的，这时我们只从功能性角度考虑传统衍生金融工具。

衍生金融工具最初主要被用来作为对金融资产价格变动风险进行管理，是一种风险管理工具，因此衍生金融工具的一个主要功能便是套期保值。人们通常认为衍生金融工具很复杂，但实际上很多衍生产品非常简单。比如一个美国出口商向英国出口了一批货物，价值 100 万英镑，但根据双方贸易合同的规定，这 100 万英镑的出口收汇要等到 3 个月以后，而这 3 个月间英镑兑美元的汇率可能发生变化，如英镑贬值，则美国出口商收到 100 万英镑兑换成美元后就会比没有贬值前收得更少。为了防止英镑贬值给其带来的损失，美国出口商可以利用远期合约卖出 100 万英镑，或利用货币期货合约做空英镑，也可以利用货币互换合约来锁定汇率风险。

金融衍生品除了可以用来作为套期保值的工具外，还可以用来投机。投机者可以敞开衍生品交易头寸，不对交易进行对冲，任由资产价格波动带来损失或盈利，加之衍生品交易的高杠杆性，同步放大了投机者的盈利或亏损。

三、传统衍生金融工具的伊斯兰金融视角

与其他的金融产品一样，在伊斯兰金融中，衍生金融工具也要符合伊斯兰教法的规定，即传统的衍生金融工具如远期、期货、期权和互换也必须是沙里亚合规的。但是，正如 Vikor（2005）在他的研究中所指出的"不仅没有一部伊斯兰法律，而且在不同时期和不同国家，有许多不同的伊斯兰法律和学派"。考虑到伊斯兰教法的这一实际情形，在设计伊斯兰金融产品和合约时，虽然它们被贴上"伊斯兰"的标签，但这些伊斯兰金融产品和合约在得到一部分教法学者同意的同时也可能被其他教法学者判定为"非法的"。这种现象带给金融产品和合约设计者的问题是教法学者和金融工程师必须将精力集中于伊斯兰教法的基本禁令，同时著名的教法学者必须宣布该产品是伊斯兰合规的。

近 30 年来，在传统金融市场发展越来越复杂，产品越来越丰富的同时，伊斯兰金融业的规模日益扩大并且开发出了许多沙里亚合规的伊斯兰金融产品。当金融市场变得越来越复杂时，竞争、金融工程和创新在伊斯兰金融中成为必不可少的要素。如果这一需要是真实存在的，那么创新性的金融工具既要吸收传统金融工具的特点，同时也必须是沙里亚合规的（Munawar 和 Khan，2005）。

在伊斯兰金融中，伊斯兰学者同意基于减少风险和保护投资的套期保值交易，但是传统的远期、期货、期权和互换等衍生金融工具在目前的情形下并不是沙里亚合规的（Mohamad 和 Tabatabaei，2008）。目前存在的与传统衍生金融工具相似的伊斯兰金融工具以及教法学家对衍生金融工具的反对应该重新评估

(Obiyatullah Ismath Bacha，1999)。

当前在伊斯兰学者中，对衍生金融产品的争论主要集中在以下几个方面：

一是担心在缺乏绝对的基础资产价值的情况下会导致交易双方零和支付(Kamali，2007)以及可能的对交易无知的利用(Smolarski 等，2006)。因为在传统的衍生金融交易中，交易结果是零和博弈性质的，交易一方的盈利恰好是另一方的亏损，从整体上看，交易结果的期望值为零。在这里的问题主要演变为如何在事前通过对合约的设计、超前的市场行为和审慎的监管行为避免对交易无知的利用，但对于传统金融中零和博弈的支付结果如何处理仍然是一个问题。

二是对于不存在的基础资产或对不拥有所有权的基础资产的销售所产生的交易对手风险。根据伊斯兰教法，如《圣训》中的规定，在销售之前，必须拥有资产的所有权，"不能出售自己不拥有的东西"。如在期货和期权合约中，绝大多数伊斯兰学者认为这些合约虽然现在已经缔结，但实际上是未结束的合约，因此合约中规定的在将来某个时期交割的基础资产在现在并不拥有所有权(Usmani，1999)。Khan(1995)也承认即使在现代形式的期货交易中，"关于基础资产的概念和交易条件与先知放弃远期交易是完全相同的"；同时，Khan 也担心由于投机、剥削和对资产所有权的缺失会带来潜在的不必要的风险，这些都是传统衍生金融工具在伊斯兰金融领域获得承认的障碍。

三是在传统衍生金融合约中，实际资产的交割和资金的清算都是延期进行的，比如说期货合约，这在伊斯兰教法中是不允许的。期货合约通常实行盯市(MTM)，要求亏损一方即时支付当期的损失。但是在其他衍生产品合约中，基础资产的交割和以现金形式进行的资金清算都是在合约结束时进行的，也就是说，资产交割和资金清算都是延期进行的。在伊斯兰教法中，同一资产不能在两个交易主体中以不同的价格以延期支付、交割或两者兼而有之的形式进行买卖，这被认为不符合伊斯兰教法的规定。伊斯兰学者认为基于保证金的暂时的现金支付和现金结算并不符合教法中基础资产的转让和特定最终支付责任的原则，因为所有的衍生金融工具都是根据市场上基础资产变量的变化重新进行定价，即跨期重定价，这样就使得衍生金融合约变成了一个没有任何真正的资产所有权转移因素的纯粹的债务销售合约。同样，通过现金结算抵消了合约的责任，使交易双方不必在到期时再履行合约责任，也使这一合约变成了一个没有资产所有权转移的纯粹的现金交易，这也违背了沙里亚的基本原则。

尽管如此，在伊斯兰金融中类似于期货合约的金融工具仍然存在。比如在货币的交易中，要求交易在即期进行，商品交割在将来进行也被允许，但支付必须立即

进行，显然这就排除了 MTM 定价。和大多数学者的意见不同，马来西亚证监会教法咨询委员会承认商品期货交易的合法性，只要其基础资产是沙里亚合规的。

基于同样的原因，许多学者也认为期权合约也违背了伊斯兰教法。认为期权补偿了特定的资产交割的或然性风险，而这一风险只与任意的非绩效的基础资产变量的变化有关，这一支付在远期和期货中是以前端的不可偿还的形式进行。在看涨期权交易中期权买方有权要求期权卖方按照事先约定的价格在约定的时期内出售基础资产，但并不承担相应的责任。这样期权合约就不仅仅是对相反的价格运动进行保值和以较低的交易成本利用价格运动获取收益，而且是迎合了资产交割中的或然性要求。Usmani（1999）认为——"根据沙里亚原则，期权合约是以特定的价格在特定时期内购买或出售资产的承诺，这种承诺本身是被允许的，并且对被承诺人具有约束力。然而承诺并不必然基于资产的买卖，所以被承诺人不能要求承诺人支付一定的费用"。

尽管在伊斯兰金融中是否应该存在期权到目前为止依然被学者广泛争论，但是单方面的承诺已经在实践中被用来设计与传统金融中看涨期权相类似的沙里亚合规的金融工具（El-Gamal，2006；Uberoi 和 Others，2009）。即使期权的内在价值是由基础资产价格的公平变化决定的，并且最终的结果也是零和的，但是独立于单方收益实现的时间价值是被允许的，期权交易中内在的杠杆和与基础资产的偏离仍然与伊斯兰教法相冲突。

总之，在衍生金融工具中，与基础资产联系的缺失、潜在的单边收益取代了合约的平等分担风险和确定性的概念，这些概念在伊斯兰法律中界定了教义上可接受的风险管理行为的边界。尽管周期性支付的交易对手的风险和确定的或然性风险的回避，从根本上看有可能建立沙里亚合规的衍生产品，但是传统的衍生金融工具如期货和期权合约，在解决合约不确定性时似乎又与沙里亚原则相矛盾。比如，合约双方通过状态依赖的现金结算（在期货合约中）和支付与交割保证以及单边延期条款在事前就揭示了一个零和头寸和没有基础资产转移的跨期债务创造（Jobst，2008a）。

除此之外，传统衍生工具的一些与沙里亚原则相冲突的特征在过去可能更加普遍，在简单的、不受监管和无组织的资本市场中表明，需要考虑交易对手风险和或然性风险，这可能使得交易双方获益。如果重新考虑当前市场条件下沙里亚原则的基本意图，价值创造与资产所有权同样能够稳定提升理性但执行贯彻上却并非如此，因为它们较少遵循沙里亚原则的风险管理策略。在今天更加发达的金融市场上，交易更容易被记录和执行，一个更加富有弹性的沙里亚原则解释显得更为迫切（Jobst，2012）。

基于伊斯兰金融解决风险管理的需要以及在市场上存在的一些隐含的类似于传统衍生金融工具的实际，一些学者尝试提出了沙里亚合规的伊斯兰衍生产品开发与设计中应该遵循的基本原理（Jobst，2007b）。

沙里亚合规的衍生金融产品五项基本原理如下：

（1）致力于真正有效地与实物资产和投资所有权相联系的套期保值需求。

（2）保证产生于界定良好的资产或有要求权的支付责任的确定性。

（3）否认由于作为无条件交易对象的实物资产的实际或直接的转移而造成的合约责任的延期，除了极端必需的应用之外。

（4）包括了以支付作担保的风险的运用，但排除针对单边收益产生于基础资产价格变动之中从而超出了在交易各方之间分担风险的范围的情形。支持由于资产价格变动产生的双赢结果。

（5）避免存在禁止性的"有罪"业务，特别是如此被认为类似于由于对清晰表述的交易对象和交割结果的描述而产生的赌博和投机行为，这可以减少对无知的利用和剥削。

四、传统衍生金融工具的伊斯兰可替代选择

由于伊斯兰金融业在全球的规模日益扩大，金融市场交易日益复杂，金融市场上各种资产价格变化带来的风险对市场参与者的影响与日俱增，对这些风险进行管理和对资产进行保值的需求也日益强烈，基于此，并结合市场中已经存在的类似于衍生产品的伊斯兰金融工具交易的实践，伊斯兰学者提出了各种不同的符合沙里亚原则的衍生产品以作为对传统衍生产品的替代，来满足日益增加的伊斯兰金融市场上风险管理的需要。

（一）远期和期货

远期和期货的唯一特征是将交易结算和资产交割推迟到将来的某一个时间。由于交易双方主要考虑的是将来进行资产交割和资金清算的责任，这样交易就变成了一项债务对另一项债务的交易（Bai-al-dayn-bi-al-dayn 或者 Bai-al-kali-bi-al-kali）。债务对债务的交易在所有的伊斯兰教法学派中都是被禁止的。

远期和期货合约也违反了沙里亚原则的销售不存在或不拥有的物品规定，因为这可能带来不确定性。但是一些伊斯兰学者指出，由于公共需要，沙里亚原则在期货合约结算存在的不确定性方面已经做出了一些让步。对于一般的产品，学者们允许延期销售，即一个人可以销售自己并不拥有的商品，但是必须合理确保

这些商品真实存在。甚至在这种情况下，伊斯兰学者坚持在合约到期时必须即时进行结算。也就是买方必须以在合约签订时的价格向卖方进行支付，而卖方必须交割规定的商品，这也是买卖双方递延到未来时间的责任。

当代的伊斯兰学者同意两种形式的结算递延到将来某个时间的销售合约。第一种是订单销售合约（Bai-istisna），在这种较为特殊的情况下，买方和生产者（卖方）至少从一方看在合约签订时对于结清合约是没有限制的，即可以延期进行，但与延期交割合约（Salam）不同。第二种是向单一卖方重复购买合约（Bai-istijrar）。在这里学者们也提供了更多的弹性，比如价款的支付和实物资产的交割都可以递延到将来的一个时间，并且价格以市场上的平均价格固定下来。

到目前为止，由于公共需要，伊斯兰学者同意的替代传统远期和期货合约的可替代性工具主要有三种，订单销售合约、延期交割合约和重复购买销售合约。但这三种合约之间仍然存在着一些明显的区别。延期交割合约的唯一特征是其中包含了一种普通的可替换的商品，这种商品在市场上很容易找到，这样由于结算风险而产生的不确定性并不存在。延期交割合约和重复购买销售合约也如此。也就是说这三种合约都不存在不确定性。但如果考虑投机性的因素时，延期交割合约与订单销售合约和重复购买销售合约不同。延期交割合约中的基础资产（商品）可以在一般商品市场上很容易就可以找到普通的可替代商品，由此交易双方的延期结算义务是被允许的，这样就可以很容易地进行利用价格差异进行大规模投机。但在订单销售和重复购买及销售合约中则不存在对价格差进行大规模投机的可能。这也就解释了为什么学者坚持在延期交割合约中要求支付必须是全额的，而在订单销售和重复购买销售合约中则不要求如此。

在主流金融领域，传统的经济学家认为远期和期货是用于进行风险管理或者套期保值的工具。在当今以市场波动为特征的金融市场上，这些合约被认为能够转移和减缓这种波动性带来的风险。在这可以用一个例子加以说明。假如一个印度的出口商 A 向美国的进口商 B 出口了一批货物，价值 50 万美元（按照当时的市场汇率 1∶22 计算，为 1100 万卢比），价款在一个月以后支付。由于支付不是即期进行的，那么在未来的一个月内美元对卢比的汇率可能发生变化，印度的出口商可能会担心美元贬值给自己带来汇兑损失。假如一个月以后的美元兑卢比的汇率为 1∶20，则印度出口商在没有采取任何保护措施的情况下只能收到 1000 万卢比，比即期收款少 100 万卢比，而这正是美元贬值造成的损失。这时印度的出口商 A 可以运用远期或期货合约来对汇率风险进行保值，在远期或期货市场上以 1∶21.5 的远期或期货价格出售 50 万美元，期限为 1 个月，在合约到期时，无论市场汇率如何变动，印度的出口商 A 都可以收到 1075 万卢比，比没有进行保值情况下多收益 75 万卢比。这时出口商 A 对自己的交易头寸进行了保值，但也放弃了由于市场汇率向相反方向变动可能带来的收益。

虽然远期和期货作为风险管理的工具提高了交易的计划性进而提高了绩效，但需要指出的是交易双方的意图是保值还是纯粹进行投机并无法确定，这也几乎没有什么实证证据能够证明或否定与交易参与者意图有关的假说。这里似乎有一些循环论证的因素和对宏观和微观层面问题的混淆。在波动性市场上，企业或个人在微观层面上合理地使用风险管理工具，但是远期和期货的使用可能在宏观层面上加剧了投机性交易，导致更大的市场波动，从而使宏观问题更加恶化。这也是为什么在伊斯兰金融中不允许存在远期和期货交易。

（二）伊斯兰可替代性选择：综合货币远期

随着创新性金融工具的发展，在传统金融领域，风险管理工具更多地利用综合合约。在伊斯兰金融中同样也可以运用创新性的金融工具设计综合合约而不违背沙里亚原则。

让我们以一个假想的例子来看一下在伊斯兰金融中如何利用综合货币远期合约对汇率风险进行管理。比如一个伊斯兰国家的进口商需要在时间 t（6 个月以后）以外币支付金额为 F（比如 5000 美元）的货款。在没有传统的远期（期货）合约的情况下，由于美元贬值，进口商会暴露在外汇风险之中。这时进口商外汇风险可以运用基于标准的 Murabaha 合约的综合货币远期合约进行套期保值。使得 Murabaha 合约是沙里亚合规的，并且使交易与实际资产相联系，以 Murababa 为基础的伊斯兰衍生金融产品成为可能的是交易本质是利润或加成。假如在本例中，本国货币卢比和外国货币如美元之间的汇率为 50∶1，进口商与投资银行一起可以采取上面的综合远期合约的步骤对汇率风险进行保值。

首先定义以下变量：

F_t：需要保值的外汇的数量

T_0：现在时间（期初）

T_t：特定的将来时刻

SF_x：即期汇率

FF_x：远期汇率

F_0：将来的外汇的数量 F_t 在现在时刻 T_0 需要保值的外汇的数量

L_0：以本国货币表示的 F_0 的数量

R_f：外国市场的 Murabaha 利润率；R_d：本国 Murabaha 利润率

图 7-5-1 展示了一个没有运用传统金融中的货币远期和期货合约而设计的综合远期合约。

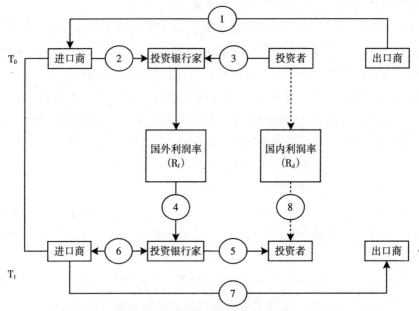

图 7-5-1 综合货币远期合约结构图

注：(1) 业务流程：①进口商从出口商处进口价值 F_t 的货物，以外币表示，延期支付期限为 $T_1 - T_0$；②进口商向投资银行提出管理外汇风险的需求；③投资银行向国内投资者筹集 $\frac{F_t}{(1+R_f)} \times SF_x$ 的资金；④投资银行在国外以 Murabaha 的形式进行投资，投资金额为 $\frac{F_t}{(1+R_f)}$；⑤投资银行向投资者支付 $\frac{F_t}{(1+R_f)} \times SF_x \times (1+R_d)$，投资回报为 R_d；⑥投资银行收到 $\frac{F_t}{(1+R_f)} \times SF_x \times (1+R_d)$，并支付 F_t 给进口商；⑦进口商支付 F_t 给出口商。(2) $FF_x = SF_x \times \frac{(1+R_d)}{(1+R_f)}$。(3) 业务 8 仅仅是展示性的。

具体的构建综合货币远期合约的步骤如下：

第一，需要在 T_0 时刻保值的外币的数量 F_0，应该等于在 T_t 时刻收到的外币的数量或者是进行 Murabaha 投资应该收到的外币的数量 Ft，如果国外市场上的 Murabaha 利润率等于 10%，那么 F_0 等于 US\$5000/(1.1)。第二，将 F_0 以即期汇率 SF_0 兑换成本国货币，数量为 L_0，在本例中等于 US\$5000/(1.1) ×50。第三，投资银行在本国市场上采用 Murabaha 的形式对 L_0 进行投资，投资回报率为 R_d，到期收到的金额为 L_0 (1+R_d)，如果 R_d 仍为 10%，到期时将收到 US\$5000×50；进口商在 6 个月以后必须支付的金额。在本例中假定本国与外国的 Murabaha 利润率均为 10%，如果这一利润率不相等，则在即期和远期汇率之间就会产生远期汇水。比如 R_d 为 20%，进口商必须安排的本币的数量为 (US\$5000×50) (1.2) /

（1.1）。这样兑换 US\$5000 的远期汇率变成了 US\$50（1.2）/（1.1），也就是说：

远期汇率=即期汇率（1+R_d）/（1+R_f）

这样，远期汇率就由货币的远期贴水决定并取决于同等风险的两国的 Murabaha 合约的利润率的差。这时进口商既可以锁定未来的远期汇率同时又是沙里亚合规的。

（三）期权

期权作为一个独立的金融合约，在伊斯兰金融合约理论中并没有一个与之完全对应的合约。一些当代的伊斯兰学者尝试评估这样一些合约，比如使用"Al-ikhtiyarat"以及它的变体"Al-khiyar"这样一些通用的术语来表示沙里亚概念意义上的嵌入式期权。下面首先讨论这些传统的嵌入式期权存在的一些问题。

大多数沙里亚学者认为期权是在一定时期内以一个特定价格购买或销售商品的承诺。作为教法学界的一个决议，约旦宣称"期权作为当前世界金融市场上应用的一种新的合约类型，不应该出现在沙里亚规定的任何一种合约中。由于合约的内容既不是一定数量的货币，也不是可能坚持的效用或金融权利，因此合约在伊斯兰教法中不被允许"。马来西亚的大多数学者倾向于承认任何以 Maal 定义的有益的合约，因为这些期权合约对购买者有益，所以这些利益的交易被许可。

传统的期权是一个独立的合约，包括了一些伊斯兰框架中不被许可的内容，在这一问题上伊斯兰学者几乎达成了一致意见。到目前为止，我们所讨论的期权都是独立合约，但实际上可以在一些交易合约中加入一些植入性的特征，形成一些类似于期权的风险管理工具，使风险管理成为可能。

主流金融中的期权包括了各种各样的权利但是没有财务意义上的责任。但在伊斯兰金融中，Al-khiyar 通常是指合约一方或双方确认或取消合约的一项特定权利。各种类型的期权合约是由各方一致同意而缔结的。与传统想法不同，伊斯兰期权的框架体系宣称相互的一致或同意并不是伊斯兰合约的根本要素。最重要的是合约的权益、合约的公正履行以及合约各方对合约的合理预期。合约各方必须合理确定交易商品的价值，并且知道交易对象的对应价值、含义及签约的结果。不确定性的存在以主要信息的缺失被冠以"不确定性"且避免不确定性被认为是伊斯兰合约有效的一个重要条件。合约的有效性必须受到与交易条款相关的不确定性条件的约束，比如价格等，同样，期权的交易条款对交易各方而言也要受到不确定性的影响。在伊斯兰期权的框架体系中期权的条款有助于减少不确定性并将其置于伊斯兰许可的范围之内，使交易任何一方的非故意错误的承诺无效。通过期权使得交易各方有一个重要评估或"冷静期"来理性化他们的决策，这样在交易各方之间由于突如其来的、非理性的和错误的决定而导致冲突的可能性会大为降低。

在伊斯兰金融中，被称为 Al-khiyar 的伊斯兰期权，根据经典的伊斯兰教法文献，不同的研究者在沙里亚传统下提出了许多不同的伊斯兰期权。这些期权分别是 Khiyar al-shart（条件期权）、Khiyar al-ayb（缺陷期权）、Khiyar al-tayeen（选择或决定期权）、Kiyar al-ruyat（审视期权）、Khiyaral-majlis（相遇/接受期权）、Khiyar al-ghabn（欺骗期权）、Khiyar al-taakhir（延误期权）、Khiyar Kashf al-hal（状态期权）、Khiyar al-naqd（支付期权）、Khiyar al-qabul（接受期权）以及 Khiyar al-taghrir（欺诈期权），这些伊斯兰期权的种类结构如图 7-5-2 所示。

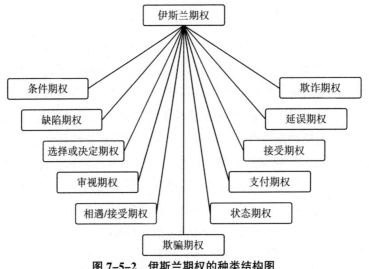

图 7-5-2　伊斯兰期权的种类结构图

1. 条件期权（Khiyar al-shart）

条件期权和一个在期权合约中规定了条件的传统合约是一样的。这给交易的任何一方或双方甚至是第三方提供了在某一确定的时期内确认或取消合约的权利。合约的本质是给相关各方提供了一个在同意或签约之前重新评估利益和相关成本的一段时间。这一期权也被其他的伊斯兰学者称为 Khiyar al-tarawwi（反映期权）。条件期权是各主要伊斯兰教法学派的学者一致同意被许可的合约。然而在教法学家中关于这一期权和其他的一些合约规定是否有效仍然存在一些观点上的分歧——作为一种原则或者仅仅是通过期望的方式被容忍。教法学家们一致同意的是期权提供给交易一方或双方的条件是伊斯兰有效的。在授予权利给第三方上也取得了一致意见，比如个人 A 从个人 B 购买了某一商品但取决于个人 C 同意购买这一条件。

在伊斯兰中所有的合约都包括了一方或双方的基础价值的交换，内生地包含了将来时间的可取消性，这些合约也包括期权。但是存款（Wadiah）并不在此列，因为它和交换合约不同，它提供给存款人一个在任何时间收回自己的存款选择，因此提供进一步的选择权没有意义。期权在租赁（Ujara）和担保（Kafalah）合约中被允许。对债务转让（Hawala）这样的期权合约的许可则有一些不同观点。在保证（Rihn）合约中，质押权人总是有权利取消合约并且不需要任何附加条件。然而期权可能是对于出质人规定了条件。不包含选择权的合约主要有货币交换（Bai-sarf）合约和延期交割（Bai-salam）合约。马立克学派认为如果延期交割合约的期限非常短时允许其包含选择权。

从以上大量的关于选择权这一主题的讨论中我们可以清楚地看到，教法学家的最初考虑是：合约双方的利益以及避免他们之间任何潜在的冲突或诉讼。在以下几点上四大教法学派至少达成了一致的可接受性，应该提及：①期权应该有一个或长或短的到期时间，只要它的期限是在合约签订时确定下来的；②买方在期权的有效期内拥有商品，同样卖方应该拥有合约规定的价款；③在特定的条件下，结算价格可能与签约价格不同。我们在后面的讨论中将会看到，这后一项特征为管理基于价格变动的风险提供了可能性。对于在伊斯兰法律层面更加完整地讨论各种不同类型的期权用于管理风险的可能性，已超出了这里需要讨论的范围。在这里，我们主要将注意力集中于如何运用条件期权（Khiyar al-shart）对伊斯兰经济主体在经营活动中面临的各种风险进行管理。

（1）Murabaha 融资模式是伊斯兰银行常用的融资模式之一，在这一融资模式下，伊斯兰银行根据客户的要求从资产的供给者（即出售者，一般情况下就是伊斯兰银行的客户）处购买资产然后再出售给客户，出售价格通常高于伊斯兰银行购买时的价格，并且客户从伊斯兰银行购买资产应支付的价值是延期支付的。Murabaha 融资广泛地用于商品贸易和长期资产购置中。但是这一融资其实包含着一定的风险，如果伊斯兰银行从客户处购买资产以后，由于资产市场价格下降，客户出于自身利益的考虑可能不会再将资产购买回去，以至于银行将资产再以市场价格出售时遭受市场价格波动带来的损失。这种风险可以运用条件期权进行管理。在这种情况下，伊斯兰银行可以在最初购买资产时保留一项选择权，之后如果客户如约购买了资产，选择权自动取消，原先的 Murabaha 融资合约仍然有效；但是如果客户未履行当初的承诺，伊斯兰银行有权执行期权并取消最初的购买合约，这样伊斯兰银行就可以将上述价格变动的风险转移到资产最初的供给者一方。在实际交易中，在附有选择权的情况下，伊斯兰银行可能要遭受一定的利润损失，因为最初的资产供给者（银行的客户）会在相对于没有选择权的情况下要求一个较高的价格。① 当然这也是合理的，因为在这时，如果伊斯兰银行执行选择权，客户所面临的风险其实远比伊斯兰银行面临的风险更大，并且只要价格包含了对风险的补偿也被认为符合伊斯兰教法的要求。

（2）租赁（Ijara）合约是一种十分流行的伊斯兰银行使用的融资模式，主要用于长期资产的融资，如土地、建筑物、工厂以及机器设备等。在 Ijara 合约中的一些风险因素也可以很容易地将其运用于条件期权进行转移或管理。

在 Ijara 融资中，风险主要来源于作为出租人的伊斯兰银行和作为承租人的客户之间的固定的租金支付关系。在一个动态经济中，作为确定租金基础的回报率是连续不断变化着的，如果在将来，回报率预期增加，会提高出租人的资金成本，伊斯兰银行将处于不利地位；同样如果回报率下降，承租人将不愿意支付一个比市场回报率更高的固定租金水平。当然固定的 Ijara 合约可以通过一系列的短期 Ijara 合约转换为浮动租金合约。如考虑一个两期情形，伊斯兰银行预计租金将从期初的 x% 增加到下一期的（x+y）%。如果伊斯兰银行仅使用一个租金为 x% 的 Ijara 合约，那么由于在第二期租金水平将上升到（x+y）%，那么伊斯兰银行将面临风险损失。因此伊斯兰银行可以用两个合约来避免租金率上升带来的风险：第一个 Ijara 合约只适用于第 1 期，租金率为 x%；第二个合约适用于第 2 期，租金率为（x+y）%。

然而，在这种运用短期 Ijara 合约来取代长期合约规避租金变化风险的结构中，只是部分地解决了问题，因为银行预计第二期的租金率为（x+y）%，但如果第二期的租金率并不是（x+y）%该如何处理呢？另外，假如承租人对于未来租金率变化的预期刚好和伊斯兰银行预期完全相反，这时交易将无法达成。运用条件期权是解决这些问题的一个较好的方法。作为出租人的伊斯兰银行和作为承租人的客户可以在第二期签订一个附有选择权的合约，选择权可以赋予其中一方也可以赋予双方。伊斯兰银行可以规定如果租金率高于 x% 或其他任一确定的上限，它有权确认或取消合约。同样承租人也可以规定如果租金率低于 x% 或其他任一事先确定的下限，它也拥有同样的选择权。他们可以根据双方愿意承担的风险或他们决定承担的风险来确定上限和下限。

在传统金融领域，解决浮动租金问题的方法是将租金率与市场基准利率如

---

① 高出的部分可以认为是伊斯兰银行为附加的选择权而支付的代价，类似于传统金融中期权的价格。

LIBOR 联系起来，将来的租金水平取决于基准利率如 LIBOR 的变化。在伊斯兰金融中，学者们不同意使用类似于 LIBOR 这样的基准利率，倾向于使用另一种伊斯兰基准来作为对 LIBOR 的替代。①

（3）条件期权也可以用来管理以价格波动为特征的股票市场的风险。传统期权最重要的运用之一就是被用来作为风险管理的工具。例如，伊斯兰股权基金计划在以后三个月的时间内购买（出售）股票 X，如果在这一段时间内，股票价格上升（下降）可能对其产生不利影响。传统基金可以通过购买一个看涨（看跌）期权来对将来相反价格的变动进行保值。在三个月结束之后（或在三个月的时间内）即使价格出现了与原来预期相反的变化，传统基金也不会受到这种不利价格变化的影响，因为它可以执行期权合约，按照执行价格购买（出售）股票，而不论市场价格是多少，这样就可以避免价格变化带来的风险。但是，根据前面的讨论，这种合约在伊斯兰框架中是不允许的。现在考虑替代的情形——条件期权。在条件期权的情形中，伊斯兰基金可以考虑一个购买（出售）合约，同时为自己规定一个三个月期的选择权的条件。股票 X 价值的交割可以一直延期到三个月到期。在三个月到期后，如果股票的价格上升（下降），它可以按照签约价格确认购买（销售）合约，这样就可以免于价格波动带来的风险。然而如果股票的价格下降（上升），伊斯兰基金就可以取消合约并且在市场上购买（出售）股票，这样也不会失去潜在的获利机会。由此，条件期权以交易对手的代价为基础为持有期权的一方提供了好处，但是给交易对手造成的这一不利影响可以通过要求更高的执行价格而得到补偿。这种补偿必须是执行价格的一部分，不能单独在开始时直接支付给交易对方，这一特征是伊斯兰金融中条件期权和传统金融中期权的根本区别。

（4）在银行经营中，伊斯兰银行不但要为取得固定资产提供融资，而且也要满足营运资本的融资需求。为营运资本比如原材料或商品购买提供融资的一个可选的途径是通过 Mudaraba。在这种情况下，伊斯兰银行会经常性地获取原材料并且将原材料提供给客户。每一次将货物提供给客户的销售都要签订一次合同。在这种安排下，由于银行是以客户事先知道的价格购买原材料并且在这一价格的基础上加上一定的利润率后卖给客户的，因此，银行并不会因为原材料价格的变动

---

① 比如在伊朗这样一个完全采用伊斯兰金融体系的国家中，伊朗中央银行定期公布交易性合约的贷款利率（在下一章"伊斯兰金融中的中央银行与货币政策"中将会详细讨论），这些利率分行业按不同的期限公布，供银行贷款时确定向客户收取的回报率，这些回报率与传统金融中央银行公布的基准利率具有相同的作用。

而遭受风险，但是企业却由于原材料价格的波动而暴露在风险之中。在伊斯兰金融中，向单一卖方重复购买的融资机制被称为 Bai-istijrar。Bai-istijrar 和 Bai-al-salam 之间的区别在于购买是否是向单一的固定卖方进行。在前一种融资模式中，原材料价款的支付可以延期，但是在后一种融资方式中，买方必须在合约签订时支付价款。在 Bai-istijrar 中伊斯兰银行会暴露在价格风险之中，因为原材料的购买价格在合约签订时就已经确定下来了，如果伊斯兰银行所提供的商品的市场价格随后上升，很明显伊斯兰银行将处于非常不利的地位。在这种情形下，伊斯兰银行将商品销售给客户而形成的现金流入是固定不变的，但是支付给最初供应商的现金流出却由于市场价格的上升而增加了；与此相反，客户这时并不承担价格风险，因为它的现金流出在整体融资期间一直保持不变。但是如果市场价格下降了，伊斯兰银行在价格上涨时所面临的风险同样也会降临到客户的身上。现在情况已经非常清楚了，在没有任何风险管理工具对价格波动风险进行管理的情况下，极端的市场价格波动会对伊斯兰银行和企业的经营活动产生严重的不利影响。

在伊斯兰金融中，Bai-istijrar 合约中交易双方所面临的风险可以用条件期权进行管理，即当市场价格突破设定的界限时，期权被激活。如果市场价格突破上限，则伊斯兰银行的选择权被激活，如果市场价格向下突破预先设定的下限，则客户的选择权被激活。这样原来的 Bai-istijrar 就变成了一个赋予买方或卖方选择权的合约，期权为交易双方提供了一个在融资期间以当前的市场平均价格销售商品的权利，这一市场的平均价格反映了商品的正常价格。[①] 如果期权没有被激活或执行，价格将被设定在合约签订时确定的初始价格上。附有条件期权的 Bai-istijrar 合约现在变成了一个相对更加复杂的合约，这种合约与传统的金融衍生产品非常相似，特别是传统金融中的平均价格期权或障碍期权（Barrier Option）。下面我们将讨论如何构造一个 Bai-istijrar 交易并利用条件期权进行风险管理。

假如一个企业为了对购买原材料所需要营运资本融资而与伊斯兰银行接洽。银行在市场上向原材料供应商购买客户企业所需要的原材料，价格为 P_0，然后将原材料出售给客户企业，货款在双方一致同意的将来的某一时间之后——比如四个月以后支付。到期支付时的价格将或然地取决于在这四个月期间市场价格如何

---

① 伊斯兰银行和客户在签约时达成关于公开的价格信息来源的协议，市场上的平均价格或"公平价格"以样品期作为确定价格的时间区间，双方根据在这一时期观察到的市场价格进行计算并最终确定平均价格。

变动——从 t_0 到 t_{120} 这一期间内市场价格的变动（假定每个月以 30 天计）。

在这里需要指出重复购买合约（Bai-istijrar）与 Murabaha 合约的几点重要区别。在 Murabaha 中，到期进行交割的价格在事先就确定下来了，比如说是 P*，此处的 P*=P_0(1+r)，r 是双方商定的利润率或成本加成率。另外，在 Bai-istijrar 合约中，到期结算的价格 P* 也可以取决于 t_0 到 t_{120} 这一期间商品的平均市场价格。这两个价格哪一个被采用将取决于价格市场价格表现以及交易各方如何选择固定结算价格。

成立于 1947 年的巴基斯坦穆斯林商业银行（Muslim Commercial Bank，MCB）提供的 Bai-istijrar 融资机制中就包含了条件期权。

穆斯林商业银行（MCB）的 Istijrar

Istijrar 是一种为各种商品和原材料交易提供融资的伊斯兰融资模式。这些商品如棉花、食用油、药品以及其他产品。在交易中利润不能基于时间产生，相反，销售价格、应支付给银行的款项都由市场力量决定。

Istijrar 融资能够使买方方便地获得他们在交易、供给和生产经营中所需要的商品、物品和原材料。Istijrar 是一种具有植入期权，目的在于降低由于市场价格波动而产生的风险的金融工具。

销售价格是融资期间参与交易的特定商品的市场平均价格，是真正可靠的无可争辩的价格来源。Istijrar 向买方提供了一个在任何时间或到期前按固定价格销售的选择权——如果市场价格超过了规定的上限。这一价格的买方在到期时应向银行按这一价格支付。

同样，MCB 也有在难以预测的价格波动，市场价格跌破了规定的下限情况时的选择权。在这种情况下，MCB 将会宣布原先确定的临时性价格为销售价格，应该在到期时支付。

资料来源：www.mcb.com.pk.

在上面 MCB 提供的工具中包括了植入期权，在到期之前任何时间将结算时的价格固定下来。在合约签订时双方约定：①临时性的结算价格为 P*；②一个围绕价格 P_0 的上限和下限（P_0 为银行在合约签订时的购买价格）。

为了更好地解释，差异性的价格如图 7-5-2 所示。

其中，P_0 为银行用于购买基础资产的价格；P* = P_0(1 + r)，为临时结算价格；P_{LB} 为规定的价格下限；P_{UB} 为规定的价格上限；P_{AVG} 为融资期间基础资产的平

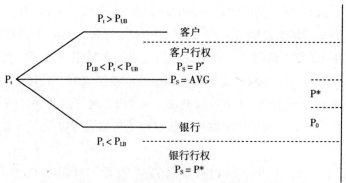

图 7-5-3　植入期权的 Istijrar 合约结算价格

均价格。

在融资合约有效期内，如果基础资产的价格变化没有超过规定的上下限，即 $P_{LB}<P_t<P_{UB}$，则结算价格等于合约有效期内基础资产的市场平均价格，即 $P_S=P_{AVG}$；如果市场价格超过了这一范围即突破了客户或银行设定的上限或者下限，则结算价格被设定为合约签订时的临时性结算价格，也即 $P_S=P*$。

这种选择权允许交易双方在市场平均价格和临时性结算价格中间进行选择，这样能够使他们保护自身免受价格波动的影响。当即期价格上升并超过了规定的上限之后，客户发现执行选择权并且选择临时性结算价格而非平均价格是明智的。他是否执行选择权将取决于其预期即期价格在合约剩余期间内如何变动。如果他相信价格将会继续上升，于是实际结算价格（平均价格）将会高于临时性结算价格，从自身利益角度考虑，他将会执行期权并将结算价格固定在 P*。如果出现相反的情形，则银行执行期权并最终将价格固定在 P*。

2. 决定期权（Khiyar-al-tayeen）

决定期权也是一种选择权，这种选择权与条件期权在很多方面具有共同点。决定期权赋予交易双方从一系列给定的商品中选择一种用于交易的权利。[①] 例如买方可能想要购买高质量、平均和低质量三种不同质量水平的商品中的一种，但是，由于三种不同质量的商品具有不同的价格，因此没有确定应该购买哪一种。这时买方可以拥有选择权决定在选择权到期前或到期时决定购买哪一种商品。同样该权利也可以被赋予卖方，但期权不能被第三方执行。这种具有一定弹性的持

———————

① 有一部分伊斯兰学者认为这种选择权应该只赋予买方，因为只有买方而不是卖方才需要选择哪种商品最适合自己；但大部分学者认为这种选择权也应相应地赋予卖方，以使其能够确定他要出售的商品，本书中就采用了这一观点。

有选择权的安排使交易双方能够对交易商品的价值是否与自己的预期相一致更加确定，这样就能够减少由于交易商品信息缺乏而引起的不确定性。

（1）在交易中规定关于交易商品的决定期权，被证明在 Murabaha 合约中对伊斯兰银行十分有利。通过前面的讨论我们知道，在 Murabaha 合约中可以加入条件期权，这时如果在伊斯兰银行购买了资产后客户（也是资产原来的供给者）违约不将资产购回，伊斯兰银行有权取消原先与客户签订的合约，这样可以对资产价格变动的风险进行管理，但结果是没有任何交易发生的。如果在附有条件期权的 Murabaha 合约中再加入决定期权，这时的伊斯兰银行可以提供一个选择权，使买方可以在比如三种商品中间进行选择的选择权，就可以大大减少价格风险并同时减少买方违约风险。

（2）在 Ijara 合约中也同样可以使用决定期权。伊斯兰银行可以提供不同的租金结构以及出租人拥有或不拥有资产。这使双方在交易过程中具有更大的灵活性。

（3）在资产组合管理中，决定期权也可以有很好的表现。由于投资者承担风险的需要和能力具有可变性和多样性的特征，这时伊斯兰投资基金可以向投资者提供双重或三重选择权投资组合。投资者在认购股权资金时可以集中于某一地理区域、市场或部门，但是有权利在成长型、成型收入型和收入型这三者之间进行转换。选择权也可以是在积极型基金和消极型基金以及周期型基金和防御型基金之间进行转换。

（四）互换（Swap）

在风险管理产品中，最流行的产品之一就是互换。互换合约可以看作是一系列的远期合约，因此在伊斯兰框架中可以被接受。在伊斯兰框架中，互换作为风险管理的工具既有其客观实际的现实需要，也需要对其加以设计以使其沙里亚合规，这就需要更加复杂的金融工程，最近在这方面的一些努力和尝试值得一提。

在伊斯兰金融中虽然利息收入和同种商品交换获取利润被禁止，对于伊斯兰投资者执行互换合约，双方却同意互相销售资产——通常是商品，并同意延期支付。在货币互换中（Cross-currency Swap），双方根据成本加成交换商品并用不同的货币结清他们之间的支付，支付的总数额等于双方交换的商品的总价值再加上一定的加成，支付周期和每期的支付额由双方在合约签订时确定。

沙里亚合规的互换交易是双向地、期限匹配地进行周期性资产转移的 Murabaha 合约，目的是为了创造一个在整个互换期间交易双方的相互支付义务。基本的货币互换合约（CCS）将商品 Murabaha 销售合约的双方结合在一起，产生

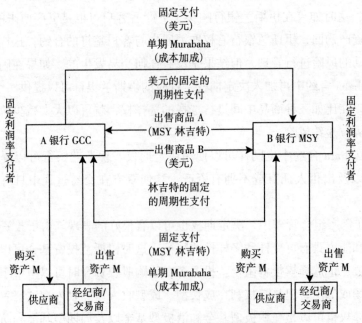

不同货币的相互抵消的现金流（Tredgett 等，2008）。2006 年 6 月，渣打银行为马来西亚马尔马拉银行（Bank Muamalat）安排了第一笔这种类型的衍生结构的交易，具体如图 7-5-4 所示。

图 7-5-4　Murabaha 合约为基础的货币互换

图 7-5-4 展示了以 Murabaha 货币互换的基本功能。假如考虑这样一种情形：一家马来西亚的伊斯兰银行在未来的某一时间内，将有一笔以林吉特计价的收入，支付则用美元进行。为了应对这种可预见的货币错配产生的影响，马来西亚伊斯兰银行可以使用货币互换，用林吉特来替代它未来的美元现金流出。在这种互换合约下，马来西亚伊斯兰银行购买一定数量的以林吉特计价的商品M，并且将其出售给一家位于 GCC 的伊斯兰银行 B，双方商品的买卖以 Murabaha 的形式进行；同时，GCC 伊斯兰银行也完成一项销售商品 B 的 Murabaha 合约，但是以美元计价。将这两个 Murabaha 合约结合在一起，每一个合约都以不同的货币计价，交易双方都销售以各自本币计价的商品，但收到的现金流却满足各自的需求。

伊斯兰金融领域中的利润率互换（Profit Rate Swap，PRS）最早是于 2005 年由马来西亚第二大商品银行（CIMB）——马来西亚国际商业银行（又被称为联昌银行）设计和运用的，可以用其对金融机构的固定和浮动利润率风险进行管理。在利润率互换中，商品交易的合约仍然是 Murabaha 合约。PRS 合约的结构如图 7-5-5 所示。

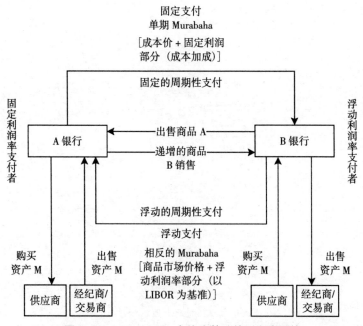

图 7-5-5 Murabaha 合约为基础的利润率互换

图 7-5-5 描述了利润率互换的基本功能和结构。假如有一家想试图规避风险的伊斯兰银行 A（支付浮动利润率），采用 Murabaha 合约的形式取得并销售商品 A，在未来的一段时间内与另外一家同样试图规避风险的伊斯兰银行 B（支付浮动利润率），周期性地交换预先确定的现金流。由此，伊斯兰银行 B 也同样周期性地进行 Murabaha 合约的商品销售，分期支付的款项以市场上该商品的公平价格再加一个浮动利润率加成（成本加成），浮动利润率加成与事先确定的市场基准挂钩，这种基准与传统金融市场上采用的基准利率类似，如伦敦银行间同业拆借利率（LIBOR）。[①] 浮动利润率支付者购买商品 B 的支付是周期性变化的，这与固定利润率支付者不同。利润率互换在每一期中既包括了全额支付，也包括实物资产的交割，交易双方出售他们资产的目的是为了重新收回初始的支付。

---

① 在伊斯兰金融中，事先确定的基准收益率是沙里亚合规的，但是应该将这种合规性与那些运用不符合沙里亚的资产而决定的回报率加以区别。

第八章 伊斯兰金融中的中央银行与货币政策

第一节 传统金融中的中央银行与货币政策

中央银行、储备银行或货币当局是管理一国通货、货币供给和利率的机构，中央银行通常也对商业银行体系进行监管。与商业银行不同，中央银行拥有独家垄断发行一国法定货币的权利。中央银行最初的功能主要是通过积极的活动履行货币政策制定和执行的职责，这些活动主要包括管理利率、设定准备金要求、在银行面临清算和经济处于经济危机期间充当商业银行的最后贷款人等。

在1609年成立的阿姆斯特丹银行是第一家公共银行，这家银行"提供并不直接转换为硬币的账户"，被认为是中央银行的雏形。在中央银行发展的历史上，具有标志性的事件是1694年英格兰银行的成立，这被认为是现代中央银行的起源，目前世界上许多国家的中央银行都采取了与英格兰银行相同的模式。然而，尽管人们普遍认为英格兰银行是现代中央银行的起源，但实际上当时的英格兰银行还不具备现代中央银行的许多职能，如监管一国通货的价值、向政府融资、垄断货币的发行权、在危机期间充当商业银行的"最后贷款人"等。现代的中央银行通过18~19世纪的演变才逐渐发展成为现在的模式。起先，中央银行绝大多数由私人拥有，后来才逐渐成为国家机构的一部分。

现代中央银行作为国家机构的组成部分，主要履行以下职责：

（1）制定和执行货币政策。

（2）决定利率水平。

（3）控制和垄断一国的货币发行与供给。

（4）作为政府的银行和银行的银行而充当最后贷款人。

（5）管理一国的黄金与外汇储备。

（6）对银行业进行监管。

（7）管理通货膨胀率和汇率。

在以上中央银行的职能中，有一项最为重要的职能就是通过制定和执行货币政策从而实现特定的经济目标，这些目标一般是物价稳定、经济增长、充分就业及汇率稳定。为了实现这些目标，中央银行一般会通过其货币政策工具来影响中介目标从而最终实现其目标。这些货币政策工具是中央银行能够控制的与主要中介变量如短期利率、基础货币、M1 或 M2 等联系紧密的变量。各国中央银行一般使用三种主要的货币政策工具：公开市场操作、再贴现政策和法定准备金政策。以美国为例，美联储的货币政策工具、操作目标、中间目标及最终目标之间的关系如图 8-1-1 所示。

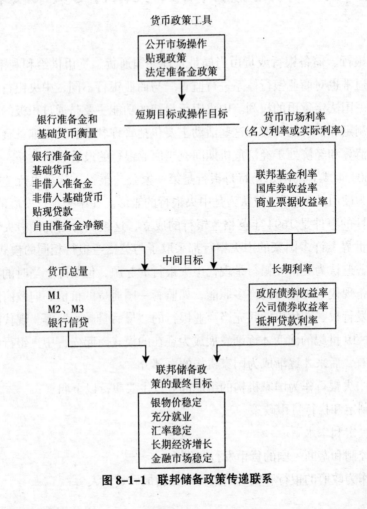

图 8-1-1 联邦储备政策传递联系

第二节 伊斯兰金融中的中央银行与货币政策

在任何一个国家中，政府的任务之一就是对宏观经济变量进行监测，这些变量包括通货膨胀率、GDP 增长率、就业率等，并且试图利用有效的工具对这些变量进行调节。在这一过程中，政府会对经济目标进行权衡，并且利用合适的财政政策和货币政策以实现政府经济政策目标并决定其优先次序。在这其中，中央银行及其货币政策起到了十分重要的作用。比如，为了降低通货膨胀率，中央银行有责任减少经济系统中的货币供应量，实行紧缩性的货币政策。为达到此目的，中央银行可以采用信贷限制、公开市场操作等措施。

与传统金融一样，伊斯兰金融也会面临通货膨胀等宏观经济问题，因此货币政策在伊斯兰金融中的作用和地位是不容否认的。然而，在传统金融中，利率是执行货币政策的重要工具，在伊斯兰金融中则禁止利息，这也使得伊斯兰金融体系中的货币政策制定和执行面临许多问题。

一、伊斯兰中央银行职能与货币政策作用的理论分析

无利息的银行体系于 1960 年被引入许多伊斯兰国家，自那时起，伊斯兰金融无论在规模上还是在范围及其影响力上都获得了长足的进步。理论界关于伊斯兰金融中的中央银行和货币政策作用和功能问题，出现了许多不同的观点。如传统金融中那样，伊斯兰金融出现了许多新概念、新提法，比如再融资率（Siddique，1982）、基于 Mudaraba 的中央银行和商业银行之间的贷款（Qard-e-hasan ratio）（Khan，1982）、定期多倍柜台贷款（Time Multiple Counter Loan）（Mehmood，1991）、中央银行持有商业银行股权等。这些研究的重点主要集中在如何用一些可行的符合伊斯兰教法的工具来替代传统金融中的一些变量或政策工具。目前学术界还没有注意到在无利息的环境下如何给金融资产定价。

Kurrihara（1951）认为，如果中央银行是政府的银行，那么如果政府出售债券给中央银行，政府支付给中央银行的利息随后就会又流入政府，按照这一观点，支付利息与否没有区别。Mannan（1982）认为，应该利用资本的账面价格，这样既不会增加生产成本，也不会形成利润的一部分，但有利于为项目筹集资金。

Chapra（1983）最早提出了伊斯兰货币政策框架，并设计在伊斯兰经济中消除传统金融中广泛使用的贴现率和以政府债券利率为基础的公开市场操作之后如何有效运行。他提出了三个重要目标：一是实现充分就业的经济幸福和最优经济增长率；二是社会经济公正收入财富分配公平；三是确保作为记账单位、延期支付手段、稳定价值储藏的交易媒介的价值稳定性。他认为要实现以上与伊斯兰价值相符的三个目标，就必须对整个经济体系进行根本性的改革。Khan 和 Mirakhaor（1987）提出了一个伊斯兰经济中的短期宏观经济模型，模型中的信用总量包括 Mudaraba 交易，并且货币当局是否选择通过改变利润损失分担比率来影响货币供给或者 Mudaraba 融资数量，货币政策都具有相同的效果。他认为伊斯兰经济中货币政策的效果与传统经济中相比并没有根本性的变化。

Mirakhaor（1990）对一个没有利息只有权益份额的经济进行了分析。他提出了一个开放经济模型用来分析贸易商品和资产对宏观经济均衡的影响。他指出没有利息并不能阻碍宏观经济分析或宏观经济体系的正常运行。

Mirakhaor 和 Zaidi（1992）发展了一个更加复杂的货币政策宏观经济模型，用来分析在开放经济中弹性汇率制度下金融与实际部门之间的联系，认为货币政策能够影响金融部门和实际经济部门的收益率并且影响实际投资需求、产出和国际收支。

实践研究表明，货币政策已经成为金融稳定的重要因素。根据 Ashari 等（2010）的研究，中央银行的货币政策可以影响实体经济以及金融部门；通过信用扩张和注入流动性刺激商品和服务的需求、增加就业。他们认为高度稳定和可预测的货币框架的缺失将导致金融机构面临的不稳定性日趋增加。

二、中央银行在伊斯兰国家的实践

在伊斯兰国家的金融实践中，形成了两类不同的金融体系，一种是以马来西亚为代表的双重银行业体系，即在一国之内既有传统的商业银行体系，也有伊斯兰银行体系；另一种是以伊朗为代表的单一伊斯兰银行体系。在实行双重银行体系的国家中，除马来西亚外，还有阿联酋、巴林等。由于这些国家对伊斯兰教义的理解不完全相同，因此在中央银行和货币政策执行上也存在一定的差异。本书主要以具有代表性的实行双重银行体系的马来西亚和以实行单一伊斯兰金融体系的伊朗为例来介绍伊斯兰金融中的中央银行和货币政策。

（一）马来西亚双重银行体系中的中央银行与货币政策

在伊斯兰银行体系于 20 世纪 80 年代被引入马来西亚时，当时的基本策略就是复制，即将传统银行中的金融产品、资金或技术转变为可以被伊斯兰接受的产品。这种战略在当时取得了一定的成效，但是伊斯兰金融真正在马来西亚取得明显的增长则源于马来西亚中央银行对伊斯兰金融发展的支持。

马来西亚中央银行（Bank Negara Malaysia，BNM）于 1959 年 1 月 26 日根据《1958 年马来西亚中央银行法》（Central Bank of Malaysia Act 1958，CBA 1958）成立。[①] BNM 是由马来西亚政府依法完全出资拥有的一家机构，2013 年年底资本总额为 1 亿林吉特。《2009 年马来西亚中央银行法》赋予 BNM 执行货币政策促进货币和金融稳定并以此维持马来西亚的经济增长。马来西亚中央银行政策制定和业务管理由银行理事会负责，理事会共有 9 位成员，包括中央银行行长、3 位副行长和 5 位非执行董事。马来西亚中央银行设有货币评估与战略部、经济研究部、国际部、投资操作与金融市场部、外汇管理部、货币管理与操作部、金融集团监管部、银行监管部、金融产业发展部、金融监测部、伊斯兰银行和保险部、支付体系政策部、法律部、信息技术服务部、财务部、人力资源部、战略管理部以及风险管理部等部门。

根据《2009 年马来西亚中央银行法》的规定，马来西亚中央银行的任务与职责主要包括：

（1）审慎的货币政策行为：维持较低的通货膨胀率，保持货币林吉特的购买力维持金融体系的稳定，促进金融部门的健康与进步。

（2）发展性任务：重点建设高效安全的国家金融基础设施建设，建设必需的机构（如证券委员会、KLSE、BUSA、马来西亚信用保证公司等），这对于构建一个综合稳健可行的金融体系十分必要。

（3）积极促进金融包容性：促进经济部门与社会成员方便地获取金融服务以支持经济平衡增长。

（4）政府的银行家和顾问：在宏观经济政策、管理公共债务方面为政府提供顾问咨询，授权发行货币、管理外汇储备。

马来西亚货币政策框架随着经济金融环境的变化经历了数次演变，从 1976~1996 年的盯住货币到 2005 年 7 月至今的依据浮动汇率调整的利率盯住。在这一过程中，低且稳定的通货膨胀一直是货币政策演变的首要内容。图 8-2-1 展示了马来西亚货币政策的演变过程。

---

① 2009 年，CBA 1958 被 CBA 2009 替代。

4

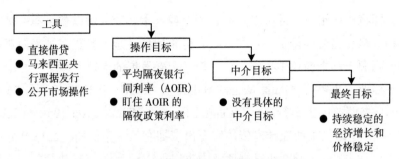

图 8-2-1　马来西亚中央银行货币政策

资料来源：马来西亚中央银行。

　　然而，从马来西亚中央银行货币政策操作过程可以看出，当前马来西亚的货币政策主要以传统的货币政策操作工具为主，但这种货币政策操作也存在一定的缺陷，金融部门并不能充分有效地将中央银行的货币政策意图传递给私人部门。因为在中央银行的货币政策最终目标或一个国家的经济政策目标之间本身就存在一定的矛盾和冲突，这种目标之间的内在矛盾和冲突弱化了货币政策传递机制的效力，无法保证货币政策行动能够无偏地向私人部门传递。"二战"后美国银行之间的借贷就是一个很好的例子，当时即使美联储将利率降到零甚至是负利率，银行仍然不愿意借款。从银行角度看这种行为当然是合理的，这也说明金融部门成为唯一的货币政策传递途径时，可能损害、扭曲货币政策信号。

　　因此在传统的货币政策体系下，货币政策通常不堪重负。中央银行不仅要对实际经济变量进行监控和评估，如果有必要还要采取行动影响这些变量，而且要时刻警惕政府的借贷需求、汇率和利率的变化及财政政策的变化等。一个小的货币政策失误就可能导致实际经济的大幅波动。

　　马来西亚除了有传统的银行体系之外，还有伊斯兰银行体系，即实行双重银行体系。马来西亚政府近几年一直致力于将马来西亚建成全球伊斯兰金融中心，然而马来西亚中央银行的货币政策工具则主要是以利率为基础的，这与伊斯兰教义规定的无息精神相违背。同样，伊斯兰金融也面临着缺乏符合伊斯兰教义的基准操作变量的困难。在传统金融中，利率是公开市场操作中最基本的操作变量，比如伦敦银行间同业拆借利率（LIBOR）。而在伊斯兰金融中，LIBOR 也作为决定沙里亚合规证券期望收益率的参考基准，在金融交易中以此来定价、对金融资产或投资组合进行估价。在实务中，马来西亚伊斯兰金融市场的参与者似乎并不太愿意提倡伊斯兰金融所倡导的风险分担产品创造机制，因此，马来西亚也包括其他国家的伊斯兰金融产品，主要是对传统金融中的固定收益产品或类债务产品进行复制、改造。从严格意义上讲，这种现象违背了伊斯兰金融的基本原则。有学者提出，当前急迫的挑战是发展风险分担的金融工具和基准，创造高流动性的二级市场和货币市场，开发有效的货币和财政政策工具（Iqbal and Mirahor，2007）。显然，当前的以利率为基础的货币政策框架对于伊斯兰金融来说并不恰当，也非有效。在马来西亚，进行结构性的货币管理政策的调整需要为伊斯兰金融提供一个合适的环境——执行伊斯兰货币政策。

无论是在传统金融体系中还是在伊斯兰金融体系中，货币市场都是中央银行货币政策传导的重要途径。中央银行进行公开市场操作、对银行间利率水平的影响和调节、发行中央银行票据等都离不开货币市场。传统上，各国都有一个较完善的货币市场，西方发达国家的货币市场历史较长，交易规模巨大。然而在无利息的伊斯兰经济中，中央银行的货币政策想要对伊斯兰金融部门以及伊斯兰经济产生影响，同样也必须通过伊斯兰货币市场进行货币政策相关操作。

在马来西亚，伊斯兰货币市场是在马来西亚第一家伊斯兰银行——Bank Islam Malaysia Berhad 于 1983 年建立后的十年——1994 年 1 月建立的。在这十年期间，伊斯兰银行不得不唯一依赖政府投资凭证（Government Investment Certificate，GIC）进行流动性管理。其限制除可以使用的沙里亚合规的流动性管理工具的单一性之外，另一个是没有 GIC 的可流通的二级市场。GIC 的交易是在伊斯兰银行和马来西亚中央银行之间进行的，BNM 货币政策对伊斯兰银行的影响主要通过买卖 GIC 来实现。后来，BNM 逐步丰富了伊斯兰货币市场的金融工具，提高了伊斯兰货币市场上交易工具的流动性，形成了传统货币市场与伊斯兰货币市场并存、相互补充的马来西亚货币市场。马来西亚中央银行与伊斯兰货币市场和传统货币市场之间的关系如图 8-2-2 所示。

从图 8-2-2 可以看出马来西亚的双重银行体系下的一个有趣现象，不仅是伊斯兰银行和其他伊斯兰金融机构可以进入伊斯兰货币市场，而且传统银行和非银行金融机构也可以进行伊斯兰货币市场，但是反过来，伊斯兰金融机构则不能进入传统货币市场中。这也就是说，马来西亚央行的传统货币政策工具既可以直接对传统银行体系产生影响，也可以由传统金融机构经由伊斯兰货币市场而间接对伊斯兰金融机构产生影响，但这种影响和作用的效果有限。①

---

① 传统金融机构参与伊斯兰货币市场中的二级市场上没有限制，但在一级市场上传统金融机构不能发行自己的金融工具，因为这些工具大多都是以利息为基础的，同时也不能参与一级市场上伊斯兰金融工具拍卖时的投标竞买。

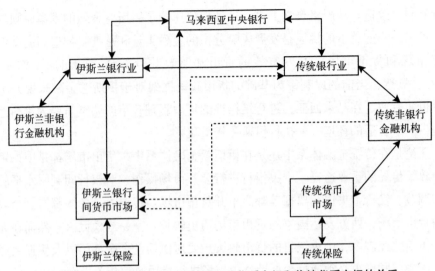

图 8-2-2 马来西亚中央银行与伊斯兰货币市场和传统货币市场的关系

马来西亚央行通过伊斯兰金融市场影响货币供给和需求的工具主要有两个：一个是穆德拉巴银行间投资（Mudaraba Inter-bank Investment，MII）的收益率；另一个是政府投资凭证（GIC）的收益率。在其中，MII 起核心的作用，伊斯兰银行之间进行资金融通时按照 MII 收益率进行。正如其名称所示，该融资是以 Mudaraba 合约为基础，按照合约的规定进行利润分享。该投资计划的最小投资额度为 50000 林吉特，期限从隔夜到 12 个月不等。在早期的伊斯兰银行间市场上，MII 的收益率被作为伊斯兰银行间借贷的基准利率。马来西亚央行于 1995 年对规则进行了修改，MII 的收益率应该大于或等于 GIC 收益率再加上 0.5%，即 MII 收益率≥GIC 收益率+0.5%。在实践中，MII 收益率主要取决于以下两个因素：

（1）合约中规定的利润分享比例。

（2）接受投资的银行宣布对一年期收益进行分配前的总利润率。

收益分配由接受投资的银行在 MII 到期时宣布，也就是说利润率由接受投资的银行宣布。然而，这种不确定性可以在一定程度上减轻，因为投资方可知道利润率将是以下两者之中较高的那一个：如果宣布的利润率低于 GIC+0.5%（年化），则利润率为 GIC+0.5%，或者如果宣布的利润率高于 GIC+0.5%，则根据利润分享比率进行调整。由此，MII 的利润可以由下述公式表示：

$$X = \frac{P \times r \times t \times k}{36500}$$

其中，X 表示支付给投资银行的总利润；P 表示面值/投资本金；t 表示投资的天数；r表示接受投资的银行宣布的一年期的总利润率；K表示利润分享比率。

上述过程说明，马来西亚中央银行可以通过对 GIC 利润率的调节，来达到对伊斯兰货币市场上资金供给和需求进行影响，从而达到宏观经济调整的目标。

（二）伊朗的中央银行与货币政策

伊朗是目前全世界唯一一个宣布完全实行伊斯兰经济的国家。在 1979 年以后，伊朗进行了一系列综合性改革，在社会、经济和银行体系中的各个方面推行单一的伊斯兰原则和监管规则。在 1983 年，经济学家和沙里亚学者向国会提交了无息银行业系统票据（Interest Free Banking System Bill）伊斯兰合约，作为银行体系吸收和配置资金的工具。在这之后，伊朗成立了由 6 名律师和 6 名沙里亚学者组成的监护委员会，负责监管国会通过的所有决议是否违背伊斯兰原则。自 1984 年以后，整个国家的银行和经济体系都转变为单一的伊斯兰体系。与大多数伊斯兰国家既有伊斯兰银行体系又有传统银行体系不同的是在伊朗找不到任何以利息为基础进行运作的传统银行。

根据《伊朗货币与银行法》（Monetary and Banking Act of Iran，MBAI）在 1960 年的修订条款，伊朗中央银行（Central Bank of Iran）于 1960 年 8 月 9 日成立，资本金为 36 亿里亚尔，开业之初有员工 388 人。根据《伊朗货币与银行法》第二章的规定，伊朗与货币印制和硬币铸造有关的活动全部交由伊朗中央银行执行。建立伊朗中央银行是为了对其他金融业务活动进行监管、执行货币政策、控制通货膨胀、维持价格稳定、引导国家存款投资于有生产力的领域等。这些目标在伊朗中央银行成功实现了将商业性业务与货币发行和货币政策相分离之后才得以实现。根据 1972 年对《伊朗货币与银行法》的修订，伊朗中央银行负责货币与信用政策的制定和执行，在 MBAI 中提出了伊朗中央银行的四个主要目标：[①]

（1）维持国家货币的价值。

（2）维持支付均衡。

（3）便利贸易和相关的交易。

（4）提升国家经济增长潜力。

为实现上述目标，伊朗中央银行被赋予完成以下职能的责任：

（1）发行纸币和硬币。

（2）银行和信用机构的监管。

（3）外汇政策制定和外汇交易的监管。

---

① 伊朗中央银行的主要目标和职责的内容来自于伊朗中央银行：www.cbi.ir.

（4）黄金交易的监管。

（5）国内货币流入流出政策的制定和交易的监管。

（6）作为政府银行受托管理国库、助学贷款以及国有企业和机构的信贷。

除此之外，伊朗中央银行的职责还包括以最后贷款人的形式对银行进行支持，负责整个与政府债券发行相关的活动等。

自伊朗转向伊斯兰银行体系之后，伊朗中央银行在努力采用与伊斯兰原则相符的货币政策工具的同时力求宏观经济稳定和经济增长。在实践中可以看到，伊朗中央银行并没有将自己的货币政策工具仅仅局限于总量性工具上，而是广泛使用如利润率等其他的价格性工具。

为了执行货币政策，伊朗中央银行可以直接运用监管权力或者通过发行高能货币（流通中的纸币和硬币以及央行存款）间接影响货币市场条件。在这种情况下可以使用两种货币政策工具——直接工具（不依赖于市场条件）和间接工具（市场导向的）。

1. 直接工具

（1）银行利润率。在伊朗，正如其他伊斯兰国家一样，银行体系中也主要流行两类合约：Musharaka 合约、Mudaraba 和 Ijara 等固定回报率合约。在 Musharaka 合约中，银行存款人的资金投资于特定的项目并向存款人支付一定的利润。但投资项目通常持续的时间较长，而银行通常按月或年向存款人支付利润，在 2~3 年后，银行才可以计算其确切的利润并向存款人支付利润。随着无息银行法（Usury-free Banking Law）的实施以及固定收益和合伙合约的引入，中央银行监管内容主要是关于银行服务的利润率或者预期收益率、最大/最小利润率或预期收益率的决定，这些监管措施由《无息银行法》规定并由货币信用委员会决定。通过规定固定收益合约的利润率或者 Musharaka 合约的预期利润率，中央银行可以间接控制银行体系的存款。如果中央银行想执行扩张性的货币政策，可以降低利润率，阻止人们将更多的资金投入到银行存款上。同时，伊朗中央银行能够干预和影响这些投资或项目的利润率的决定以及银行扩展的其他业务的收益率的决定。

表 8-2-1　伊朗银行交易合约贷款利润率（参与合约最低期望贷款利润率）

单位：%

年份	制造和采矿	建筑与房地产	农业	贸易与服务	出口
1984*	6~12	8~12	4~8	8~12	—
1985	6~12	8~12	4~8	8~12	—

续表

年份	制造和采矿	建筑与房地产	农业	贸易与服务	出口
1986	6~12	8~12	4~8	8~12	—
1987	6~12	8~12	4~8	8~12	—
1988	6~12	8~12	4~8	8~12	—
1989	6~12	8~12	4~8	8~12	—
1990	11~13	12~14	6~9	17~19	—
1991	11~13	12~16	6~9	18（最低）	—
1992	13	12~16	9	18（最低）	18及以上
1993	16~18	12~16	12~16	18~24	18
1994	16~18	15	12~16	18~24	18
1995	17~19	15~16	13~16	22~25	18
1996	17~19	15~16	13~16	22~25	18
1997	17~19	15~16	13~16	22~25	18
1998	17~19	15~16, 18, 19**	13~16	22~25	18
1999	17~19	15~16, 18, 19**	13~16	22~25	18
2000	17~19	15~16, 18, 19**	13~16	22~25	18
2001	16~18	15, 16, 17, 19**	14~15	23（最低）	18
2002	15~17	14, 15, 16, 18**	13~14	22（最低）	17
2003	16	15, 18, 21**	13.5	21（最低）	16
2004	15	15, 18, 21**	13.5	21（最低）	14
2005	16	15~16	16	16	16
2006	14	14	14	14	14
2007	12	12	12	12	12
2008	12	12	12	12	12
2009	12	12	12	12	12
2010	12和14				
2011	11和14				
	14和15				

注：* 表示伊朗中央银行提供的统计资料的年份是根据伊斯兰历法排列的，为了方便一般读者阅读，本书中将其按照对应的公历进行排列，但伊斯兰历法与公历中的年份不完全对应，因此统计数据也不完全与公历一年的数据对应。原始资料中起始年份是伊历1363年。** 表示这几个贷款利润率主要是根据是否在供应框架和社会住宅监管范围内来确定使用不同的利润率。

资料来源：伊朗中央银行。

（2）信用限制。根据《伊朗货币与银行法》的规定，伊朗中央银行可以通过限制银行、明确规定资金使用机制以及决定每个部门的信用和贷款上限对货币和银行事务进行干预和监管。如果中央银行执行紧缩性的货币政策，则可以通过限制各家银行的放贷水平及贷款投向来完成紧缩货币政策的操作。与此同时，中央银行如果支持某一个行业或者限制某一个行业的发展，则可以采用增加或减少行业信贷投放的比例来实现。表 8-2-2 是选取的三年的行业信贷比率。

表 8-2-2　2009 年、2010 年及 2012 年各行业信贷在总信贷中的比例

单位：%

部门	在总信贷中的比例 （2009 年）	在总信贷中的比例 （2010 年）	在总信贷中的比例 （2012 年）
农业和水利	25	25	20
制造和采矿	33	35	37
建筑和房地产	20	20	25
贸易和服务	15	20	10
出口	7	—	8
总计	100	100	100

注：①2009 年和 2010 年还包括加工工业；②2009 年和 2010 年还包括贸易基础设施。
资料来源：2009 年和 2010 年数据来自维基百科，2012 年数据来自伊朗中央银行 "Monetary, Credit and Supervisory Policies of the Banking System"，2012 年 1 月 10 日通过。

表 8-2-3 是 2000~2004 年各部门计划信贷比例与实际执行的信贷比例，从中可以看出，这些比例确定之后，可以根据经济发展状况进行相应调整，并不是一成不变的。

表 8-2-3　2000~2004 年各行业信贷在总信贷中的比例批准与实际执行情况比较

单位：%

部门	2000 年		2001 年		2002 年		2003 年		2004 年	
	计划	实际	计划	实际	计划	实际	计划	实际	计划	实际
农业和水利	20.0	18.3	18.8	19.0	18.8	21.8	25.0	16.3	25.0	16.7
制造和采矿	26.8	28.9	25.1	38.9	24.7	38.0	17.6	39.6	17.6	37.0
建筑和房地产	23.2	28.2	21.8	26.3	21.4	29.2	15.2	20.0	15.4	16.7
出口	6.4	7.9	6.0	1.8	7.1	-3.7	5.1	2.2	6.1	3.0
贸易和服务	3.6	16.7	3.4	14.0	3.0	14.7	2.1	21.9	2.2	26.6
自由使用	20.0	—	25.0	—	25.0	—	35.0	—	33.7	—
总计	100	100	100	100	100	100	100	100	100	100

资料来源：Hasan Kiaee, 2007, "Monetary Policy in Islamic Economic Framework: Case of Islamic Republic of Iran", Munich Personal RePEc Achive, MPRA Paper No.4837, Online at http: //mpra.ub.uni-muenchen.de/4837/.

2. 间接工具

（1）法定存款准备金率。法定存款准备金率是伊朗中央银行的间接货币政策工具之一。银行被要求将存款的一定比例缴存在中央银行，中央银行通过提高或

降低法定存款准备金率收缩或扩张广义货币来达到对宏观经济进行调节的目的。根据《伊朗货币和银行法》第 14 条的规定，伊朗中央银行被授予在 10%~30%范围内依据银行的负债状况和业务领域决定存款准备金率。表 8-2-4 是伊朗中央银行规定的各类存款的准备金率要求。

表 8-2-4 不同存款的准备金率要求（2014 年 6 月）

单位：%

存款类型	法定准备金率
Gharz-al-hasaneh Saving*	10.0
活期存款，现金存款，信用证，银行保函及其他	17.0
短期投资	15.5
一年期投资	15.0
两年至三年期投资	11.0
四年期投资	10.0
五年期投资	10.0

注：* 表示经查阅资料和向其他专家请教，没有找到该类存款名称的合适中译，故将其英文名称放在表格中。

资料来源：Central Bank of Iran: Monetary, Credit, and Supervisory Policy of the Banking System, approved on January 10, 2012.

（2）伊朗中央银行参与票据（CBI Participation Papers）。[①] 伊朗中央银行适用的货币政策的执行主要是通过公开市场操作进行的，并提供必要的流动性和灵活性管理，进而适时干预货币市场。在传统金融中，中央银行一般都是通过货币市场公开买卖政府债券或其他有息的债务工具来实现货币政策的操作，但在伊斯兰经济中，这些工具都因为不是沙里亚合规的，所以不能使用。正如其他伊斯兰国家的做法一样，伊朗中央银行通过发行中央银行参与票据（以前被称为 Musharakah Certificates）来控制经济中的货币总量。伊朗中央银行通过出售央行参与票据，允许投资者参与投资项目，获取收益，同时中央银行也实现了货币回笼从而减少流通中的货币，实现控制通货膨胀等宏观经济变量。[②]

（3）公开存款账户（Open Deposit Account，ODA）。公开存款账户也被称为中央银行特殊存款。自 1998 年以来，伊朗中央银行就在《无息银行法》的框架内要求银行在中央银行开立一个存款账户，从而执行货币政策，控制和影响经济

---

① 伊朗中央银行参与票据的资料来自于伊朗中央银行网站（www.cbi.ir）及伊朗 "The Law for the Issues of Participation"。

② 在伊朗的第四个五年发展计划（The 4ᵗʰ Five Years Development Plan，FYDP）中参与票据的发行由货币信用委员会（Money and Credit Council，MCC）批准，在第五个五年发展计划以后改由国会批准。

中货币的数量。伊朗中央银行要求银行将多余的资金存入公开存款账户，在特定条件下还会向存款支付报酬。这一计划的主要目标是通过吸收银行过多的流动性，采用适当的货币政策控制流动性。

附录 1

中英文伊斯兰金融词汇表

Al-hawala	债务转让。
Al-ikhtiyarat	通常也被写作 Al-khiyar，伊斯兰期权。
Al-ijara	见 Ijara。
Al-ijara-thumma-al-bai	向承租人提供买入期权的租赁合约，马来西亚伊斯兰银行体系中运用的伊斯兰经营原则之一。
Al-kafalah	担保品，抵押品。
Al-mofaviza	一般合伙人。
Al-muhainin	监护人，保护者。
Al-murabahah	或写成 Murabaha，见 Murabaha。
Al-musyarakah	或写成 Musharaka，见 Musharaka。
Al-qardhul Hasan	见 Qard hasan。
Al-ujr	提供服务收取的佣金或费用。
'Aqd	协议，契约。
Bai	泛指销售、交易、签订合同。
Bai Bithaman Ajil	延期付款销售。
Bai-al-dayn	赊销。基于真实交易合同的贷款（票据贴现）。
Bai-al-dayn-bi-al-dayn	或写成 Bai-al-kali-bi-al-kali，债务对债务的交易。
Bai-al-inah	或写成 Bai-al-einah，回购协议。
Bai-istijrar	一种销售合同，以事先确定的价格和支付方式从单一供给者处连续购买，通常也称

	为 istijtar。
Bai-al-istisna	订单销售（见 Istisna）。
Bai-muzayadah	公开竞价交易。
Bai-al-nasiah	信用销售。
Bai-al-salam	延期交割销售，买方即期支付货款，卖方在将来某一时期交割商品。通常被写成 Salam。
Dayn/Dain	贷款或应收账款。
Dayn mu'ajjal	贷款延期附加的费用。
Dhaman	赔偿金，偿付债务的款项。
Dhaman al-amal	合伙企业中的分工责任，一个合伙人负责执行经过其他合伙人同意的合同或任务。
Dhaman al-thaman	合伙企业中的信用责任，所有合伙人联合或者单独为赊销的货物承担支付货款的责任。
Din	遵从。
Fatwat	伊斯兰法律，特别是指由伊斯兰国家当局提出的法律法规。
Fatwats	法律观点。
Figh	菲格亥，懂得、理解的意思。
Furu	分支，分店。
Gharar	不确定性。
Hadith/Hadis	《圣训》，先知穆罕默德传教、立教的言行记录。
Hamish Jiddiyyah	购买商品的首付款。
Haram	伊斯兰教法的禁令。
Hibah/Heba	礼物。
Hiwalah	债务转让合约，允许债务人将自己的债务转让给第三方。
Hiyal	哈乃斐教法学派的观念，设立一个无限责任和合伙企业，权利和义务在所有合伙人中均摊。

Ijara	租赁合约。出租人在一定时间内将资产出租给承租人，承租人向出租人按期支付租金。租赁合约是伊斯兰金融中最基本的合约之一。
Ijara Wa-iqtina	租赁合约的一种，在租期结束时，租赁资产的所有权转移给承租人。
Ijma	公议。伊斯兰教法立法渊源之一。
Inan	有限合伙制，也写作 Inan Syarikat-mal。
Intiha'	有限合伙的终结、解散或取消。
Islamic Accepted Bills	伊斯兰承兑汇票。
Islamic Negotiable Instruments	伊斯兰可转让工具。
Isqat	权利撤销或取消。
Istikhraj	类比得出结论。
Istisna	商品生产、制造合约。
Istijrar	见 Bai' istijrar。
Iwadh	重置价值。
Jihalah	合约中的不确定条款。
Jo-alah	服务费。由接受服务的一方向提供服务的一方支付的费用，是伊斯兰金融中的基本原则之一。
Kafalah	担保。
Kafil	保证人。
Kafirum	非穆斯林。
Khazanah National	马来西亚国库控股公司。
Khiyar	权利，期权。
Khiyar al-shart	伊斯兰条件期权。
Khiyar al-ayb	伊斯兰缺陷期权。
Khiyar al-tayeen	伊斯兰选择或决定期权。
Khiyar al-ruyat	伊斯兰审视期权。
Khiyar al-majlis	伊斯兰相遇/接受期权。
Khiyar al-ghabn	伊斯兰欺骗期权。
Khiyar al-taakhir	伊斯兰延误期权。

Khiyar kashf al-hal	伊斯兰状态期权。
Khiyar al-naqd	伊斯兰支付期权。
Khiyar al-qabul	伊斯兰接受期权。
Khiyar al-taghrir	伊斯兰欺诈期权。
Khiyar al-tarawwi	伊斯兰反映期权。
Kiyar al-'ayb	买方或承租人的权利，在发现商品有缺陷时可以撤销购买或租赁。
Kiyar al-ru'yah	买方或承租人检查商品后撤销合约的权利。
Kiyar al-wasfh	买方或者承租人所享有的与商品质量相关的权利。
Mahjoor	被禁止签订合约和从商的人。
Maniha	授予一定时期内的资产使用权。
Masaqat	一种合约，树木的拥有者可以将树木交由他人管理，收益以约定的比例分摊。伊斯兰银行体系运用的原则之一。
Mozara'ah	一种合约，土地所有者将土地让渡给他人使用，利润以约定的比例进行分摊。伊斯兰银行的经营原则之一。
Mudaraba	通常写成 Mudarabah、Modarabah、Al-mudharabah 或者 Modaraba。合伙制。企业的投资人不干涉企业的经营，利润以事先约定的比例分享，风险由投资人承担。伊斯兰银行的基本合约之一，通常译为穆德拉巴。
Mudarabah-based Takaful	利润分享伊斯兰保险。
Mudarabah Certificate	利润分享凭证。
Mudarib	通常写成 Mudrib，打理生意或管理他人资本的管理人。
Mudariba	普通基金或项目资产的受托人。
Mufawada	哈乃斐学派的观念之一，合伙人之间投入的资本具有平等的地位。

Muhaqalah	销售还未收获的食物（伊斯兰教法不允许这种销售方式）。
Mukhabarah	一种合约，地方在选定的区域内下单，分享农产品（这类合约是被禁止的）。
Munafa'a	收益权，用益权。
Murabaha	或写成 Mulabaha、Murabahah、Al-murabahah。成本加成。伊斯兰银行的基本经营原则之一，也是伊斯兰金融的基本合约之一。
Murabahah and Istisna Certificaties	成本加成与生产销售凭证。
Musharaka	或写成 Musharakah、Musyarakah、Al-musyarakah 或 Mushrika。
Musharakah Certificaties	股本参与凭证（或合伙凭证）。
Musharakah Term Finance Certificaties	股本参与定期融资凭证。
Qard	贷款。
Qard Hasan	或写成 Qard al-hasanah、Al-qardhul Hasan 和 Qarz-e-hasan。福利或慈善贷款。伊斯兰银行体系的经营原则之一。
Qiyas	类比的法律手段，伊斯兰教法的立法渊源之一。
Rabb-al-maal	资金提供者。
Rahn	抵押，担保。马来西亚银行体系的经营原则之一。
Retakaful	伊斯兰再保险。
Riba	利息，利息率。
Riba al-fadl	交易或买卖中的利息、销售利息。
Riba al-jahiliyya	或写成 Riba al-quran、Riba al-nasiah、Riba al-duyun、Riba al-mubashir 和 Riba al-jali。在伊斯兰教成立前业已存在的利息。它的出现源自贷款期限的延长，通常被称为贷款利息。
Riba al-qaradah	利息的一种，起源于债权人由于贷款

展期而要求债务人额外支付的款项。

Sahib al-mal	投资基金的所有人。
Salam	见 Bai-al-salam。
Salam Certificaties	延期交割销售凭证。
Samsarah	接受委托的代理人、中介人。
Sandauq al-zakat	天课基金。
Sarf	货币的买卖。
Sukuk	伊斯兰债券，伊斯兰债务凭证。
Sukuk-al-ijara	基于租赁原则的伊斯兰债券。
Sukuk-al-musharaka	股本参与（合伙）伊斯兰债券。
Sukuk-al-mudaraba	利润分享伊斯兰债券。
Sukuk-al-salam	延期交割伊斯兰债券。
Shurut	条件、条款。
Sunna	或写成 Masnun、Mandub 或者 Musta-habb。鼓励但不是义务的行为，伊斯兰教法的准则之一。
Syahadah ad-dayn	债务凭证。
Syariah	路线，方式。
Syarika	合伙制，见 Musharakah。
Syarikat-mal	以劳动力出资进行合资经营，在这一方式下，合伙人的经验和专业技术是重要的衡量标准。
Syarikat Mak	以资本出资进行合资经营。在这一合资方式下，现金是重要的衡量标准。
Syarikat Mulk	或写成 Shirkatul meelk。以资产出资进行合资经营。它只包括合资企业对资产的所有权，不涉及合资企事业对资产的进一步使用。
Syarikat Wujuh	以信用出资进行合资经营。在这一合资方式下，合伙关系的建立基于信用。
Ta'awuni	协作，合作。
Tabarru	捐助，捐赠，贡献。

Tabarru–based Takaful	非盈利性伊斯兰保险。
Takaful	伊斯兰保险。
Takaful Ta'awani	伊斯兰合作保险。
Takjiri	商业。
Tawarruq	三方销售。
Ummat al Islam	整个伊斯兰群体，穆斯林民族。
Umum Balwa	普遍发生且难以避免的窘境。
Urbun	或写成 Arboon。订金，购买商品或服务时的首付款，即使交易取消也不退回（罕百里教法学派允许退回）。
Usul al–figh	关于伊斯兰教法和法律体系渊源的知识。
Wadiah Inter–bank Acceptance	信托银行间承兑。
Wadiah	或写成 al–wadiah。信托，财产所有人将财产委托给保管人进行管理和运用，保管人要应委托人的要求归还信托财产。伊斯兰银行体系的经营原则之一。
Wadiah/Mudarabah	储蓄存款。
Wadiah/Qard	现金账户存款。
Wadiah–wad–dhamanah	保证存款。
Wakalah	代理。
Wakala–based Takaful	代理伊斯兰保险。
Zakat	天课。

附录 2

英文缩写及中英文全称

PLS   Profit and Loss Sharing 盈亏共担。

BBA   Bay Bithaman Ajil 信用销售。

MGISB   Mit Ghamr Islamic Saving Bank 米特贾姆伊斯兰储蓄银行。

IFSB   Islamic Financial Services Board 伊斯兰金融服务委员会。

IIFM   International Islamic Financial Market 国际伊斯兰金融市场。

IIRA   International Islamic Rating Agency 国际伊斯兰信用评级机构。

GCIBFI   General Council for Banks and Financial Institutions 伊斯兰银行与金
          融机构总理事会。

BIBF   Bahrain Institute of Banking and Finance 巴林银行与金融机构研究所。

ARCIFI   Arbitration and Reconcliation Center for Islamic Financial Institutions
          伊斯兰金融机构仲裁调解中心。

AITAB   Al-ijara-thummal-bai 租售。

IAIB   International Association of Islamic Banking 国际伊斯兰银行业协会。

GCC   Gulf Cooperation Commission 海湾合作委员会。

LIBOR   London Inter Bank Offering Rate 伦敦银行间同业拆借利率。

SPV   Special Purpose Vehicle 特殊目的载体。

OIC   Organisation of Islamic Cooperation 伊斯兰合作组织。

D8   D8 集团。伊朗、印度尼西亚、孟加拉国、巴基斯坦、土耳其、马
          来西亚、埃及、尼日利亚是 8 个伊斯兰发展中国家成员国。

GT   General Takaful 一般伊斯兰保险。

FT   Family Takaful 家庭伊斯兰保险。

GIC   Government Investment Certification 政府投资凭证。

IIMM   Islamic Inter-bank Monetary Market 伊斯兰银行间市场。

MII   Mudarabah Inter-Bank Investment 盈亏共担银行间投资。

GII   Government Investment Issuses 政府投资债券。

BNNN   Bank Negara Negotiation Notes 马来西亚央行可转让票据。

BNMN   Bank Negara Money Notes 马来西亚央行货币票据。

INID   Islamic Negotiable Instrument of Deposit 伊斯兰可转让存款工具。

AAOIFI Accounting and Audit Organisation of Islamic Financial Institution 伊斯兰金融机构会计审计组织。

IMF   International Monetary Fund 国际货币基金组织。

MSB   Muqarada Sukuk Bond 利润分享伊斯兰债券。

LME   London Mental Exchange 伦敦金融交易所。

BNM   Bank Negara Malaysia 马来西亚中央银行。

PIE   Parsoli IBI-net Equity 伊斯兰股票指数，由 Parsoli 公司和 IBF Net 共同发起成文的世界上第一个符合沙里亚原则的股票价格指数。

DJIM   Dow Jones Islamic Market 道琼斯伊斯兰市场指数。

REITs   Real Estate Investment Trusts 房地产投资信托。

CME   Chicago Mercantile Exchange 芝加哥商品交易。

IMM   International Monetary Market 国际货币市场，芝加哥商品交易所下属的一个市场。

GNMA Government National Mortgage Association 国民抵押贷款协会。

CBOT   Chicago Board of Trade 芝加哥期货交易所，该所已于 2007 年 7 月 12 日与 CME 正式合并。

KCBT   Kansas City Board of Trade 堪萨斯农产品交易所。

CBOE   Chicago Board Option Exchange 芝加哥期权交易所。

MTM   Marking To Market 盯市。

MCB   Muslim Commercial Bank 巴基斯坦穆斯林商业银行。

CCS   Cross Currency Swap 货币互换。

PRS   Profit Rate Swap 利润率互换。

NIDC   Negotiable Islamic Debt Certificate 可转让伊斯兰债务凭证。

参考文献

[1] Abdelkader Chachi.Origin and Development of Commercial and Islamic Banking Operations [J]. Islamic Economics, 2005, 18 (2): 3-25.

[2] Abdelwahab O. Developmental Perspectives on Financial Innovation in Forward and Futures Derivatives: A Critical Discussion with Special Consideration of Islamic Banks and Financial Institutions [EB/OL]. [2007]. http: //opus.kobv.de/tu-berlin/volltexte/2007/1568/pdf/abdelwahab_osama.pdf.

[3] Abdulkader Thomas Ibn Al-Qayyim. Interest in Islamic Economics [M]. Routledge Taylor & Francis Group, 2004.

[4] Ahscen Lahsasna. Introduction to Fatwa, Supervision & Governace in Islamic Finance [M]. Kuala Lumpur: Cert Publications Sdn.Bhd, 2015.

[5] Al-Amine, M.A.M. Commodity Derivatives: An Islamic Analysis [A]//Iqbal M., Khan T. Financial Engineering and Islamic Contracts [M]. Palgrave Macmillan, 2005.

[6] Alamsyah H.Lender of Last Resort in Islamic Banking [C]. Fourth Islamic Financial Stability Forum, 2011.

[7] Al-Suwailem S. Hedging in Islamic Finance [R] . Islamic Research and Training Institute, Jeddah, 2006.

[8] Amir Kia. Islamic and the Stock Market: Evidence from the United States [D]. Woodbury School of Business Working Paper, 2010.

[9] Anderson. Islamic Law Today The Background to Islamic Fundamentatism [J]. Arab Law Quarterly, 1987, 2 (339): 344-345.

[10] Andreas A. Jobst, Juan Sole.Operative Principles of Islamic Derivatives Towards a Coherent Theory [D]. IMF Working Paper, 2012.

[11] Apte P.G. International Financial Management [M]. Tata McGraw-hill Publishing Company Limited, 2007.

[12] Asyraf Wajdi Dusuki, Abdelazeem Abozai.Fiqh Issues in Short Selling as Implement in the Islamic Capital Market in Malaysia [J]. Islamic Economics, 2008, 21 (2): 63-78.

[13] Barnhart Robert K. The Barnhart Dictionary of Etymoligy [M]. The H.W. Wilson Company (USA), 1988.

[14] Black, Fischer and Myron Scholes.The Pricing of Option and Corporate Liabilities [J]. The Journal of Political Economy, 1973, 18 (3): 637-651.

[15] Chance, Don M. A Chronology of Derivatives [J]. Derivatives Quarterly, 1995 (2).

[16] Chapra M. Monetary Policy in an Islamic Economy [R]. International Centre for Research in Islamic Economics, Jeddah, 1983.

[17] Cox S. Developing the Islamic Capital Market and Creating Liquidity [J]. Review of Islamic Economics, 2005, 9 (1).

[18] Dali N.R.S.M., Ahmad S. A Review of Forward, Futures and Options from the Shari'ah Perspective: From Complexity to Simplicity [C]. Conference on Seminar Ekonomi & Kewangan Islam, 2005 (8): 29-30.

[19] Dusuki A.W.and Abdelazeem A. Figh Issuses in Short Selling as Implemented in the Islamic Capital Market in Malaysia [J]. Islamic Economics, 2008, 21 (2): 65-80.

[20] Dusuki A.W. Practice and Prospect of Islamic Real Estate Investment Trusts (I-REITs) in Malaysia Islamic Capital Market [J]. Journal of Islamic Economics, Banking and Finance, 2008, 6 (2).

[21] Ebrahim M.S. & Rahman S. On the Pareto-Optimality of Futures Contracts over Islamic Forward Contracts: Implications for the Emerging Muslim Economies [J]. Journal of Economic Behavior & Organization, 2005 (56): 273-295.

[22] Elahi Younes, Mohd Ismail Abd Aziz.Islamic Options (Al-khiyar): Challenges and Oportunities: International Conference on Information and Finance [M]. IPEDR IACSIT Press, 2001.

[23] El-gamal, Mahmoud A. Islamic Finance: Law, Economics, and Practice [M]. Cambridge University Press, 2006.

[24] El-naggar A. Islamic Banks: A Model and a Challenge [A] //Gauhar.The Challenge of Islamic [C]. Economic Council of Europe, London, 1978.

［25］ Ernst, Young.The Islamic Funds and Investment Report ［C］.The World Islamic Funds and Capital Markets Conference, Bahrain, 2007.

［26］ Ghoul W. Risk Management and Islamic Finance: Never the Twain shall Meet ［J］. The Journal of Investing, 2008, 17 (3): 96-104.

［27］ Grais W., Kulathunga A. Capital Structure and Risk in Islamic Finanial Service, Islamic Finance: The Regulation Challenge ［M］. John Wiley &Sons, 2007.

［28］ Guyot, Alexis. Efficiency and Dynamics of Islamic Investment: Evidence of Geopolitical Effects on Dow Jones Islamic Market Indext ［J］. Emerging Markets Finance & Trade, 2011, 47 (6): 24-25.

［29］ Haider J., M. Azhar.Islamic Captial Market: Sukuk and its Risk Management in the Current Scenario ［D］. Umea school of Business, Umea University, 2010, http: //www.usbe.uma.se.

［30］ Hasan Kiaee. Monetary Policy in Islamic Economic Framework: Case of Islamic Republic of Iran ［D］ Munich Personal RePEc Archive, MPRA Paper, 2007, http: //mpra.ub.uni-muenchen.de/4837/.

［31］ Hijazi T.S., Hnif M. Islamic Housing Finance: A Critical Analysis and Comparison with Conventional Mortgage ［J］. Middle Eastern Finance Economics Issuse, 2010 (6): 99-107.

［32］ Homer S. A History of Interest Rates ［D］. Reutgers University Press New Brunswick, New Jersey, 1963.

［33］ Hussain, Abdul Rashid.Islamic Benchmark Bond ［D］. Working Paper, The Islamic Capital Market International Conference, Kuala Lumpur, 1997.

［34］ International Shari'ah Research Academy for Islamic Finance (ISRA).The Financial Crisis and the Role of Derivatives, Proceeding of the Second Oxford Islamic Finance Round Table—The Frontiers of Innovation in Islamic Finance ［EB/OL］. ISRA, 2011.

［35］ Iqal Z., Mirakhor A. An Introduction to Islamic Finance: Theory and Practice ［M］. John Wiley & Sons, 2007.

［36］ Jasri Jamal, Naaishah Hambali and Hasani Mohd Ali. Islamic Capital Market and Shari'ah Screening in Malaysia.International Research Symposium in Servece Management, 2010 (8): 24-27.

［37］ Jobst, Anereas A. Derivatives in Islamic.Islamic Capital Markets-Products,

Regulation and Development [R]. Islamic Development Bank, Islamic Research and Training Institute (IRTI), 2007b.

[38] Jobst, Anereas A. Double-Edged Sword: Derivatives and Shari' ah Compliance [J]. Islamica, 2008, 7-8: 5-22.

[39] Jobst, Anereas A. The Cconomics of Islamic Finance and Securitization [J]. Journal of Structured Finance, 2007a, 13 (1): 1-22.

[40] Jobst, Anereas A. The Economics of Islamic Finance and Securitization [D]. IMF Working Paper, 2007 (7): 117.

[41] Jobst, Anereas A., Juan Sole.Opreation Principles of Islamic Derivatives-Towards a Coherent Theory [D]. IMF Working Paper, 2012 (3).

[42] Jobst, Anereas A., Juan Sole.The Governance of Derivatives in Islamic Finance [J]. Journal of International Banking Law and Regulation, 2009, 24 (11): 556-564.

[43] John C.Hull. Options, Futures and Other Derivatives [M]. Pearson Education, Inc, 2012.

[44] Juliana Arifin, Ahmad Shukri Yazid and Zunaidah Sulong.A Conceptual Model of Literature Review for Family Takaful (Islamic Insurance Life Insurance) Demand in Malaysia [R]. International Business Research, 2013, 6 (3).

[45] Kamali M. H. Fiqhi Issues in Commodity Futures [A]//Iqbal M., Khan T. Financial Engineering and Islamic Contracts [M]. Palgrave Macmillan, 2005.

[46] Kamali, Mohammad Hashim.Commodity Futures: An Islamic Legal Analysis [J]. Thunderbird International Business Review, 2007, 48 (3): 309-339.

[47] Khan M., Mirakhor A. The Financial System and Monetary Policy in an Islamic Economy [J]. Journal of King Abdulaziz University, Islamic Economics, 1989 (5): 39-57.

[48] Khan M. Fahi. Islamic Futures and Their Markets [R]. Islamic Research and Training Institue (IRTI), Islamic Development Bank Research Paper, 1995 (32).

[49] Labib S.Capitalism in Medieval Islam [J]. Journal of Economic History, 1969, 29 (1): 79-140.

[50] Larifa M.Algaoud and Mervyn K. Lewis. Islamic Critique of Convertional Financing [A]//M. Kibir Hansan, Mervyn K. Lewis. Handbook of Islamic Banking [M].

Edward Elgar Publishing Limited, 2007.

[51] Lewis A. Economic Development with Unlimited Supply of Labour [J]. Manchester School of Economics, 1954, 22 (2): 139–191.

[52] Lewis B. Cambridge History of Islam [M]. Cambridge University Press, 1997.

[53] Lieber A.E. Eastern Business Practices and Medieval European Commerce [J]. Economic History Review, 1968 (21): 230–243.

[54] Lopez R.The Dawn of Medieval Banking [J]. Journal of Economic Literature, 1980, 18 (4): 1569–1571.

[55] Lopez R.The Trade of Medieval Europe, the South Cambridge Economic History of Europe [M]. Cambridge Press, 1952.

[56] M.Kabir Hassan, Mervyn K. Lewis Edited. Handbook of Islamic Banking [M]. Edward Elgar Publishing Limited, 2007.

[57] M.Nadim Hanif, Salman Sheikh.Central Banking and Monetray Mangement in Islamic Financial Environment [D]. Munich Personal RePEc Achive, MPRA Paper No.22907, http: //mpra.ub.uni-muenchen.de/22907/.

[58] Mahmoud Amin El-Gamal. A Basic Guide to Contemporary Islamic Banking and Finance [M]. Rice University Press, 2000.

[59] Manna, Muhammad Abdul. An Appraisal of Existing Financial Instruments and Market Operations from an Islamic Perspective. Developing a System of Financial Instruments [R]. IRTI, Islamic Development Bank, 1990.

[60] Matsawali M.S., M.F.Abbdullah, Y.C.Ping, S.Y.Abidin, M.M.Zaubu, H. M.Al.A study on Takaful and Conventional Insurance Preference: The Case of Brunei. International [J]. Journal of Business and Social Science, 2012, 3 (22): 163–176.

[61] Mohamad S., Tabatabaei A.Islamic Hedging: Gambling or Risk Management [D]. Islamic Law of the Muslim Word Paper, 2008.

[62] Muhammad H.Difference and Similarities in Islamic and Conventional Banking [J]. International Journal of Business and Social Science, 2011, 2 (2): 166–175.

[63] Naughton S., Naughton T. Religion, Ethics and Stock Trading: The Case of an Islamic Equities Market [J]. Journal of Business Ethics, 2000 (23): 145–159.

[64] Nurasyikin Jamaludin, Malcolm Smith, Paul Gerrans.Mutual Fund In-

vestment Choice Criteria: A Study in Malaysia [J]. International Journal of Education and Research, 2013, 1 (4).

[65] Obaidullah M. Islamic Risk Management: Towards Greater Ethics and Efficiency [J]. International Journal of Islamic Financial Services, 2002, 3 (4): 20-29.

[66] OICU-IOSCO.Islamic Capital Market Fact Finding Report [R]. Report of The Islamic Capital Market Task Force of The International Organization of Securities Commissions, 2004.

[67] Osman, Mashitah.Islamic Bond Market: State of Play in Malaysia [C]. Islamic Private Debt Securities Seminar, 2001 (9): 24-25.

[68] S.Mahmasani.The General Theory of the Law of Obligations and Contracts under Islamic Jurisprudence [A]//Abdulkader Thomas .Interest in Islamic Economics [M]. Routledge Taylor & Francis Group, 1972.

[69] Salehabadi Ali, Mohammad Aram.Islamic Justification of Derivatives Instruments [J]. International Journal of Islamic Financial Services, 2002, 4 (3).

[70] Salina H., Kassim.Global Financial Crisis and Integration of Islamic Stock Markets in Development and Developing Countries [R]. Institute of Developing Economies Japan External Trade Organization, 2010 (12): 1-68.

[71] Salman Shaikh. Role of Central Bank in Islamic Finance [D]. Munich Personal RePEc Achive, MPRA Paper, 2009, No.26702, http: //mpra.ub.uni-muenchen. de/26702/.

[72] Salman Syed. Islamic Capital Markets: Products, Regulation & Development [R]. Islamic Research and Training Institute, IDB, 2008.

[73] Siddiqui A. Financial Contracts, Risk and Performance of Islamic Banking [J]. Managerial Finance, 2008, 34 (10): 680-694.

[74] Simon Archer, Rifaat Ahmed Abdel Karim.Islamic Finance: the Regulatory Challenge [M]. John Wiley & Sons (Asia), 2007.

[75] Smolarski Jan, Schapek, Mechael, Tahir Mohammad Iqbal.Permissibility and the Use of Options for Hedging Purposes in Islamic Finance [J]. Thunderbird International Business Review, 2006, 48 (3): 425-443.

[76] Sole, Juan. Introducing Islamic Banking into Conventional Banking Systems [J]. Journal of Islamic Economics, Banking and Finance, 2008, 4 (2).

［77］ Stolz S., Wedow M. Banks, Regulatory Capital Buffer and the Business Cycle: Evidence for Germany ［J］. Journal of Financial Stability, 2011, 7 (2).

［78］ Tariqullah K., A, Habib.Risk Management: An Analysis of Issues in Islamic Financial Industry ［R］. Islamic Development Bank Islamic Research and Training Istitute, 2001.

［79］ Tredgett, Richard, Uberoi, Priya and Nick Evans.Cross-Currency Swap ［J］. Derivatives Week, 2008 (6): 7-9.

［80］ Usmani, Mohammad Taqi.The Principle of Limited Liability From the Shari'ah Viewpoint ［C］. The 7th Expert-Level Meeting on Islamic Banking, Kuala Lumpur, 1992 (6): 27-29.

［81］ Usmani, Maulana Taqi.What Shari'ah Experts Say: Futures, Options and Swaps ［J］. International Journal of Islamic Financial Services, 1999, 1 (1): 23-33.

［82］ Vaughan, Emmet J., Therese Vaughan.Fundamental of Risk and Insurance ［M］. John Wiley & Sons, 1999.

［83］ Vikor K.S. Between God and the Sultan: A History of Islamic Law ［M］. Oxford Univercity Press, 2005.

［84］ Vincent L.The Information Content of Funds from Operations (FFO) for Real Estate Investment Trusts (REITs) ［J］. Journal of Accounting and Economics, 1999 (26): 69-104.

［85］ Vogel, Frank E., Samuel L.Hayes.Islamic Law and Finance: Religion, Risk and Return ［M］. Springer Netherlands, 1998.

［86］ W.M.Ballantyne. Commercial Law in The Arab Middle East ［M］. Springer Netherlands, 1998.

［87］ Wilson P.R. The Empire of the Prophet: Islamic and the Tide of Arab Conquest ［A］ //D.Talbot.The Dark Ages ［M］. Thomas and Hudson, 1950.

［88］ Wilson P.R.Banking and Finance in the Arab Middle East ［M］. Palgrave Macmillan, 1983.

［89］ Yankson Sidney. Derivatives in Islamic Finance: A Cace for Profit Rate Swaps ［J］. Journal of Islamic Economics.Banking and Finance, 2001, 7 (1).

［90］ Yanpar Atila. A New Approach Derivatives: Financial Engineering with Islamic Rules ［C］. Conference on Financial Engineering, Izmir University of Economics,

2011.

[91] 彼得·纽曼，默里·米尔盖特，约翰·伊特韦尔. 新帕尔格雷夫货币金融大辞典 [M]. 经济科学出版社，2000.

[92] 弗兰克·奈特. 风险、不确定性与利润 [M]. 商务印书馆，2009.

[93] 季羡林. 东方文化集成：布哈里圣训实录全集（第一部）[M]. 经济日报出版社，1999.

[94] 劳埃德·B.托马斯.货币银行学：货币银行和金融市场 [M]. 机械工业出版社，2008.

[95] 罗伯特·默顿. 金融学 [M]. 中国人民大学出版社，2000.

[96] 马克·鲁宾斯坦. 投资思想史 [M]. 机械工业出版社，2009.

[97] 米什金. 货币、银行与金融市场经济学 [M]. 中国人民大学出版社，2011.

[98] 米歇尔·加斯纳，菲利普·瓦克贝克. 伊斯兰金融：伊斯兰的金融资产与融资 [M]. 民主与建设出版社，2012.

[99] 欧文·费雪. 利息理论 [M]. 上海人民出版社，1963.

[100] 苏丁·哈伦，万·纳索菲泽·万·阿兹米. 伊斯兰银行和金融体系——理论、原则和实践 [M]. 中国人民大学出版社，2012.

[101] 伊斯梅尔·马金鹏.《古兰经》译注 [M]. 宁夏人民出版社，2005.

[102] 张五常. 经济解释（第三卷）[M]. 花千树出版社（香港），2006.

[103] 中国伊斯兰教协会全国经学院统编教材编审委员会. 伊斯兰教法简明教程 [M]. 宗教文化出版社，2008.

后　记

　　从接触伊斯兰金融至今已有七八年了，最初并没有想着要写一本关于伊斯兰金融的书，只是知道伊斯兰金融在 2008 年金融危机中有着良好的表现，这引起了我的好奇心，于是想要搞清楚这样一个与传统金融不同的金融是如何在金融危机中表现不俗的。后来，读了关于伊斯兰金融的一些文章，参加了一些伊斯兰金融的学术会议。但是，在这个过程中，我发现了一个非常令人忧虑的现象，大家对伊斯兰金融都表现出了不同程度的兴趣，但每次讨论的内容似乎都仅限于伊斯兰金融的原则、基本经营模式等，更深层次也更为重要的伊斯兰金融产品的结构、伊斯兰金融机构的风险管理、伊斯兰金融市场的运行以及伊斯兰金融中央银行和货币政策的制定和执行等内容却得不到深入探讨。这其中的原因是我国目前没有一本像传统金融中的《金融学》那样的著作来介绍伊斯兰金融，所以大家的讨论没有一个共同的基础，由此，我就有了一个想写一本关于伊斯兰金融的书的想法。

　　从 2010 年开始，我就着手收集资料，为伊斯兰金融学的写作做准备。我从一开始就发现这并不是一件容易的工作：当时国内看不到任何公开出版的有关伊斯兰金融的著作，专业文章也是寥寥无几；国外的文献有阿拉伯语的也有英文的，我本人完全没有阿拉伯语基础，只能从英文文献中获取资料，而这其中涉及阿拉伯语的伊斯兰金融专业名词的英译问题。这还不算，伊斯兰金融的基础是伊斯兰教法，而伊斯兰教法则涉及伊斯兰社会、经济生活的各个方面，内容庞大。面对这些困难，我曾经一度想放弃。2012 年，我的工作单位——北方民族大学准备资助出版教材，我递交了申请，结果被批准了，这给了我完成伊斯兰金融学教材写作的动力。

　　如今，面对着两尺有余的各种资料、上千篇的文献、厚厚的书稿，我总算可以对自己这几年的工作做一个交代，心里也有一种小小的满足。然而这种满足感在书稿即将付印时却越来越少，甚至生发出一丝不安来。在伊斯兰金融学的写作过程中，虽然我广集资料，精心安排，小心求证，但毕竟这是一项新工作，涉及内容众多，再加上本人的能力不及，疏漏、不合理甚至错误之处一定不少，在此恳请各位同行、专家指正。

"闲坐小窗读周易，不知春去几多时。"人生中美好的几年就这样匆匆而过。回想起自己这些年求学、工作的经历，我的工作单位北方民族大学给予我许多帮助和支持，为我提供了宽松而舒适的学术环境，使我这样一个比较懒散的人还能够在自己喜欢的领域缓慢前行，同时也感谢北方民族大学对本教材出版提供的资助。在本书的写作过程中，研究生张盛福对全书的文字进行了校对，并帮助处理了书中的部分图表，我对他细致的工作表示感谢。一本书的出版，遇到一位好的编辑是一大幸事，经济管理出版社的杨雪女士就是这样一位编辑，她专业而细致的工作，对细节的追求，令我感动，与她的每一次沟通都令人愉悦。

最后要特别感谢我的妻子，这虽然显得有些老套，但却是我内心的真实感受。我的妻子冯海波，与我结婚到现在近二十年了，她一直承担着所有的家务，承担着教育孩子的大部分工作，她没有抱怨，做得认真而开心，这使我有时间读自己想读的书，做自己想做的事，享受着经济学带给我的快乐。我对她这种无怨无悔的付出充满了感激，在本书即将出版之际，借此表达我深深的谢意。

张正斌

2015 年 4 月